"十四五"时期
国家重点出版物出版专项规划项目

现代学前教育观念丛书

丛书主编　原晋霞　虞永平

XUEQIAN JIAOYU SHENGTAIGUAN

学前教育生态观

蔡菡　著

江苏凤凰教育出版社
Phoenix Education Publishing, Ltd

> 感谢您使用本书。您在使用本书时如有建议或发现质量问题，请联系我们。
>
> **【内容质量】** 电话：4008283622
> **【印装质量】** 电话：4008283610

图书在版编目（CIP）数据

学前教育生态观 / 蔡菡著. —— 南京：江苏凤凰教育出版社，2025.3. ——（现代学前教育观念丛书 / 原晋霞，虞永平主编）.
—— ISBN 978-7-5743-1409-2

Ⅰ. G610

中国国家版本馆CIP数据核字第202440TQ37号

现代学前教育观念丛书

书　　名	学前教育生态观
作　　者	蔡　菡
出版策划	刘　煜
编辑统筹	林　静
责任编辑	林　琬
封面设计	马海云
出版发行	江苏凤凰教育出版社（南京市湖南路1号A楼　邮编210009）
苏教网址	http://www.1088.com.cn
照　　排	南京理工出版信息技术有限公司
印　　刷	南京顺和印刷有限责任公司（电话 025-83682876）
厂　　址	南京市江宁区麒麟街道天和路78号
开　　本	787毫米×1092毫米　1/16
印　　张	18.75
版　　次	2025年3月第1版
印　　次	2025年3月第1次印刷
书　　号	ISBN 978-7-5743-1409-2
定　　价	60.00元
网店地址	http://jsfhjycbs.tmall.com
公 众 号	苏教服务（微信号：jsfhjyfw）
邮购电话	025-85406265，025-85400774
盗版举报	025-83658579

苏教版图书若有印装错误可向出版社调换

总　序

架起金桥通胜境

"现代学前教育观念丛书"即将出版了。这是一套凝聚了作者们心血和智慧的丛书，也是一套承载了理论研究者和实践工作者希冀的丛书。感谢作者们的齐心协力和发奋进取，感谢不断给我们提供启发和经验的广大幼儿园教师。感谢江苏凤凰教育出版社的大力支持。这套丛书的出版试图达成以下几个方面的目的。

第一，在教育原理和教育实践之间架起桥梁。这套书的主要目的不是原理性知识的生产，而是对基本原理的汇集、解读和说明，在此基础上扩展和充实解释性知识。因此，这套丛书关注对基本理论的梳理和解读，关注对理论核心内涵的解释，关注对不同理论观点的整合和融汇。围绕相应的观念，形成对观念的解释体系，使理论在不同的层次上得到呈现。本套丛书还努力用实践经验和事实说明理论，用理论解读学前教育实践的改革和发展，即将理论和实践结合起来，让理论真正指导实践，让实践提升和充实理论。

第二，在理论前沿和焦点问题之间形成联结。这套丛书关注了近十年来影响学前教育实践的重要观念。根据理论的逻辑，形成了一整套相对完整的观念体系。这些观念具有理论的前沿性，能体现理论研究的最新问题和最新进展，触及理论研究的最新成就，关注国际学术研究和国内学术研究的综合性成果。同时，所选择的观念又具有强大的实践关联性，具有明显的问题导向，聚焦实践研究的焦点问题。在学术前沿性和问题焦点之间形成联系，强化丛书的先进性和实践指导性。

第三，在理论运用和理论创新之间形成张力。这套丛书对原理的解读、解释和细化是为了实践运用。运用理论是学前教育科学化的必然要求，是学前教育高质量发展的必然要求，也是学前教育理论发展的重要路径。现代学前教育的重要标志就是对发展心理学、学前教育原理等理论的运用，真正让科学理论来指导学前教育实践。教育理论运用的前提是理论学习，通过学习把握理论、理解理论。学前教育理论运用的现实基础是反思性实践，通过反思明确问题和不足，借鉴理论，形成解决问题的思路和策略，并进一步检验、创新和发展理论。因此，理论运用和理论创新经常是同一个过程的两个方面，两者之间形成了张力，相互促进和提高。

第四，在理论研究者和实践工作者之间生发对话。这套丛书本身就是一场理论和理论之间的对话、理论和实践之间的对话。这场对话是旷日持久的对话，是延续，也是起步。所谓延续，是因为这种对话长期进行着，是旷日持久的。所谓起步，是我们期待这套丛书能引发更深入、更广泛的对话，更好地拉近理论研究者和实践工作者之间的距离。相信本套丛书倡导的教育观念将在实践中引发实践工作者之间、实践工作者和理论工作者之间更加广泛和深入的对话，尤其是能生发实践工作者和理论研究者之间的积极对话，使他们相互理解、相互促进。在对话中，实践探索不断推进、深化理论的运用研究，反思实践过程，生发更多的实践策略、实践智慧；在对话中，不断反思理论，不断提升实践经验，不断充实理论表达，拓展理论内涵。在理论研究者和实践工作者之间形成一种相互启发、相互促进和相互成就的力量。

无论是理论创新还是实践变革都是一个渐进的、艰难的过程。形成一种处于学术体系中介层次上的学术成果也是需要不断磨炼和积累的。作为一套具有中介和桥梁性质的读物，我们的工作只是告一段落，还没有正式结束。我们为此而努力了，但还需要不断研究、不断探索、不断为在理论和实践之间架起坚实的桥梁而努力。

虞永平
2023 年 5 月

前　言

儿童是如何发展的？我们又该如何教育？

一、发展观决定着教育观、课程观

从教育生态学的视角来看，学前教育作为一个生态系统，其首要功能是促进幼儿发展。然而，幼儿是如何发展的，其发展过程又受哪些因素的影响呢？对于这个问题，学者们有着不同的专业论述。从最初的遗传决定论、内发论、外铄论、成熟论、环境决定论等，到之后的遗传与环境二因素论、遗传环境教育三因素论，以及在三因素论基础上加入主观能动性因素而产生的多因素论，再到当前叶澜、冯建军等人提出的综合因素论[1]，等等。人们逐渐认同了这样的观点：影响人的发展的因素是多系统、多层次的，各因素之间相互关联，它们所产生的综合作用影响着人的发展。而教育就是尊重个体的发展规律，并基于人的发展规律来展开的社会活动。实践中，我们如何看待发展，会决定着我们如何看待教育，如何看待学校中具体课程的开发和实施。

2007年硕士毕业的我，开启了十三年半的一线幼儿园老师生涯。在教育实践中，我发现大家似乎都习惯于将教师作为推动班级活动、影响幼儿发展的主要甚至是唯一动力源。过分关注、强调教师的作用，一方面使得教师在实践中"压

---

[1] 全国十二所重点师范大学联合编写.教育学基础（第3版）[M].北京：教育科学出版社，2014：37.

力倍增""奔波劳碌""黔驴技穷";另一方面,也不利于相关人员的主动作用发挥,尤其是幼儿的主动性培养和发挥会受到限制。此外,当前的学前教育界也普遍意识到,以园为本不断开发、创生适宜本园幼儿发展并能促进其发展的课程,是课程高质量的重要体现。因此,实践中多数幼儿园已经开始了一定程度的课程开发。但"开发热"常常伴随着"开发低效",具体表现为:"活动内容及形式丰富但发展价值不高,使得自创课程质量不如蓝本课程""教师作为活动开发主力所获支持不足,导致整体推进缓慢""参与人员孤立发挥作用,相互配合度低,甚至相互掣肘""阶段成果因缺乏认同而无法全园推广,实践样态变化不大""开发不持续,课程自新动力不足""专家引领不足,家长深度参与不够"等。这些问题的解决需要对影响课程建设的园内外多类主体进行整体性的研究。然而目前,不少研究聚焦对某类人员(如教师、园长、家长、社区人士)的分析以探讨其各自在课程建设中的作用,而对课程建设过程中各类成员间的相互影响及关系关注得较少。

当代国际上的许多儿童研究都是从生态学观点出发,系统地分析环境对儿童的影响,并为如何优化儿童成长环境提出建议。[①]那么,我们能否基于新的理论、新的发展观来重新审视教育实践中的问题,重新探讨如何推动幼儿发展呢?

二、从生态的角度看发展、看教育

党的二十大报告指出,必须坚持系统观念。学前教育高质量发展的实现,既要发挥政府的核心作用,又要发挥幼儿园、家庭、社区等方面的协同作用。[②]党的许多重要报告和文件中也多次指出"生态、和谐、可持续发展"的重要性。从学理上来说,这些概念最初来自生态学。生态学(ecology)一词由希腊文"oikos"和"logos"衍生而来,前者的本意为"住所"或"生活所在地",后者的意思是"论述""研究"。1866年,德国生物学家海克尔(Haeckel E.)第一次把"研究有机体与环境之间相互关系的科学"定义为生态学。生态学将有机体及其

[①] 盖笑松,张婵.走向生态化的儿童研究:聚焦中国儿童成长环境[J].东北师大学报(哲学社会科学版),2005(4):135-139.
[②] 虞永平.以高质量发展统领学前教育普及普惠[N].中国教育报学前周刊,2022-11-06(1).

所处的环境视为研究的整体，关注有机体与环境之间的相互关系及作用机理。

生态学作为一门自然科学，其研究所揭示的基本原理蕴含着系统性、整体性等思维方式，体现着强调和谐共存、协同进化、可持续发展等价值观。而生态观是人类对生态问题的总的认识和观点。随着生态学在20世纪的兴起，生态学研究所揭示的生态观及伴随的思维方式逐渐被社会科学所借鉴运用到其他学科的研究中，从而使得当前的"生态观"逐渐演变成了一种世界观和具有普适意义的价值观。随着越来越多的学者开始运用生态学的原理和方法研究社会科学领域中的问题，生态观又拓展成诸如：关于社会经济问题的生态经济观、关于伦理道德问题的生态伦理观、关于社会法律问题的生态法学观、关于社会政治问题的生态政治观、关于哲学理论问题的生态哲学观、关于美学问题的生态美学观等一系列全新的生态观念。①

随着生态学所揭示的观念原理、研究方法论等逐渐被不同学科领域的学者们所关注和运用，不少学科的拓展呈现出"生态学化"的趋势和特点。20世纪60年代以来，生态学与社会科学呈现愈益结合的发展趋势，随着生态学所持有的生态观在社会科学领域的运用，逐渐产生了人类生态学、文化生态学、教育人类学、教育生态学、文化人类学等学科。它们都借鉴生态学这一自然学科提出的生态观、价值观、研究方法、思维方式开展着本学派的研究。其中，人类生态学与社会生态学（特别是文化生态学研究）的兴起与发展，直接促成了教育生态学的生成与发展。②教育生态学是运用生态学的原理与方法研究教育生态系统与各种生态系统及其构成要素之间关系的科学，它尤其侧重于考查各种教育生态环境及其构成要素对教育生态主体的影响。③用生态观来研究教育，即意味着运用生态学的系统观、平衡观、联系观、动态观、能量流动观等观念来考察教育问题。

生态学的原理和方法还被心理学运用于人类行为和人类发展的研究，并于20世纪40年代起逐渐形成了现代心理学的分支——生态心理学。生态心理学是一门运用生态学的视角与方法研究人与环境动态交互过程的学科，主张在真实环境中研究人的现实行为和自然发生的心理过程。本书选择从生态心理学的视角研究

---

① 庞元正，丁冬红．当代西方社会发展理论新词典［M］．长春：吉林人民出版社，2001：387．
② 范国睿．教育生态学［M］．北京：人民教育出版社，2019：10．
③ 范国睿．教育生态学［M］．北京：人民教育出版社，2019：30．

幼儿园课程，审视幼儿的成长环境，主要基于以下理由：首先，生态心理学主要研究的是环境对人的影响和人与环境的交互作用，即环境如何促进人的发展、影响人的活动，尤其注重对活动以及个体参与活动的动力进行研究。而幼儿园教育、幼儿园课程的设计和实施、幼儿园各类活动的组织，本质上都是通过情境和幼儿的活动来促进幼儿获得经验，进而促进个体发展。其次，生态心理学流派主张从多因子复合影响的视角来研究个体（幼儿）的发展过程，既强调发展中个体的主动建构，也关注个体所处环境对个体行为及个体发展的影响。这与教育学中强调综合因素论的发展观一致，因此对教育实践更具指导意义。目前对幼儿园课程的研究和讨论正逐渐从研究单一因子转而讨论多因子的共同影响作用，借鉴该理论框架有助于考虑因子间的复合影响。

总之，随着生态观在心理学和教育学领域中的运用，继"灌输式教育""园丁式教育"之后，"生态式教育"正逐渐成为引领现代教育体系变革的新趋势和新主张。在这样的教育系统中，每个个体（学生、教师、家长、管理者）都能被看到、被滋养，进而获得持续的成长，这也是生态式教育所追求的理想样态。

三、理想生态的具体表现：生机勃勃、持续发展、协同共进

理想的教育生态系统，应具有持续发展、协同共进的特点，呈现出作为一个子系统的教育在整个社会系统中始终保持着生机和活力，具体表现为教育资源投入的不断增加、教育组织的日益完善、教育质量的不断提高等。

对于学前教育而言：一方面体现为学前教育这一子系统在整个教育系统或社会系统中始终保持着生机和活力；另一方面体现为与学前教育生态系统相关的每个个体（幼儿、教师、园管理者、家长、社区人士、专家主管人员等）都一起遵循生态系统协同进化规律，在周围环境的支持下不断获得自我成长和发展，最终所有利益相关者形成驱动合力，将学前教育打造成充满动力的系统以支持幼儿的发展。

这样理想的学前教育生态应具体表现为：（1）主动成长的幼儿。即让幼儿发展成为更主动活动的个体，更能与环境相互适应，且更有力量影响自己与他人。（2）有活力的教师。教师在专家园长的引领下，在团队的支持下，不断提升自己对幼儿发展的动力支持能力。包括：与幼儿一起创设环境，班本化实施园部课

程,开发班本课程,推动家长、幼儿同伴间的互动等。(3)不断自新的课程。幼儿园的课程建设"是一项需要持之以恒、坚持不懈的工作"①。实践推进过程中却往往因动力不足,导致诸如"课程建设长期停留在照搬他人课程方案的水平""开发不持续不深入,实践样态变化不大""少有高质量的原创活动,课程自新几乎停滞"等问题。而幼儿园教育的可持续发展,意味着高质量的、可持续的课程建设,意味着幼儿园具有能够不断动态自新的课程。这就要求课程建设过程中,不断吸收前沿理念、适应政策要求,不断开发利用资源、生成适合本园幼儿的活动、形成本园教师认同的理念和文化,进而让本园课程呈现出"苟日新,日日新"的样态。(4)生机盎然的幼儿园。一方面,幼儿园的发展动力内生不竭;另一方面,幼儿园的发展得到园外环境的滋养(如政策支持、经费投入、区域教研引领等)。在此基础上,幼儿园能够协同园内外各类人员,共同发挥支持幼儿发展的功能和社会服务功能,吸引更多力量来共同打造良好的幼儿成长环境。

四、本书框架:观念体系、实践样态、达成路径

本书借鉴生态心理学流派学者们的个体发展观、生态系统论和动力分析框架,以幼儿发展为中心,分班级(微观)、园级(中观)、园外(宏观)三个层面分析学前教育中直接或间接影响幼儿发展的每类人员,探讨各类人员的动力作用过程和相互间的影响关系,最终围绕"汇聚多重动力,共构良好成长生态"的理想目标提出教育建议。全书五章共分三个部分:

(一)提出观念体系:第一章

本部分意在解析全书的核心概念,提出系列观念和动力分析框架。基于生态心理学流派的个性动力论、群体动力学、生态系统观、人类发展生态学、生物生态学等理论,结合学前教育中的具体案例,阐述了生态发展观、生态的活动情境观、生态的个体活动观、生态的课程观、生态的儿童成长环境观等系列观念。

同时,界定了影响幼儿发展的动力和动力因子,提出动力系统概念。个体内部、外部都有着影响个体行为的力量,这些力量影响着个体与周围环境的双向作

---

① 虞永平.幼儿园课程建设是系统和长期的工作[J].幼儿教育,2020(Z1):4-9.

用,进而影响个体主动活动的过程,并影响其发展。而"人"是动力的来源,幼儿、同伴、教师、园长、教师团队、家长、社区人士、主管部门、专家等都是影响幼儿行为进而影响幼儿发展的动力源(即动力因子)。这些因子在课程的组织下对幼儿产生着持续的、整合性的作用,相互之间逐渐形成稳定的相互作用关系及系统合力,这就是影响幼儿发展的动力系统(dynamic system)。

(二)分析实践样态:第二—四章

本部分归纳了影响各因子动力作用发挥的关键要素,提出动力分析框架(见图1)。随后结合案例研究和"江苏省幼儿园课程现状调查"的问卷调查结果,依1次分析幼儿、同伴、教师、园长、教师团队、家长、社区人士、主管部门、专家等各类人员的动力作用过程。用生态的视角分析了幼儿园课程建设中的班本课程创生、园本课程建设、区域课程变革的现状和问题。最后,归纳出了这9类人员之间的20种主要动力作用关系。

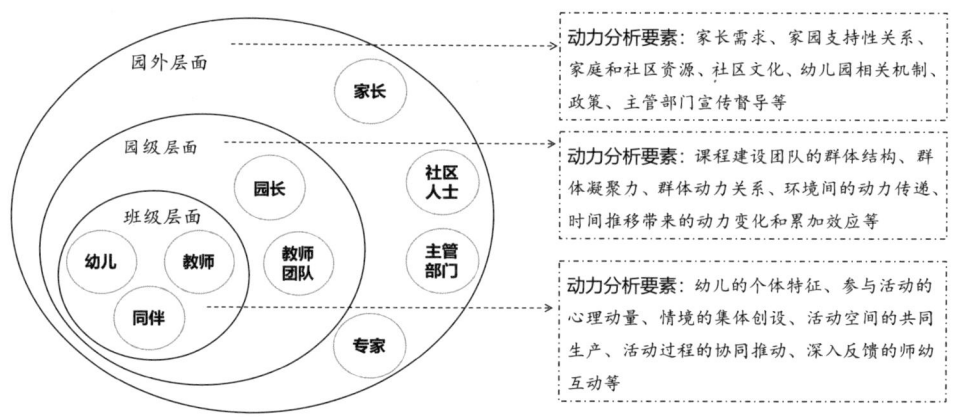

图1 实践样态分析层次及要素图

(三)提出达成路径:第五章

本部分首先绘制出了推动幼儿发展的动力系统关系模型图,并从动力传递、动力叠加、动力汇聚、时间累加等角度归纳了各层面因子的动力运作规律。这些规律包括:每个因子的动力作用受相关因子影响,且随时间推移而改变;教师、同伴、家长等内部因子对班级活动创生产生着密集的影响,园长、主管部门、专家等外部因子对幼儿园课程建设和区域课程变革具有广泛的推动力量；关系是动力流动的渠道，班级是动力汇聚的核心，时间改变着影响动力的因素（如年龄改变个体需要、经历改变个人体验、时间推移带来作用累加等），进而影响各因子动力作用的发挥。

随后，从促进个体发展的角度，论证了生态视角下学前教育系统中动力运作的理想样态，并围绕"多方推动、共构良好成长生态"的最终目标，提出了系统优化策略。包括：以支持性关系为纽带，用机制固化关系；各因子主动轮流做好"推动者"和"过滤器"，以确保系统的整体动力输出最优；最终汇聚各因子力量，以幼儿为中心共建课程，在推动课程自新的过程中持续优化幼儿的成长生态等。

最后，参照所描绘的理想样态提出了生态视角下高质量活动和良好成长环境的评价标准，即幼儿主动参与并日益自主、契合发展水平并日益复杂、支持持续的经验生长的班级活动发展价值更高。不同环境间各因子的支持性关系、利益相关者参与决策、机制制度向幼儿倾斜等指标可用来评估班级外因子的作用。整体系统能量的不断补充关系着学前教育的可持续发展。

目 录

第一章　生态心理学视野下的儿童发展与成长环境　1
　　第一节　生态心理学流派：发展历程及启示　3
　　第二节　生态的儿童发展观：生态发展观　7
　　第三节　生态的个体活动观：幼儿通过主动活动获得发展　27
　　第四节　生态的活动环境观：情境推动幼儿活动　37
　　第五节　生态的课程观：关系视角下的多因子协同共创　47
　　第六节　生态的成长环境观：基于支持性联系推动发展　59

第二章　班级层面：幼儿与教师的动力作用分析　71
　　第一节　幼儿是主导自己成长的主角　73
　　第二节　教师为幼儿提供多种动力支持　89
　　第三节　理想的相互作用：班本课程的创生与展开　112

第三章　园级层面：园长与教师团队的动力作用分析　127
　　第一节　园长协同内外因子推动本园课程建设　129
　　第二节　教师在团队影响下发挥动力作用　144
　　第三节　理想的相互作用：团队协作下的园本课程共建　158

第四章　园外及宏观层面：家长、主管部门等因子的动力分析　171
第一节　家长、社区成员的影响及课程参与　173
第二节　主管部门（专家）的引领与管理　189
第三节　文化的背景性影响　194
第四节　政策法规的导向性和规定性影响　201
第五节　理想的相互作用：共同营造儿童友好的成长环境　209

第五章　汇聚多重动力，共构良好成长生态　221
第一节　动力整体观与动力的汇聚　223
第二节　动力汇聚视角下儿童成长生态的整体优化　241
第三节　时间系统视角下儿童成长生态的持续优化　250
第四节　经典课程模式的生态学分析：以瑞吉欧教育为例　268

后　记　287

第一章

生态心理学视野下的儿童发展与成长环境

第一节　生态心理学流派：发展历程及启示

生态心理学是一门运用生态学的视角与方法研究人与环境动态交互过程的学科，主张在真实环境中研究人的现实行为和自然发生的心理过程。易芳博士在其论文《生态心理学的理论审视》中，将生态心理学派的发展历程划分为萌芽、确立、发展、繁荣四个阶段。按照纵向的理论演进逻辑概述生态心理学代表人物及主要观点，能让我们发现不同观点间的相互借鉴、继承、生发关系，以及对当前学前教育研究的启发意义。

（一）创立时期的代表人物：库尔特·勒温

勒温重视环境对个体发展的影响，提出"聪慧儿童为未来创造有利的环境条件，这是他成长最有利的条件之一。……教育学根本的任务之一就是为困难儿童创造环境，以避免或矫正因果关系循环造成的严重损害"。[①] 也就是说，一方面强调儿童自身的特质（比如是否聪慧）；另一方面不再将改变儿童作为唯一的着眼点，而是改变儿童所在的环境。

他提出了著名的场论，相信环境有其"力场"（force fields）。在人们解释个体行为中，整个情境（the total situation）的作用比起个体间的差别的作用要大。[②] 情境中个体参与的活动以及个体意识到的事实关系被认为是对个体产生影响的重要因素。"（影响个体行为的）原因为有方向的因素（趋势），只是几个事实之间的关系可为事件的原因，每一事件决定于当时情境的全体。"[③] 勒温认为情境、活

[①] 库尔特·卢因.个性动力论[M].何道宽，译.北京：中国传媒大学出版社，2016：85-86.
[②] 薛烨，朱家雄，等.生态学视野下的学前教育[M].上海：华东师范大学出版社，2007：6.
[③] 库尔特·勒温.拓扑心理学原理[M].高觉敷，译.北京：商务印书馆，2014：13.

动和关系是非常重要的共同影响个体行为的因素，这一观点影响了布朗芬布伦纳（Bronfenbrenner U，以下简称"布氏"）。

（二）确立时期的代表人物：巴克和赖特

勒温提出这些观点后，心理学界对于"应该怎样对环境与人的关系进行研究"这一问题一直没有给予重视，较为系统地提出生态研究理论和方法的心理学家是勒温的两个助手罗杰·巴克（Roger Barker）和赫伯特·赖特（Herbert Wright）。20世纪50年代，这两位学者提出了一整套生态心理学的研究理论和方法，强调在自然状态下、在行为情境中，描述和分析个体行为，进而确立了该学派。其中，巴克继承了勒温对环境和行为关系的兴趣，并将勒温于1943年提出的"心理生态学"调整成了"生态心理学"，先后出版专著《生态心理学：研究人类行为环境的概念和方法》（1968年）和《居住者、环境和人类行为：生态心理学和生态行为科学的研究》（1978年）。巴克认为环境是系统而有序的，并与其成员发生着交互作用。在此理念指导下进一步提出了生态化的研究方法，如描述的、自然的、生态的行为样本记录法、行为背景调查法，从而形成了生态心理学的研究方法论。

（三）发展时期的代表人物：布朗芬布伦纳

布氏在勒温、巴克等人的基础上继续前进，1979年出版了专著《人类发展生态学》。在该书序言中，他明确提出自己着重借鉴了勒温、乔治·赫伯特·米德（George Herbert Mead，以下简称"米德"）、托马斯夫妇（Thomas，W.I. & Thomas，D.S.）等人的相关研究。人类发展生态学主要研究的是主动成长着的个体与其所生活的不断变化的直接环境之间渐进的、双向适应的过程。这个过程受到个体所生活的直接环境之间关系的影响，也受到这些直接环境所在的更大环境的影响。[1] 在《人类发展生态学》出版之后，布氏反思自己为了取代太多的"去情境化"的发展性研究，导致有了过量的"无发展的情境化"研究，进而认为如果自己的理论没有包含对个体的结构和功能水平的分析，那么这个理论是不

---

[1] BRONFENBRENNER U. The Ecology of Human Development [M]. Cambridge: Harvard University Press, 1979: 21.

完整的。于是布氏等人又将"个体特征"即"人"这个要素纳入研究范畴，于1998年提出了"过程—人—情境—时间"（即PPCT）模型，用来探讨发展的过程（process）、发展中的个体（person）、发展所发生的情境（context）、时间系统（time）之间的相互关系。这一模型又被称为人类发展的生物生态学模型，该模型适用于研究探讨人类发展的过程，例如：儿童发展、教师的专业发展、家长的发展，等等。围绕该模型阐述的关于人的发展与环境间关系的理论被称为生物生态学。

（四）繁荣时期的国外代表性研究

生态心理学的相关研究在国外产生了很大影响，布氏关于人的发展的学说在国外成为热门，并于90年代起广泛用于指导教育实践。许多学习心理学、发展心理学的相关论著都会提到布氏的研究，有的是介绍他的研究成果，有的是在介绍的同时运用布氏的生态系统观来分析环境与个体发展的交互影响。

20世纪八九十年代开始，随着生态观和生态心理学流派日益受到重视，"国际生态心理学会"于1981年秋成立，《生态心理学》杂志也于1989年创刊，20世纪80年代美国几所著名大学也建立了生态心理学系和其他相关组织。国内外心理学家们也都越来越关注生态心理学的理论研究和实践运用。

在具体的发展干预方面，生态心理学的干预目标不是将适应不良儿童孤立出来进行某项干预训练，而是使用生态评估工具，对儿童本身之外的背景和环境进行生态评估，然后对个体及其所在的整个系统进行整体干预。在学校教育领域中，较为常用的生态评估工具包括：儿童行为调查（ECBI）、学生行为调查（SESBI）、儿童气质评估成套测验（TABC）、教育环境量表（TIES）、学生观察系统（SOS）、困扰行为检核表 I（DBC I）和 II（DBC II）、教师社会行为标准和期望（SBS）、调查表 Ed（MBI）。① 还有研究者运用巴克的行为背景理论和布氏的多元系统理论，对学校适应困难学生进行评估和干预。其中，斯沃茨和马丁总结出一种包含生态评估、生态干预和生态变迁的生态模式。他们将生态评估、生态干预和生态变迁看成是构成学校背景下的生态模式的三个相互关联的重要部分。其中，生态评估的主要目标是确定儿童的行为和期望是如何与环境的要求和期望

---

① 易芳. 生态心理学的理论审视 [D]. 南京师范大学，2004：95-98.

良好符合的，以及确认用以干预的行为、背景和条件。生态评估的信息有助于研究个体儿童、家庭和教师。它也可用于调整课程和教学指导，促进协作性咨询和干预，计划预防性活动以及有助于家庭和学校的重新联系①。而生态干预不是将儿童带离他们的自然环境去"治疗"，而是变化儿童所处的整个系统，包括系统中相关的人和事。"生态干预不只是强调一个环境的变化，而是强调家庭和学校的背景之间的一致性。"②而健康的适应生态变迁对发展具有促进作用。生态变迁（ecological transitions，又译为生态转衔）的概念最早由布氏提出，本书的第五章第三节中会有详细阐释。

在学前教育领域的发展干预也是如此。基于布氏的生态观和研究结论，国外很多学前教育研究致力于分析儿童与环境的作用机制，发现环境中的不利因素，并影响政府决策以优化幼儿的成长环境。美国的教育方案开端计划（Project Head Start）就借鉴了布氏的理论。作为开端计划的发起人之一，布氏提出教育的着重点应该放在家庭而不是在婴儿和学步儿身上，因为对儿童影响最大的是家庭。③

（五）繁荣时期的国内相关研究及学前领域的运用

我国对生态心理学流派的关注较晚。最初，心理学领域引入了这一理论。朱智贤教授把生态心理学作为研究个体发展的一种新取向，对它的产生、基本观点和研究方法、意义价值作了简要介绍。之后，林崇德、申继亮等人也对该学派的代表人物先后进行了研究和介绍，桑标教授出版的《儿童发展》一书中着重介绍了人类发展生态学的生态系统观、生态发展观。

随后，教育领域中开始关注这一理论，并探讨实践运用。在我国学前教育领域中，最早引入的生态心理学派理论是布氏的人类发展生态学。随后，不少先行者们又陆续介绍了其他生态心理学家，并以生态心理学或某个生态心理学家的理论作为自己研究的理论基础或逻辑起点之一。如虞永平教授主编的《学前教育学》、刘晶波教授所著的《师幼互动行为的研究》、李生兰教授所著的《幼儿园与家庭、社区合作共育的研究》、屠美如教授主持的生态式教育研究、朱家雄教授

---

① 易芳.生态心理学的理论审视［D］.南京师范大学，2004：93.
② 易芳.生态心理学的理论审视［D］.南京师范大学，2004：94.
③ 冈萨雷斯-米娜.儿童、家庭和社区——家庭中心的早期教育（第5版）［M］.郑福明，等译.北京：高等教育出版社，2012：8.

参与编写的《生态学视野下的学前教育》、秦元东和王春燕教授编写的《幼儿园区域活动新论：一种生态学的视角》、李燕教授组织编写的《学前儿童家庭与社区教育》等。还有一部分的硕博士开始使用生态心理学或人类发展生态学的视角研究学前教育中的现象和问题，其中包括：教师（园长）成长、幼儿园管理、家园合作、政策支持等；也有对幼儿园教学活动、班级微观环境的研究，如原晋霞的《幼儿园班级课程个案的人类发展生态学研究》（2005）、蔡菡《主题教育活动中幼儿学习的动力因素分析及其优化建议——基于生态心理学的视角》（2022）。目前学前领域的研究中，对生态心理学各流派的研究已经从一开始的理论介绍转向理论运用，进而走向理论补充。

目前，学前教育领域研究最多的是布氏的人类发展生态学，尤其是对他提出的生态系统理论探讨更多。但是对人类发展生态学的提出有重要借鉴意义的勒温、米德、托马斯等人的相关理论关注不多，生态心理学流派一脉相承的发展观、动力观则受关注更少。事实上，这些理论是彼此借鉴、彼此传承的，对影响个体行为的内外动力的关注更是前后呼应的。借鉴生态心理学派的研究和相关的教育学理论，能够启发我们用生态的视角来重新审视儿童的发展，审视儿童发展的过程中儿童与周围环境之间、环境与环境之间相互影响的过程，进而从生态心理学流派所提出的生态发展观出发，借鉴生态的观念、视角和研究方法研究学前教育、研究幼儿园课程。

第二节　生态的儿童发展观：生态发展观

儿童发展观是人们对儿童发展问题所持有的基本观点和态度。我们如何看待发展，将决定着我们如何看待教育，进而决定着我们如何设计和实施课程。20世纪八九十年代，受"生态化运动（the ecological movement）"的影响，有关个体成长和发展的研究更多地聚焦于现实环境中的个体，而不再是"去环境"的研究。随着儿童心理学领域中相关研究成果逐渐增多，研究者们主张从生态的角度考量儿童发展，进而有研究者认为儿童发展观也开始逐步从经验化阶段走过科学分化阶段，进入了生态化阶段[1]。生态化阶段的儿童发展观，其主要的理论支撑一

---

[1] 王瑜.儿童发展观流变及生态化发展趋势［J］.陕西学前师范学院学报，2023（4）：1-12.

个是来自生态心理学流派的研究，一个是来自动态系统理论的研究。它们都强调先天遗传与后天环境对发展的双重作用；都认为儿童有着多种可能的发展模式，而不是所有儿童都差不多。后者进一步认为，发展"就像纤维向四面八方展开的一张网，每一根纤维都可能经历连续或阶段性的转变"①。

桑标教授将生态心理学流派学者们的发展观称为生态发展观。生态心理学流派的学者们围绕人的行为和发展，提出了一系列相关理论，包括：个性动力论、群体动力学、生态系统观、人类发展生态学、生物生态学等。在这一系列强调环境作用的理论观点和实证研究的基础上，他们逐渐形成和发展出了一种生态的个体发展观、儿童发展观，即生态发展观。②

这种生态发展观认为：（1）所有个体（如儿童）的发展均受到来自内部和外部动因的影响。个体主动作用于外部环境、塑造着环境，同时环境也塑造着个体。③发展是个体与环境两者动态的相互作用的结果。④（2）个体是在内外动力的共同推动下，通过主动活动获得发展的。（3）影响发展的外环境可从微观到宏观分为多个层面，不同层面的环境对个体发展产生着直接或间接的影响。个体的行为和发展都处于这样一个复杂关联的系统网络之中。⑤（4）影响发展的内因可用个体特征来描述，它可分为个人动力倾向（包括好奇、合作、延迟满足等发展性生成特征和冲动、暴躁、冷漠、退缩等发展性破坏特征）、个人资源（如能力经验、知识技能等）、个人需要和个人体验（过去形成的积极或负面的主观体验）这四个方面。⑥个体原有的动力特征为自身参与活动提供了原初动力，也影响着个体发展。⑦（5）时间改变着影响动力的因素（如年龄改变个体需要、经历改变个

---

① 劳拉·E.贝克.儿童发展（第五版）[M].吴颖，等译.南京：江苏教育出版社，2002：39.
② 桑标.生态系统观视野下的学生心理健康发展[J].思想·理论·教育，2003（11）：21-24.
③ 桑标.儿童心理学[M].北京：开明出版社，2012：41-42.
④ 桑标.儿童发展[M].上海：华东师范大学出版社，2014：48.
⑤ BRONFENBRENNER U. The Ecology of Human Development [M]. Cambridge：Harvard University Press, 1979：22-27.
⑥ BRONFENBRENNER U, MORRIS P.人类发展的生物生态学模型（2006）[J]//DAMON W, LERNER R M.儿童心理学手册（第六版）：第一卷[M].林崇德，李其维，等译.上海：华东师范大学出版社，2017：995.
⑦ EDINETE M, JANATHAN T. Urie Bronfenbrenner's Theory of Human Development：Its Evolution From Ecology to Bioecology [J]. Journal of Family Theory & Review，2013（4）：243-258.

人体验等），进而影响各因子动力作用的发挥。①（6）在内外因的相互影响过程中，个体力求达到并保持与环境的动态平衡以适应环境，并开始维持、影响、改变环境。②

梳理生态心理学派学者们的研究，本节围绕动力概念及公式、个体的动力作用、环境的动力作用、个体与环境的相互作用、时间推移带来的动态变化这五个方面，对生态发展观的核心观点进行阐释。

一、动力概念及 D=f（P，E）公式

（一）生态心理学派的动力概念

20 世纪 30 年代开始，西方现代心理学开始由心理静力学（Psychostatics）的静态分析转到心理动力学（Psychodynamics）的动态研究，动力观点和动机研究成为了现代心理学的共同取向。③在此背景下诞生的生态心理学从一开始就强调内外动力作用对个体发展的影响。

1. 勒温的动力观

创始人勒温率先提出了动力（Dynamic）概念及动力论（Dynamics），他的动力观最初源于物理学，随后他使用了心理能量（psychical energies）④这个概念来解释环境如何改变个体的心理场，从而影响个体行为。受当时所流行的物理学的"力场"概念启发，勒温认为，只要以某种方式描绘出影响个体的整个心理场，分析这个"场"中的动力影响，就能够找到行为的决定力量。⑤因此，勒温所研究的心理场是一个充满动力作用的动力场。受格式塔心理学派的影响，勒温认为整体大于部分之和。他认为要研究的是整个动力运作的整体，而不是元素单位本

---

① BRONFENBRENNER U, MORRIS P. The Ecology of Developmental Processes [J]. //DAMON W, LERNER R M. Handbook of Child Psychology (5th edition, Volume 1): (series editor: W. Damon). New York: Wiley. 1998: 995.
② DAMON W, LERNER R M. 儿童心理学手册（第六版）：第一卷 [M]. 林崇德, 李其维, 等译. 上海：华东师范大学出版社, 2017: 315.
③ 车文博. 二十世纪西方心理学发展的轨迹及其未来的走向 [J]. 社会科学战线, 1995 (5): 29-43.
④ 库尔特·卢因. 个性动力论 [M]. 何道宽, 译. 北京：中国传媒大学出版社, 2016: 319.
⑤ 库尔特·勒温. 拓扑心理学原理 [M]. 高觉敷, 译. 北京：商务印书馆, 2014: 13.

身。因此勒温的动力观是一种整体动力观,动力性和整体性是其心理场论的两个基点①。

最初勒温在其德文专著《拓扑心理学》和《个性动力论》中阐述了动力概念及动力论,该著作的英文译者将其翻译为"dynamic"和"dynamics",高觉敷先生和何道宽先生将它们翻译为"动力"和"动力论"。勒温认为个体当下的需求引发的紧张产生了影响行为的动力,这一过程具有年龄差异和个体差异。"需求满足,紧张解除;需求尚未满足,紧张系统的存在便为行动的原动力。"②他还提出:"环境中其他人发出的力量和矢量,或起吸引作用,或起排斥作用,控制着人的行为和发展。"③这里既包括正面的推动力量,也包括负面的阻碍力量。

2. 布氏关于动力的论述

与勒温对动力的关注一脉相承,布氏进一步深化对动力的的研究。在《人类发展生态学》一书中先后多次使用"dynamic"(动力)、"momentum"(动量)、"power"(力量)等词来描绘影响个体发展的动力作用。在该书中,布氏借由苏联近代心理学家亚历山大·鲁利亚的研究明确提出这样一个观点:将个人的发展想象为发生在一个动力环境系统之中。④布氏的动力概念比勒温的更为丰富,对比《人类发展生态学》的英文原著,会发现书中对"动力""力量""动力系统""活动自身动量"等概念有着前后呼应的丰富阐述。在定义微观系统时,布氏着重强调了"个人体验"这个概念,认为个体经验到的微观系统包含着引发个体行为的驱力。这与勒温提出的生活空间的主动建构概念彼此呼应。勒温所指的生活空间(心理场),也是指个体所感知到的自身身在其中并与其互动的环境。布氏与勒温一样,认为引发动机的力量来自环境而非单纯来自个体,但布氏认为主动成长着的个体也会反作用地影响着环境。布氏在1979年提出的《人类发展生态学》和1998年提出的"人类发展的生物生态学模型"(即PPCT模型)中,就分别分析了环境对个体发展的影响和积极主动的个体对环境的主动作用。

---

① 申荷永.论勒温心理学中的动力[J].心理学报,1991(3):306–312.
② 库尔特·勒温.拓扑心理学原理[M].高觉敷,译.北京:商务印书馆,2014:译序13.
③ 薛烨,朱家雄,等.生态学视野下的学前教育[M].上海:华东师范大学出版社,2007:71.
④ BRONFENBRENNER U. The Ecology of Human Development[M]. Cambridge:Harvard University Press,1979:265.

3. 小结：影响个体行为和发展的动力

动力（dynamic），辞海中对动力的解释为：（1）可使机械运转作功的力量，如水力、风力、电力、热力等；（2）比喻推动事物运动和发展的力量。[①] 而生态心理学派的学者们认为，个体内部、外部都有着影响个体行为的力量，这些力量通过影响个体与环境的双向作用，进而影响个体行为，影响个体参与活动的过程，也影响着个体的发展。"人"是内外动力的来源。

（二）从 B=f（P，E）到 D=f（P，E）

为了描述环境和个体自身对个体行为的影响关系，勒温在其1944年发表的《心理生态学》一文中，提出了著名的公式 B=f（P，E）。其中，B 代表人的行为（behavior），P 代表人（person），E 代表环境（environment），f 表明行为是人与环境的函数关系，即个体行为随人和环境两大因素的变化而变化。在这个公式中，勒温将影响个体行为的动力分解为个体（P）、环境（E）以及这两者之间的相互作用函数（f）。行为则可以是：一种明显的有目的的行动；一种态度的转变；一个客体或活动的可以察觉的价值的改变；或在两个或两个以上的事件中，建立新关系。[②] 在勒温这里，P（个体或个体的状态）和 E（环境）都会对个体的行为产生动力作用，它们共同构成了影响个体行为的动力场。也就是说，个体及影响个体的环境中的他人，都是个体产生动力的来源。

到了布氏这里，与以往仅关注影响幼儿发展的某个直接因素，或仅分析影响幼儿发展的几个因素但是很少考虑各因素之间相互影响的研究不同，人类发展生态学突破性地将影响幼儿发展的因素拓展到学校和家庭以外的更广阔的环境，同时还考虑了影响幼儿发展的各种因素间的相互关系。他的人类发展生态学理论在勒温原有的 B=f（P，E）公式的基础上，提出"发展是人与环境的复合函数"，即 D=f（P，E）。其中，D 代表发展（development），P 代表发展中的人（person），E 代表环境（environment）。他认为个体是在与环境的互动中获得发展的。

根据勒温和布氏的这两个公式，我们可以进一步围绕他们对公式中个体

[①] 辞海编辑委员会.辞海［M］.上海：上海辞书出版社，2000：575.
[②] 教育大辞典编纂委员会编.教育大辞典（第5卷）：教育心理学［M］.上海：上海教育出版社，1990：16.

（P）、环境（E）、相互作用（f）、发展（D）的论述进行学术梳理，进一步理解该流派所倡导的生态发展观。

二、发展中的个体（P）具有主动作用

（一）勒温：个体的主动作用决定着环境对个体的影响

1. 个体的主动建构决定着环境对自身的影响

勒温认为个体在特定时刻的整个心理场（即其在特定时间内所体验的整个世界），是"在该时刻内决定个体行为的全部事实的总和"。他将这个"决定个体行为的全部事实总和"称为"生活空间"（psychological life space）。[①] 即儿童的实际行为取决于其当下主动建构的情境结构，儿童主动的心理建构对行为产生动力影响。

在个体的主动建构下，对个体产生影响的不一定只是当下的物理空间中的事物，即便不在场的因素也会对主体的行为产生很大的影响，例如孩子知道妈妈在家还是不在家，会导致他在花园中游戏行为的不同。因此，在动力研究中要关注影响个体的全部事实，即"可能事件的全体"（totality of possible events）。这与布氏后来所提出的"不在当场的环境中发生的人和事件也会对个体产生影响"的想法是一致的，布氏还将个体是否调动不在眼前的事物作为衡量个体活动复杂性的指标。

由于幼儿会调动不在当下的环境中的人、事、物，主动建构自己的心理场，因此即便对于正在一起活动的一个班级的幼儿来说，每个幼儿可能有不同的心理环境，体会到不同的生态场。勒温的这一理论与托马斯的"情境定义"观点彼此呼应，都强调了个体主动对周围环境中发生事件的心理加工。

在勒温的心理场论中，一个人有所需求，便在心理上引起一种紧张的系统。但这种因个人需求而在心理上引起的紧张并非是一种单纯焦虑或不愉快的状态，而是一种行为的准备或激发状态。"紧张不是一种被动的寻求自我满足的能量，而是一种积极的趋向目标的动力。"[②] 需求满足，紧张解除；需求尚未满足，紧张

[①] 库尔特·勒温.拓扑心理学原理［M］.高觉敷，译.北京：商务印书馆，2014：15-17.
[②] 申荷永.充满张力的生活空间：勒温的动力心理学［M］.武汉：湖北教育出版社，1999：49.

系统的存在便为行动的原动力。① 这种紧张动力是影响个体行为的重要因素，这种紧张既可以完全来自幼儿自身，也可以是由环境施加给个体而诱发的，例如幼儿渴望参与某个活动，可能因为兴趣，可能是出于对老师的喜爱，也可能是想和好朋友在一起，还可能是遵从父母"要好好表现"的叮嘱。但环境对个体施加的影响要成为个体主动建构的心理场的一部分才会起作用。正如教师会表扬好好午睡的幼儿，有些幼儿会因此保持安静准备入睡，但有些幼儿会无视老师的要求。

2. 个体自身的年龄差异和个体需求决定着环境的影响

勒温认为，由生活空间所组成的动力场是一个变化的场。首先，环境的诱发力和个人的需求相互关联。当需求的瞬间状态发生改变，环境的诱发力强弱也会发生改变。当需求处在满足阶段或状态时，事物对儿童的诱发力就很小；如果需求处在过分满足的阶段，事物就会使儿童感到不舒服，甚至可以说产生了负面的诱发力。比如，饥饿时食物对幼儿有吸引力，而吃饱后吸引力则没有那么强。其次，环境的诱发力和年龄变化相互关联。随着年龄增长，儿童的需求发生变化而导致影响个体的心理环境发生了变化。例如，对婴儿、蹒跚学步的幼儿、幼儿园儿童和青春期儿童，具有诱发力的事物是不同的。一个年幼儿童的生活空间与年长儿童更扩张的空间相比，更受局限、更少分化，它更多地受最近发生的过去经验的影响。② 婴儿的社会空间尚未分化，（随着成长）儿童学会了越来越多地掌控环境。③ 当然，个体需求和年龄特质是互相影响的，心理需求表现出显著的个体发育过程。因此，个体当下的需求是否满足、年龄、发育等因素都会影响个体的心理环境，以及最终的行为。这也进一步证明了，即便是同样的环境，对不同儿童的诱发力是不同的。

（二）布氏：个体的主动作用决定着自身的发展

布氏对个体主动作用的研究比勒温更进一步，聚焦到了个体的主动作用对自身发展的影响上，并对影响个体主动作用的因素（即个体特征）进行了分析。

---

① 库尔特·勒温. 拓扑心理学原理［M］. 高觉敷，译. 北京：商务印书馆，2014：13.
② DAMON W, LERNER R M. 儿童心理学手册（第六版）：第一卷［M］. 林崇德，李其维，等译. 上海：华东师范大学出版社，2017：300-313.
③ 库尔特·卢因. 个性动力论［M］. 何道宽，译. 北京：中国传媒大学出版社，2016：55.

1. 个体主动影响环境

在布氏看来，发展中的个体是其自身发展的核心力量。积极主动的个体与其所处的活跃环境之间的组织性和整合性对个体的发展过程产生了重要的影响。[①] 在他的"人类发展生态学"（1979）中指出，儿童与影响其发展的环境之间的关系是双向的，即发展中的个体不仅被动地接受所在环境的影响，而且不断成长的个体也主动作用于环境。如，成人的行为影响着儿童的反应，但儿童的某些天性或社会性特征（如气质、外貌、行为习惯等）也影响着成人的行为。进一步说，儿童作为主动的个体，他也在主动构建着周围的环境。

在他的 PPCT 模型中，第一个 P（person）指具有他或她的生理、认知、情绪和行为特征的全部机能的人。第二个 P（process）指发展的过程，包含了个体与环境之间的相互作用和动态性关系。过程（P）是该模型的核心，人（P）、情境（C）和时间（T）这三个要素有助于描述发展的动态性。Bronfenbrenner 和 Morris（1998）将这个发展过程所强调的这种有机体和环境之间相互作用的特殊形式称为近端过程（proximal processes，也译为最近过程）。近端过程被认为是发展的引擎，它随着时间而起作用，个体所具有的个体特征（P）影响着近端过程的方向和力量。

因此，个体的主动作用不仅是发展的动力，也是发展的结果。对于儿童来说，参与与周围环境的相互作用过程，产生了既可以和他人一起、也能独自从事活动的能力、动机、知识和技能。通过与父母之间日渐复杂的相互作用，儿童日益变成自己发展的动因，当然只是部分的。[②]

2. 个体的主动作用由个体特征决定

勒温曾指出个体当下的需求会影响个体的行为。而生物生态学（PPCT 模型）中，Bronfenbrenner 和 Morris（1998）进一步将个体特征分为个人动力倾向（person force）、个人资源（resources）和个人需要（demands）三个维度，认为这

[①] 理查德·M. 勒纳. 人类发展的概念与理论（第三版）[M]. 张文新，等译. 北京：北京大学出版社，2011：81.

[②] BRONFENBRENNER U, MORRIS P. 人类发展的生物生态学模型（2006）[J]//DAMON W, LERNER R M. 儿童心理学手册（第六版）：第一卷[M]. 林崇德，李其维，等译. 上海：华东师范大学出版社，2017：913.

三者是塑造个体未来发展的过程中最具影响力的人的动力特征,[①] 后来又补充了个人体验这一特征。这些个体特征正是通过影响个体活动来发挥对自身发展过程的影响的。个体原有的这些特征为自身参与活动提供了原初动力,也影响着个体发展。[②]

(1) **个人动力**,或称之为个人动力倾向。它能够在特定的发展领域中发动近端过程,以持续维持它们的影响。个体的这种动力倾向特征又可以细分为发展性生成(development generative)特征和发展性破坏(development disruptive)特征。发展性生成特征包括诸如好奇心、独立或者合作发动和致力于活动的倾向、对他人主动性的敏感反应性、追求长远目标而延迟满足的准备性等积极的倾向。它们将促进近端过程的活动并维持其操作。发展性生成倾向的最初和最早的表现形式是选择性反应(对物理环境和社会环境的不同反应、吸引程度以及探索)和建构性倾向(包括有目的地重新安排物理环境)。在 PPCT 模型中,最有可能影响未来发展的个人特征是积极的行为倾向,它将促进近端过程的活动并维持其操作。而个体的发展性破坏特征,包括如冲动、暴躁、分心、不能延迟满足、攻击与暴力等在情感与行为方面难以保持控制,以及另一方面的个人特征,如冷漠、漠视、无敏感反应性、兴趣缺乏、不安全感或退缩活动的倾向。发展性破坏特征会干扰、延缓甚至阻碍近端过程的活动发生,使得个体难以投入近端过程,而近端过程需要很长时间内有日益复杂的互动式交互作用的参与。[③]

(2) **个人资源**,指能力、经验、知识和技能等生物生态学资源,也包括是否有遗传缺陷等,这是近端过程在特定发展阶段中有效发挥功能所必需的。

(3) **个人需要**,指能够引起或阻碍某种社会环境的反应的要求性特征,而且这种社会环境能够支持或破坏近端过程的运转。也就是说,作为发展影响因素的个人需要特征,是通过社会互动或社会环境的改变来影响幼儿发展的,例如幼儿

---

① BRONFENBRENNER U, MORRIS P. 人类发展的生物生态学模型(2006)[J] //DAMON W, LERNER R M. 儿童心理学手册(第六版):第一卷 [M]. 林崇德, 李其维, 等译. 上海: 华东师范大学出版社, 2017: 995.
② ROSA E, TUDGE J. Urie Bronfenbrenner's Theory of Human Development: Its Evolution From Ecology to Bioecology [J]. Journal of Family Theory & Review 5, 2013(December): 243-258.
③ BRONFENBRENNER U, MORRIS P. 人类发展的生物生态学模型(2006)[J] //DAMON W, LERNER R M. 儿童心理学手册(第六版):第一卷 [M]. 林崇德, 李其维, 等译. 上海: 华东师范大学出版社, 2017: 927-930.

所表现出来的需求会影响父母对待他的行为。

（4）**个人体验**，即过去形成的积极或负面的主观体验。布氏认为，"主观感受到的情感……这些从过去发展出来的正向的和负向的主观力量，也能够以强有力的方式塑造未来的发展过程"。①

布氏认为，发展中的个体在之后表现出的特性是模型中这四个先前的主要因素之间所发生的共同的、整合性的、相互强化效应的结果。② 这就可以理解，为什么说"儿童不是空着脑袋进教室的"，幼儿在园参与各类活动的过程中，原有的个体特征会对幼儿的活动过程产生正面或负面的动力影响。

布氏还指出，PPCT模型中关于"人"的特征也可以用来分析影响个体的重要他人。"这三种类型（后加入了个人体验这一类型）的'人'的特征，也可以被整合到微观系统的定义之中，可以作为父母的、亲戚的、好友的、教师的、导师的、同事的、配偶的特征，以及在一个相当长的时间里经常参与到发展中个体生活中的其他人的特征。"③ 换言之，个体动力特征不仅可以分析儿童成长过程中的自身发展的动力影响，还可以用以分析教师、家长、同伴等个体发出动力影响的过程。

三、环境（E）影响着个体的行为和发展

在分析影响发展的内外因时，不仅对个体内因需要从多种因素入手分析，对影响个体行为的外因进行分析时也是如此。勒温和布氏在其提出的多种理论中都对环境如何影响个体有着深入的论述。

---

① BRONFENBRENNER U, MORRIS P. 人类发展的生物生态学模型（2006）[J] //DAMON W, LERNER R M. 儿童心理学手册（第六版）：第一卷 [M]. 林崇德，李其维，等译. 上海：华东师范大学出版社，2017: 995.
② BRONFENBRENNER U, MORRIS P. The Ecology of Developmental Processes [J]. //DAMON W, LERNER R M. Handbook of Child Psychology (5th edition, Volume 1): (series editor: W. Damon). New York: Wiley. 1998: 993−1028.
③ BRONFENBRENNER U, MORRIS P. The Ecology of Developmental Processes [J]. //DAMON W, LERNER R M. Handbook of Child Psychology (5th edition, Volume 1): (series editor: W. Damon). New York: Wiley. 1998: 995.

（一）勒温：环境产生着改变行为的动力

1. 环境中蕴含着诱发力（valence）

如上文所阐述的生活空间（心理场）那样，在勒温这里，环境（E）不是纯客观的物理环境，是指特定时空中为主体所感知、对主体产生影响的全部事件的总和，即心理环境。环境的一切属性（方向、距离等）都不能用物理属性来界定，而是必须用心理属性来界定。①这样，环境就是一个心理场，也是一个影响个体行为的动力场。勒温主张要根据它们对儿童的影响去进行描绘。对不同的儿童，对不同情境里的同一儿童，同样的物体可能意味着迥然不同的心理存在。②

从这一角度看，环境中的诱发力及其类型、力度和分布是环境最重要的属性。环境中的事实给了儿童诱发力，这些诱发力决定行为的方向。勒温将诱发力分为正诱发力（又称为驱力，driving forces）和负诱发力（又称为阻力，restraining forces）。正诱发力是产生趋近的力量。负诱发力是产生退缩的力量，有排斥的力为负诱发力。③从动力论来看，给人留下追求目标印象的过程通常要借助正诱发力来描绘。④因此，对幼儿发展的推动力量的研究，应更多关注正面的诱发力。

2. 可通过改变环境来改变个体的行为

勒温认为如果我们想要改变行为，必须先改变环境（E），或者进一步说，改变儿童所感受到的心理环境。"社会压力可引导儿童吃他所不要吃的食物，其主要的方法是使他进入吃的情境。"⑤勒温还提出了"重叠的区域"的观点，强调各情境的相对重要性。重叠指的是两种情境的重叠，如一个儿童可同时吃东西、听鸟唱。也许听为主要的活动，吃为次要的活动，或者相反。"一个人同时以不同的程度从事于不同的活动是很常见的一件事。……在这种情形之下，我们可以说

---

① 库尔特·卢因.个性动力论［M］.何道宽，译.北京：中国传媒大学出版社，2016：59.
② 库尔特·卢因.个性动力论［M］.何道宽，译.北京：中国传媒大学出版社，2016：57.
③ 教育大辞典编纂委员会编.教育大辞典（第5卷）：教育心理学［M］.上海：上海教育出版社，1990：16.
④ 库尔特·卢因.个性动力论［M］.何道宽，译.北京：中国传媒大学出版社，2016：60-61.
⑤ 库尔特·勒温.拓扑心理学原理［M］.高觉敷，译.北京：商务印书馆，2014：5.

个体同时存在于两个区域之内。这些区域都有确定的结构，而有情境的性质，这便可称为两个情境的重叠。……两个或两个以上的情境倘若如此重叠，则于某一特殊时间之内，每一个情境对于其人可各有某种'相对的重要'。"① 当一件任务嵌入另一种心理场（比如把学校作业领域的一种活动带进实用目的领域）时，就会彻底改变活动的诱发力。② 因此，勒温认为可以通过改变情境或改变情境的相对重要来影响他人，用以达到教育的目的。③

（二）布氏：环境中的动力作用受不同层级中个体的共同影响

1. 影响个体发展的环境为从内到外的层级套嵌系统

生态系统（ecosystem）这一概念是由英国植物学家、生态学家坦斯利（A. G. Tansley）于1935年首先提出的，是指一定地域（或空间）内生存的所有生物与环境相互作用的，具有能量转换、物质循环代谢和信息传递功能的统一体。生态系统是维持生命长久存在的基本单元，能量流动和养分循环是生态系统生态学研究的重点。④ 生态系统是一个相互联系的系统，不仅有机体与其环境之间相互依存，且各子系统之间以及子系统与母系统之间，也同样有着密切的联系，子系统之间的边界是相互重叠的，重叠的过渡地带被称为"生态交错区"（ecotone）。⑤ 对生态系统的研究是分层级的，常见的层级分类从低到高或者从小到大可以分为：原子、分子、细胞、器官、有机体、种群、群落、生态系统和生态圈。⑥

虽然勒温将影响个体的环境划分了多个区域，强调了生活空间对个体行为的影响，但勒温的环境是一个无分化的环境，更多的是在讨论影响个体行为的当下心理环境（心理场）。而布氏在《人类发展生态学》中提出，影响个体发展的环境是一个层层镶嵌的层级套嵌系统，呈柱状同心结构。个体发展是系统的核心。这个层级套嵌系统有四层，由内而外分别是**微观系统**（microsystem，又译

---

① 库尔特·勒温.拓扑心理学原理[M].高觉敷，译.北京：商务印书馆，2014：142-144.
② 库尔特·卢因.个性动力论[M].何道宽，译.北京：中国传媒大学出版社，2016：132.
③ 同①.
④ S.E.约恩森.生态系统生态学[M].曹建军，等译.北京：科学出版社，2017：7.
⑤ 同④.
⑥ S.E.约恩森.生态系统生态学[M].曹建军，等译.北京：科学出版社，2017：30.

为小系统），指发展中的个体在特定环境（包括物质和物理环境）中所体验到的活动、角色和人际关系模型；**中间系统**（mesosystem），由个体积极参与的两个或更多环境之间的相互关系构成；**外系统**（exosystem），指个体没有直接参与的一个或多个环境，但是其中发生的事件与个体直接参与的环境彼此影响；以及**宏观系统**（macrosystem，又译为大系统），包括文化及文化所特有的意识形态、制度结构等。① 基于这样的结构，布氏将个体发展放在一个宏观的、多层次的生态系统中加以考察。由于是套嵌的多个系统，人类发展生态学不仅关注个体的发展与环境系统之间的关系，也关注不同层次的环境系统之间的关系，认为是各层级环境间的各种因素所产生的综合作用影响着发展。在随后的 PPCT 模型中，C 指的仍然是人类发展的情境（context），即他所描述的人类发展的生态背景的套嵌系统。

2. 产生动力作用的个体即是影响幼儿发展的因子

在生态学中，对生态系统的研究常以相应的生态因子（ecological factors）为抓手，在不同的对生态的研究过程中，生态因子被不同地定义和分类。如，在对人类的生成和发展进行研究时，生态因子被分为非生物的（如土壤、温度、水等）或有生命的（如植物、动物、昆虫）生态因子，它们都起着直接或间接的影响。苏联生态学家苏 A·P. 谢尼阔夫将生态因子划分为气候因子、土壤因子、地形因子、生物因子、人类因子。也有人将生态因子划分为主导因子、伴随因子、调剂因子、修改因子、限制因子等。② 这些按系统层面、按因子进行生态研究的方式，为我们按系统层面、按因子来分析教育生态环境提供了研究思路和方法。

促进幼儿发展是整个学前教育系统运作的核心指向，在对学前教育整体系统进行生态分析的过程中，可根据对幼儿发展的推动力量，即影响幼儿发展的动力来源，来划分学前教育系统中的各因子。

上文对动力概念的阐述中提出，"人"是影响幼儿发展的动力（dynamic）的来源。勒温在分析环境影响力时也指出：人的行为动机的力量并不完全来自个体，而是来自环境施加于个体的力量，尤其是其他人发出的力量和矢量，或起吸

---

① 蔡菡. 让理论看得见：生态变迁与幼儿教育 [M]. 合肥：安徽少年儿童出版社，2010：4.
② 吴鼎福，诸文蔚. 教育生态学 [M]. 南京：江苏教育出版社，1990：68.

引作用，或起排斥作用，控制着人的行为和发展。① 成人的力量场和其他儿童（或一组儿童）的力量场，都会对儿童产生诱发力。因此，成人、同伴都是影响幼儿行为的影响源（动力源）。而布氏则在 PPCT 模型中将儿童（P）归结为自身发展的动因，进而将影响幼儿发展的外环境分层。基于这两位心理学家的逻辑，儿童自身及影响他的其他人都是动力的来源。

根据动力的来源，我们可以将影响幼儿发展的因子归结到个体，也就是人。这样，在学前教育系统中，幼儿自身、同伴、教师、家长、园长、专家、主管部门等都是推动幼儿发展的重要因子。本书中将这些因子称为动力因子（dynamic factors），这些因子动力作用的发挥应指向推动幼儿发展。

教育是人影响人的过程，教育活动是人开展的活动。许多教育领域的研究者们也持这样的观点，他们指出：学校改进的一切，始终以"人"为开始，以"人"为依归，以"人"为改变的单位（unit of change）。② "人的因素才是影响学前课程（班级课程）的决定性因素。"③

四、个体与环境的相互作用（f）过程影响了发展（D）

（一）勒温：强调动力平衡过程与群体中的动力作用

1. 个体需求与外界影响之间存在动力平衡过程

在 B=f（P，E）公式中，P 和 E 不是两个单独的变量，而是相互影响的。这个相互影响的过程，勒温称之为"需要—紧张"心理系统说。他提出动机和需要的张力概念，认为一个人在具有一定的动机或需要时，其身体内部会产生一种张力系统。当需要得到满足或实现时，张力会减弱；如果需要得不到满足或动机受阻，张力就会增强，创导新的意向。④ 这与同样关注动力的弗洛伊德不同，弗洛伊德的动力论认为动力来自个体内部，由力比多引起，属于"求乐论"。而勒温的动力论更多地研究外部环境，关注个体需求和环境的平衡，是一种"求稳论"。

---

① 薛烨，朱家雄，等.生态学视野下的学前教育[M].上海：华东师范大学出版社，2007：70-71.
② 黄显华，等.课程领导与校本课程发展[M].北京：教育科学出版社，2005：85.
③ 虞永平，等.学前课程的多视角透视[M].南京：江苏教育出版社，2006：238.
④ 教育大辞典编纂委员会编.教育大辞典（第5卷）：教育心理学[M].上海：上海教育出版社，1990：145.

他认为稳态的失调就会产生有机体的紧张状态，并促使有机体通过适应性行为，去获取新的平衡。①

基于他的"需求—紧张"论，勒温还进一步认为所有生命系统都趋于与其环境保持一种动力平衡，因而在研究时勒温特别关注像需求紧张的产生、目标设立、目的性行动和消除紧张等动力过程。② 个体会调节与环境的关系从而与其保持"动力平衡"。③ 这一动力学原则阐述了生活空间中的各种因素间相互依赖、相互作用的关系。这样的动力平衡概念，影响着布氏的"力量平衡"概念，是动力传递思想的雏形。

2. 群体动力学是 B=f（P, E）公式的修正和补充

在研究个体需求的基础上，勒温开始研究群体对个体需要的满足以及对个体（群体）行为的影响。1939 年，在《社会空间实验》一文中他首次创造性地使用了"群体动力学"（Group Dynamics）一词，旨在借这一概念深入探索群体中各种潜在动力的交互作用、群体对个体行为的影响以及群体成员间的关系。勒温的场论是群体动力学的理论前提，而行动研究则是群体动力学的实际手段和具体应用。④

基于对群体的研究，对个体行为的解释模型从原来的个体解释模型（Individual Explanatory Models）拓展到群体解释模型（Group Explanatory Models）。即把 B=f（P, E）公式推广到群体，把 P 看作是更多的人（群体意识、群体需求的交互作用），把 E 看作是准社会的事实。⑤ 从个体的行为是环境与个体的函数：B=f（E, P），拓展为：B（群体行为）=f [E（真实环境 + 知觉到的环境），P（个体 + 群体）]。这样，群体行为（B）就成为群体成员的各种需求（P）和对社会环境（E）的种种认知而产生的正负诱发力相互作用的结果。而群体中个体的行为受知觉到的环境、真实的环境，以及个体自身和个体所处的群体的共

---

① 申荷永.充满张力的生活空间：勒温的动力心理学［M］.武汉：湖北教育出版社，1999：47.
② 周晓虹主编.现代西方社会心理学流派［M］.南京：南京大学出版社，1990：96.
③ 周晓虹.现代社会心理学史［M］.北京：中国人民大学出版社，1993：205.
④ 周晓虹.现代社会心理学史［M］.北京：中国人民大学出版社，1993：210.
⑤ 教育大辞典编纂委员会编.教育大辞典（第 5 卷）：教育心理学［M］.上海：上海教育出版社，1990：436.

同影响。① 这一理论可以用来解释幼儿园课程建设团队是如何影响教师参与课程研究，进而影响教师设计和组织班级活动的；也可以用来解释班级整体氛围或集体行为是如何影响幼儿个体参与活动的。

（二）布氏：强调相互作用中的力量平衡和动力转移

布氏指出：在生物生态学模型中，客观成分（环境）和主观成分（个体特征）都被断定为推动了人类发展的进程，只考虑任何一种单独的成分都是不充分的。② 因此，他在1979年提出的人类发展生态学和1998年提出的生物生态学中都探讨过个体与环境间的相互作用，这种相互作用是一种动力的转移过程。

1. 人际关系中存在着力量平衡过程

在《人类发展生态学》一书中，布氏提出了"力量平衡"（balance of power，又译为均势、力量平衡的态势）概念。他认为，人际关系对个体活动具有动力影响作用。人际关系的动力作用受"积极情感""互动""力量平衡"这三个要素的影响。③ 其中，互动会产生自身动量（a momentum of its own），主要双人关系是推动学习和发展的强大动力。而双人关系对发展的促进作用体现在力量平衡向发展中的个体转移。因此，他将满足相互作用、相互肯定、日益复杂和能量不断向发展中的个体转移等影响发展的最佳条件的双人关系，称为发展性双人关系④。这是因为：首先，以积极情感为基础的师生关系、同伴关系、亲子关系会影响幼儿参与活动的状态；其次，互动会产生自身动量，双人关系中相互反馈的深入，不仅能够促使幼儿坚持这个活动，而且能够助推活动日益复杂；再次，双人关系中存在着力量平衡，理想状态下，力量平衡过程会使得力量逐渐向发展中的个体转移，使发展中的个体获得越来越多的主控的机会，即个体（幼儿）更能影响周围

---

① 桑标主编. 儿童发展［M］. 上海：华东师范大学出版社，2014：48.
② BRONFENBRENNER U, MORRIS P. 人类发展的生物生态学模型（2006）［J］//DAMON W, LERNER R M. 儿童心理学手册（第六版）：第一卷［M］. 林崇德，李其维，等译. 上海：华东师范大学出版社，2017：912.
③ BRONFENBRENNER U. The Ecology of Human Development［M］. Cambridge：Harvard University Press，1979：57-58.
④ BRONFENBRENNER U. The Ecology of Human Development［M］. Cambridge：Harvard University Press，1979：60.

环境，越来越主导自己的活动和成长。

布氏的《人类发展生态学》中前后有四五十次提到"力量平衡"这个概念。勒温对动力平衡的解释是从消除紧张、"求稳"的目的出发的，但布氏的力量平衡指向主控权的转移。他认为就学习和发展而言，最佳的情况是在该情境中，力量平衡的过程使得力量逐渐向发展中的个体转移，从而使个体变得越来越有力量主导活动、主动活动。

2. 在个体与环境的相互作用中动力会向个体转移

与勒温所认为的个体与环境相互作用整体观一致，布氏认为"对动态的人类发展系统进行研究都必须包含PPCT模型中的每一个因素"[①]。在PPCT模型中，发展的过程（process）包含了个体与环境之间的相互作用和动态性关系，作为发展引擎的近端过程会推动着动力向个体的转移。他还指出，周围环境中的人、物体和符号与发展中的个体（如幼儿）之间的动力转移可以是单向或双向进行，即从发展中的个体到环境的特征，或者从环境的特征到发展中的个体，可以双向分别进行或同时进行。个体受近端过程的影响取决于五个方面：持续时间、频率、是否受干扰、互动的时机、强度。[②] 为了更好地解释这个持续时间和频率的问题，他在解释生物生态学理论（PPCT模型）时提出了时间系统的概念。时间（T）推移下，个体发展受内外多因素的共同影响。从内因而言，个体特征会随着时间的变化而变化，个体与环境持续的相互作用才会不断推动发展。

五、发展即在内外动力影响下变得更主动、更有能力参与活动

（一）关于影响发展的动力研究对比

对比勒温和布氏对影响个体行为和发展的动力研究，我们可以按照四个维度来归纳结论（见表1-1），发现前后相承的关系脉络。

---

① 理查德·M. 勒纳. 人类发展的概念与理论（第三版）[M]. 张文新，等译. 北京：北京大学出版社，2011：277-278.
② BRONFENBRENNER U, EVANS G W. Developmental Science in the 21st Century: Emerging Questions, Theoretical Models, Research Designs and Empirical Findings [J]. Social Development, 2000（vol.9, no.1）：115-125.

表 1-1　生态心理学代表人物的动力研究对比

生态心理学代表人物	动力概念及公式	个体（P）的动力作用分析	环境（E）的动力作用分析	个体与环境的相互作用函数（f）
勒温	1. 动力整体观。最先提出了动力概念及动力论，动力性和整体性是其心理场论的两个基点。 2. B=f(P,E)公式	1. 个体（P）的主动建构。 2. 年龄差异、个体差异影响着个体对环境的建构	1. 环境（E）中蕴含着改变行为的动力。 2. 通过改变环境来改变行为	1. 个体需求与外界影响之间存在动力平衡。 2. 群体动力学是B=f(P,E)公式的修正和补充
布氏	1. 人类发展生态学理论中关于"动力"的多样化解释（dynamic、momentum、power）。 2. D=f(P,E)公式	1. 儿童是自身发展的动因。 2. 细化分析了个体特征产生动力作用的过程	1. 环境（E）中的动力作用受不同层级多因子的共同影响。 2. 在分析微观系统时，分析角色、人际关系、活动等因素的动力影响	1. 作为发展引擎的近端过程推动着动力向个体的转移。 2. 时间影响着动力作用的性质和程度
对比	都关注内外因的作用；对"动力"的研究前后延续并深化	都强调个体的主动作用，并对个体进行了细化分析	主张通过改变环境，影响个体行为和个体发展。同时，布氏对环境进行了分层，涉及更广泛、间接的环境中的动力	都探讨了动力的传递、转移问题；对动力作用过程的分析逐渐丰富

相对于勒温的场论思想、整体观思想，勒温的动力论和动力学原则受学术界关注较晚，20世纪80年代才开始有研究者从动力视角研究儿童的发展过程。在人类发展生态学中，布氏借鉴了勒温的动力概念、动力平衡概念、心理动量概念、自身动量概念等，并在勒温的基础上，从勒温的行为分析上升到对个体参与活动的分析，进而将活动、环境与个体的发展关联起来。更为经典之处在于突破性地将影响个体的环境分成了套嵌系统，关注到了间接影响个体发展的环境，从多因素入手研究环境对发展的影响。这样，各种对个体的发展产生直接或间接动力作用的影响因子也开始进入了研究视野中。在布氏随后提出的PPCT系统中，

对之前未深入研究的个体因素也进行了分化研究，还在关注个体内外因子的相互作用的基础上，考虑到了时间的累加效应。可见，生态心理学对影响个体发展（个体行为）的动力研究是逐渐丰富的，不仅对个体内部的分析更为丰富，对影响个体的环境的研究也在分化拓展中。

这也符合动态系统论所主张的，从生态的角度看待个体发展的观点。"发展着的生物体是复杂的系统，它包含了非常多的嵌于其内的单独的要素，同时也对复杂环境开放。这些组成要素彼此连续地相互作用，并以这样的方式改变着彼此，改变着作为整体的系统。这是多重因果的思想。"① 因此，新的心理学研究趋势主张从多因子入手研究发展。

（二）发展的含义及个体获得发展的表现

人类发展生态学主要研究主动成长着的个体与其所生活的不断变化的直接环境之间渐进的、双向适应的过程。该理论明确提出了个体获得发展的表现，并将发展界定为：个体对所处生态环境及与生态环境的关系的不断认识，以及个体不断增长的发现、保持与改变环境特性的能力。②《人类发展生态学》一书中指出：发展的变化同时发生在感知与行动两个主要领域。③

首先，从感知上来说：这里所说的发展，不是传统理论强调的心理过程，如感知、动机、思维和学习等，而是这些心理过程的内容，如感知什么、想要什么、害怕什么、思考什么、获取什么知识，以及一个人处在某种环境中，通过与环境的互动，怎样改变心理材料的属性等内容。④ 即人的发展是在感知层面上"发展中的个体获得对所处生态环境越来越细分的、准确的概念的过程"，这一点受勒温的生活空间概念的影响，强调对周围环境的感知。

其次，从行为上来说：发展将使人变得更积极主动、更有能力参与活动，进

---

① DAMON W，LERNER R. 儿童心理学手册（第六版）：第一卷[M]. 林崇德，李其维，等译. 上海：华东师范大学出版社，2017: 328.
② BRONFENBRENNER U. The Ecology of Human Development [M]. Cambridge: Harvard University Press, 1979: 9.
③ BRONFENBRENNER U. The Ecology of Human Development [M]. Cambridge: Harvard University Press, 1979: 28.
④ 同②.

而以此来揭示环境的特性，维持或重建在形式与内容方面相似或更复杂的环境。① 即发展不仅是指一个人对生态环境及其与生态环境的关系的不断认识，而且是一个人不断增长的发现、保持与改变环境特性的能力，这种认识和能力表现为在行为上变得更主动、更有能力参与活动，影响周围环境。布氏提出：个体的发展状况可以通过在没有他人发起或指导的情况下，个体发起和保持的整体活动（molar activity，又译为琢磨活动、克分子活动）的繁多的种类和结构的复杂性表现出来。② 在直接环境和更远环境中，个体感知到他人并和他人相互作用，这既是发展的影响因素，也是发展的结果。③

再次，从时间层面上来说，发展被定义成一个过程。人类发展生态学中指出：发展是一个人不断的觉知（perceive）与回应（deal with）他所处的环境而持续改变的过程。这呼应了布氏后续提出的 PPCT 模型中对过程（P）的强调。

最后，从跨环境层面上来说：发展意味着持久的变化，即这种变化既发生在其他时间，也发生在其他环境中。④ 也就是说，儿童在 A 环境中获得的发展，在 B 环境中也能体现出来；或者，儿童当前获得的发展，在一段时间之后仍能表现出来，这样的发展才能称之为有生态效度的发展。⑤

布氏对人的发展的理解突破了传统心理学的概念，其对影响发展的要素的诠释影响着我们重新思考什么是教育，以及如何通过课程促进发展。如果我们将幼儿作为"主动成长"的个体，如何支持幼儿积极主动地参与一日活动进而获得发展，是学前教育研究中历久弥新、需要不断深入探讨的问题。运用生态心理学家们的动力论、发展观、整体观、系统论等来分析幼儿园里的活动、班级的具体活动情境、幼儿所处的成长环境，以及幼儿园课程的设计、实施与评价问题，将有助于我们用前沿的生态观、生态发展观更新、扩充幼儿园课程观，提出变革学前

---

① BRONFENBRENNER U. The Ecology of Human Development [M]. Cambridge: Harvard University Press, 1979: 27.
② BRONFENBRENNER U. The Ecology of Human Development [M]. Cambridge: Harvard University Press, 1979: 55.
③ 同②.
④ BRONFENBRENNER U. The Ecology of Human Development [M]. Cambridge: Harvard University Press, 1979: 28.
⑤ BRONFENBRENNER U. The Ecology of Human Development [M]. Cambridge: Harvard University Press, 1979: 35.

教育、优化课程建设质量的新观点、新理论。

第三节　生态的个体活动观：幼儿通过主动活动获得发展

生态心理学流派关注活动对个体发展的影响，尤其是幼儿在一定情境中的主动活动。以往目标导向的幼儿园教育活动设计和组织，更多采用的是"目标分解—目标达成"的目标思维，这样的活动设计是一种静态的活动设计，对应的活动实施也是流程式的。而生态心理学流派的活动观，关注活动中多种因子的相互影响和彼此作用关系，以最大限度的支持幼儿主动地参与活动。这为研究教育活动的设计、组织和评价提供了新的分析维度和新的研究思路，是研究思路上的一个"转身"。

一、学前教育中的活动研究

（一）教育活动的概念来源及定义

学前教育中的活动概念，天然承载着教育目的，具有教育属性。因此，当我们在学前教育的语境下，尤其是在探讨幼儿园课程的过程中，所谓的"活动"指的就是幼儿园里开展的各类教育活动。而教育活动概念的提出，源于对"活动"这一概念的认识。按照马克思主义理论，活动是人主动作用于外界的行为，活动促使人产生思想意识，促进人的发展。杜威强调幼儿的主动活动，关注"主动作业"，在实验学校中采用"做中学"的教学方法，将活动作为课程核心。列昂节夫作为苏联活动理论的代表，强调活动的重要性，认为人的活动是历史、社会的产物，需要是具体活动的前提、内部条件，同时又是活动的调节器，活动总是由需要来推动的。[①] 皮亚杰的活动观也认为活动是人和周围环境的交互作用，儿童是在主动活动中获得发展的。可见，从活动的原初意义来说，幼儿园里开展的各类活动应关注"幼儿的主动参与"，并指向"促进幼儿的发展"。

"教育活动"作为我国学前教育界的一个专用术语，于 1989 年出现在《幼

---

① 虞永平. 幼儿教育观新论［M］. 北京：人民教育出版社，2006：76-78.

儿园工作规程（试行）》中，它取代了1981年颁发的《幼儿园教育纲要（试行）》中的"上课""作业"等词汇。这一概念的出现与20世纪80年代开始的幼儿园课程改革、活动理论的传播等因素密切相关。[①] 在2001年颁布的《幼儿园教育指导纲要（试行）》的实施部分中，对幼儿园教育活动作出了这样的界定："幼儿园的教育活动，是教师以多种形式有目的、有计划地引导幼儿生动、活泼、主动活动的教育过程。"其中，幼儿是主动活动的主体，教师提供支持和引导。

这一界定强调了教师和幼儿两方面的主动作用。一方面，教师需要有目的、有计划地组织多种形式的活动。这种"有目的、有计划"的作用过程，是教师职能的体现，是教育机构培养人的功能使然。但这种有目的、有计划的引导过程也意味着其设计和组织要遵循幼儿身心发展的规律，要循序渐进。另一方面，幼儿在教师的引导下，也需要主动地参与活动。这种幼儿的主动参与既是幼儿主动作用的体现，也是教师主动引导的目标和结果。

此外，"多种形式"这一定语在不同研究中有着不同的定义和分类方式。国内学者们对幼儿园教育活动的范围界定一般分为广义和狭义两种。广义上的"幼儿园教育活动"包含幼儿园一切具有教育因素的、有目的、有计划进行的活动，具体包括教学活动、游戏活动和专门组织的带有教育目的的生活活动。一些研究者甚至认为"一日生活皆课程"，幼儿园的一日在园活动都是教育活动。而狭义上的"教育活动"等同于"教学活动"，认为它与一日生活活动、游戏活动一起并称为幼儿园的三种活动。本书倾向于第一种观点，教学活动（包括集体教学、分组教学）、游戏活动（包括自主学习性质的益智区等区域活动和自主游戏性质的角色扮演区活动），以及教师专门组织的带有教育目的的生活活动都是对幼儿的发展起着重要作用的教育活动，都可以用生态的视角来看待。

理想状态下，幼儿园教育活动应是教师和幼儿双方都主动发挥动力作用，积极主动、身心投入参与的活动，其目的在于让幼儿获得有益的经验，得到充分的发展。然而，当前的教育活动实践并不总是如此。教师会机械地按计划实施自己都不理解、不感兴趣的既定课程，而幼儿则会在教师的奖励、惩罚或要求下被动"完成"某些活动流程，过程中幼儿的积极参与行为较少、主动性不强。

---

① 彭俊英.幼儿园"教育活动"概念溯源［J］.学前教育研究，2009（10）：8-11+22.

（二）我国当前幼儿园教育活动的研究现状

我国学者们对幼儿园教育活动的研究主要集中在活动设计和活动组织两个方面，活动评价方面涉及较少。研究视角以教育学为主，杜威关于经验和活动的相关理念、建构主义学派中皮亚杰和维果斯基的相关理念、布鲁姆目标分类法等相关观点都是学者们在分析教育活动时提及较多的理论基础。福禄贝尔、蒙台梭利、瑞吉欧、高瞻课程、陈鹤琴等人的著名教育理论和课程模式常被用来作举例和对比分析。不论从概念界定，还是在设计和组织教育活动的过程中，促进幼儿发展（具有发展性）[1]、强调幼儿的主体性参与[2]、激发和维持幼儿专注和投入的主动活动状态[3]，都是研究者们共同关心的话题，也是教育活动设计和组织的主要目标，更是评价活动质量的一个重要方面。

但目前的对教育活动的研究主要是通过将其进行细化分类，然后按类分别展开讨论。如按类型分为学科（领域）、主题、区域活动，或者按目的性程度分为教学、游戏、生活活动，又或者按五大领域来讨论各领域活动，还有研究者按结构化程度的高低划分为低结构化和高结构化活动[4]。通过分类研究某一类教育活动的设计与组织，来探索如何更好地设计组织活动，提升活动的发展价值。或者通过对幼儿园教育活动从设计到评价的某个阶段进行研究，来讨论如何优化目标设计、组织方法或评价方式。这样的细分虽然能对某类活动或某个方面进行较为详细的阐述，但却容易"见木不见林"。我们能否借鉴其他研究发展的基础理论，"另辟蹊径"地贯穿活动设计、内容选择、组织实施、评价的各环节，让幼儿达到主动投入活动的理想状态？生态观念的引入也许是一个新的考量视角。

二、对发展具有重要影响的活动：整体活动

在人类发展生态学中，活动是指环境中对人类发展影响直接而强烈的事件，它可以是个体在场的活动或个体与他人一起参与的活动。布氏认为个体积极参与

---

[1] 虞永平，原晋霞.幼儿园教育活动设计与组织［M］.北京：高等教育出版社，2014：31-32.
[2] 黄瑾.幼儿园教育活动设计与指导［M］.上海：华东师范大学出版社，2014：11-12.
[3] 虞永平，原晋霞.幼儿园教育活动设计与组织［M］.北京：高等教育出版社，2014：33-34.
[4] 朱家雄.幼儿园教育活动设计与实施［M］.北京：高等教育出版社，2008：17.

他人的活动，或仅仅是旁观他人的活动，经常都能激起个体以自己的方式去进行相似的活动。① 人类发展生态学在评价托幼机构对幼儿发展的影响作用时重点提出了一类活动，即"整体活动"。布氏指出：在日托中心或学前班情境中，儿童能够利用并参与的整体活动的种类与复杂性会影响儿童的发展。日托中心或幼儿园情境对发展的潜在影响力，取决于指导者在多大程度上为儿童创造和维持机会，让儿童参与多种日趋复杂的整体活动和人际结构。过程中，日趋复杂的整体活动和人际结构需要与儿童不断发展的能力相一致，让儿童在这一过程中通过动力平衡获得充足的动力，不断自我革新。②

（一）对发展具有重要影响的整体活动具有自身动量

布氏认为，对个体发展产生重要影响的是整体活动。整体活动是相对于"分子行为"（molecular behavior）而提出的，它不是一个瞬间的事件或暂时的行为，而是一个连续的过程，如建一座大楼、读一本书等。与即时的、特别是无意义或无目的的零散的行为相反，与发展密切相关的整体活动既是个体心理发展的内在机制，也是心理成长的外部表现。③ 也就是说，一个整体活动是一种持续进行中的行为，具有自身动量（a momentum of their own），并对环境中的参与者而言是有意义或意图的。勒温对心理能量的假说，影响了布氏对整体活动的分析。布氏分四个维度研究整体活动，即：活动内容；个体参与活动的心理动量（psychological momentum）；活动结构的复杂性；个体察觉到的生态场域的复杂度。在整体活动的定义中，"自身动量"是一个关于活动的动力概念的重要表述。这里的"动量"是由意图的存在而产生的。意图的存在创造了完成的动机，并产生了坚持不懈和对干扰的抵抗。④ 这一观点与勒温的"需要—紧张"心理系统相呼应。布氏认为，无目的的活动不是一个真正的整体活动。因此，如果幼儿只是

---

① BRONFENBRENNER U. The Ecology of Human Development [M]. Cambridge: Harvard University Press, 1979: 6.
② BRONFENBRENNER U. The Ecology of Human Development [M]. Cambridge: Harvard University Press, 1979: 204.
③ 同①.
④ BRONFENBRENNER U. The Ecology of Human Development [M]. Cambridge: Harvard University Press, 1979: 46.

无目的地闲逛,或只是被动地遵从教师的指令操作,那么对幼儿而言,活动的发展价值就不会很高。

布氏进一步分四个方面对个体活动时的心理动量进行深入研究,即:主动性、注意水平、抗干扰能力、活动中断后恢复的能力[①]。在具体的幼儿园教育活动中,主动性可以表现为活动的目的是否被幼儿意识到,幼儿对学习活动是否主动参与,还是只是顺从教师指令或外界的压力。注意水平即心理活动的指向性,是指活动过程是否吸引幼儿,幼儿的注意力是否集中。抗干扰情况是指如果幼儿对活动的参与度和投入度高,参与活动的心理动量充足的话,那么幼儿的抗干扰能力也会高。活动中断后再继续的能力是指如果幼儿对某个活动一直保持着高度的投入,参与该活动的心理动量十分充足,那么即使因为时间或场地的变化而暂时中止该活动,幼儿在下一次活动开始时,仍能保持对原活动的投入。例如,因为下雨采摘活动进行到一半不得不中断,但第二天幼儿仍能从头到尾地积极投入,那么可以说幼儿参与该活动的心理动量是很充足的。从发展价值来看,幼儿园开展的各类学习活动都应符合整体活动的特点,且具有主动参与的心理动量。

(二)整体活动的种类和复杂性体现着个体的发展状况

布氏提出:个体的发展状况可以通过在没有他人发起或指导的情况下,个体发起和保持的整体活动的繁多的种类和结构的复杂性表现出来。[②] 也就是说,可以从三个方面考量活动对发展的影响:

1. 活动是否由个体主动发起

如果个体发起和保持的整体活动内容丰富,结构复杂,并能处理得当,那么发展状况就好。

2. 活动的水平

人类发展生态学按照活动内容对发展的作用,从低到高将活动分为三种水平。第一种水平是非常极端的消极行为,即非参与性活动,包括睡眠、休息、过度亢奋等,这类活动的发展价值很小。第二种水平是注意某些人或某些事,但没

[①] 蔡菡.让理论看得见:生态变迁与幼儿教育[M].合肥:安徽少年儿童出版社,2010:15.
[②] BRONFENBRENNER U. The Ecology of Human Development [M]. Cambridge: Harvard University Press, 1979: 55.

有积极参与的活动。第三种水平是以持续的情感参与为特点的活动，全神贯注地参与活动对个体的发展最有效。积极的（如快乐的状态、持续地表达感情等）情感活动会促进发展，而消极的（如长时间的哭闹、生气的表现等）情感活动则会削弱发展。按照这一标准，幼儿园教育活动是幼儿的一日在园活动中除了吃饭、睡觉等之外对幼儿的发展起着重要影响的活动。在教育活动中，第二和第三种活动情况都会发生，但全神贯注且带有积极情感的活动对发展的促进作用更高。

3. 活动结构的复杂性

在高质量的整体活动中，结构复杂性是指儿童感知到的生态环境（包括直接环境和直接环境之外的其他环境）的范围与复杂性在不断扩展。同时，儿童因需要和期望，应对和改变这个环境的能力也在不断发展。布氏对活动结构的复杂性分时间结构、活动步骤、同时参与活动数量这三个方面进行阐述。

活动的时间结构。即活动能和不在眼前的间接环境中的人、事、物发生联系，同时参与者在活动中所获得的经验能够超越当前活动的边界，延伸到过去或将来。这一方面是指，活动能否可以通过交谈、讲故事、幻想、绘画作品或其他媒介，调用不在当下直接环境中的人、事、物。如果活动能调动起幼儿越多的以往经验，那么活动的时间结构就越复杂。另一方面是指在某个教育活动中，幼儿从活动中获得的经验是仅局限于当前活动，还是能够超越当前活动的边界，迁移到过去或将来。

活动步骤。主要考察活动目标是需要一步完成，还是需要经过一系列的步骤或亚目标才完成。如果达到目标的路径是直接的，例如单一的行为步骤（如爬过去取到想要的物体），那么活动步骤就较少；如果达到目标的路径包括一系列预先计划的步骤或亚目标，则活动较为复杂。

同时参与互不相关的活动数量情况。同时参与互不相关的活动数量越多，活动的结构越复杂。个体可进行的活动的复杂程度与年龄相关。随着儿童的发展，他逐渐能够同时参与更多的活动，参与活动时感受到的生态场就更为复杂，相应地，活动中的人际互动也会变得复杂。当然，这种日趋复杂应与儿童不断发展的能力相适宜[1]。

---

[1] BRONFENBRENNER U. The Ecology of Human Development [M]. Cambridge: Harvard University Press, 1979: 204–205.

根据布氏对整体活动的论述，利于个体发展的整体活动应具有以下几个特征：首先，整体活动是一个延续的过程，具有影响参与者的自身动量。其次，参与整体活动的个体能够感知到参与的目的与意图，具有主动参与的心理动量，因而能排除干扰、专注活动并坚持把活动进行到底。再次，个体主动发起的活动越复杂，调动以往经验（即不在场的人、事、物）的能力越强，则发展得越好。最后，成人应该帮助幼儿全神贯注且带有积极情感地参与活动，并让活动变得日趋复杂。指向幼儿发展的教育活动，应该符合布氏所阐述的具有发展价值的整体活动所具有的上述4个特征。如果幼儿能够主动发起或积极参与教育活动，且过程中活动结构能够日趋复杂，那么可以说幼儿获得了发展。

（三）活动发展价值的衡量标准

从动力的视角来看，活动是否具有自身动量，幼儿是否最终成长为具有动量的主动学习者，是生态心理学环境是否具备发展价值的重要指标。根据布氏对近端过程的定义，幼儿每日在园活动，即影响幼儿发展的近端过程。但什么样的近端过程（活动）更能促进发展呢？布氏指出，近端过程对发展促进作用（动力转移）的有效性取决于持续时间、频率、是否受干扰、互动的时机、强度。他将影响发展的近端过程的显著特征概括为：1. 要想产生发展，个人必须从事活动。2. 要想有效，活动必须发生在"相当有规律的基础之上，经过很长的时间"。3. 为了发展的有效性，活动必须持续足够长的时间而变得"日益复杂"。几乎不重复的事就不会起作用。4. 对发展有效的近端过程并不是单向性的，必须是双向性的影响。这意味着主动性并不只是来自一方，在交流中必须有某种程度的交互作用。5. 近端过程并不限于与人的相互作用，它们也涉及与物体和象征的相互作用。在即时环境中的物体和象征符号必须是能引起注意、探索、操纵、精心组织和想象中的一种。[①] 这些论述有助于我们重新审视何为具有发展价值的教育活动，以及微观、中间系统中的双人关系，即：为了促进幼儿获得发展，与幼儿密切相处的教师、家长必须持续不断地鼓励幼儿积极参与活动。这种对发展有价值的活动必须有足

---

① BRONFENBRENNER U, MORRIS P. 人类发展的生物生态学模型（2006）[J]//DAMON W, LERNER R M. 儿童心理学手册（第六版）：第一卷[M]. 林崇德，李其维，等译. 上海：华东师范大学出版社，2017：913-914.

够的持续时间,且变得日益复杂,从而使幼儿能够与周围的人、物质材料、符号等发生持续深入的相互作用。

三、生态心理学视野下的主动活动及表现

(一)主动活动的分析框架

"促进幼儿发展、激发并维持幼儿主动活动"是幼儿园教育活动的核心。同时,主动学习也是重要的学习品质,幼儿通过主动活动才能习得经验、获得发展。国内外关于主动学习的研究主要分三个方面:主动学习的界定及其发展价值、主动学习的结构要素或行为表现、主动学习的影响因素及发生条件。在界定方面,有研究者突破只关注学习者的单维定义取向,主张内外因相互作用的互动定义取向[1],强调主动学习是一个主客体交互作用的过程。如,高瞻课程将"主动式学习"看作是学习者和环境之间的互动过程。[2]刘炎认为主动学习"本质上是指个体在与环境的交互作用中积极主动建构自己的经验"[3]。在要素和表现方面,研究者们有不同的分类。有的将主动性与坚持性分列为学习品质的两个内容进行讨论[4],也有研究者将"主动、坚持完成任务、专注"共同列为学习品质的一个方面[5]。霍力岩将幼儿的主动学习行为按照对人和对物两个方面划分为主动参与、主动发现、主动探索、主动交往和主动合作这五个基本维度[6]。虽然针对影响因素和发生条件的研究较少,但研究者们都认同主动学习是内外因共同作用的结果,这显然更符合互动定义取向。其中,内因常包括幼儿的气质、性别、已有的经验、求知欲、好奇心、兴趣、需要等,而外因则包括教师的互动支持、提供的材料、

---

[1] 樊丰艺.幼儿主动学习的发生机制及特性[J].教育导刊(下半月),2016(4):24-27.
[2] 爱泼斯坦.学前教育中的主动学习精要——认识高瞻课程模式(第2版)[M].霍力岩,等译.北京:教育科学出版社,2019:25.
[3] 刘焱.儿童游戏通论[M].北京:北京师范大学出版社,2004:420.
[4] 鄢超云.学习品质:美国儿童入学准备的一个新领域[J].学前教育研究,2009(04):9-12.
[5] KAGAN S L, MOORE E, BREDEKAMP S. Reconsidering Children's Early Development and Learning: Toward Common Views and Vocabulary [R]. Report of the National Education Goals Panel, Goal 1 Technical Planning Group. Washington, DC: U.S. Government Printing Office, 1995: 26.
[6] 霍力岩,孙蔷蔷,陈雅川.学前儿童主动学习指标体系研究[J].基础教育,2017,14(1):68-78.

开展的活动等①②③。高瞻课程模式相对完整地提出了引发主动学习的 5 个要素：材料、操作、选择、幼儿的语言和思维、成人鹰架④。

目前，基于完整动力框架探讨内外因的研究较少，对内外因在具体活动中交互作用的实证研究更少，多按活动类别（如美术活动⑤⑥、积木游戏⑦、科学活动⑧）或某一要素（如师幼互动⑨、环境创设⑩等）进行一定范围的探讨。还有的研究基于单维定义取向将主动学习作为较为稳定的学习品质脱离具体活动来分析。而幼儿作为一个主动的个体，是在内外因相互作用下主动开展幼儿园各类活动，进而获得发展的，应在同一框架下对影响幼儿主动活动的各类动力因素进行完整研究。

生态心理学流派从创立之初就关注影响个体行为和发展的各种动力。该流派将人视为主动活动、主动成长的个体，关注人与环境的交互作用，这与主动活动的"互动定义取向"相合。因此，我们可以借鉴该流派学者们的动力研究分析幼儿的主动活动。此外，生态心理学认为个体内部、外部都有着影响个体行为的力量，这些力量共同影响着个体与周围环境的双向作用，从而主张从多因素复合影响的视角进行研究，关注环境中的因素是如何共同影响人的活动、促进人的发展的。他们对内外动力因素的分析能为我们整合性地探究影响幼儿主动活动的各因素提供新的框架。在勒温的 $B=f(P, E)$ 公式中，个体或个体的状态（P）和环境

---

① KAGAN S L, MOORE E, BREDEKAMP S. Reconsidering Children's Early Development and Learning: Toward Common Views and Vocabulary [R]. Report of the National Education Goals Panel, Goal 1 Technical Planning Group. Washington, DC: U.S. Government Printing Office, 1995: 26.
② 刘延梅. 主动学习研究综述及对幼儿主动学习的分析 [J]. 山东教育科研, 2000（Z2）: 56-59.
③ 樊丰艺. 幼儿主动学习的发生机制及特性 [J]. 教育导刊（下半月）, 2016（4）: 24-27.
④ 爱波斯坦. 学前教育中的主动学习精要——认识高瞻课程模式（第 2 版）[M]. 霍力岩, 等译. 北京: 教育科学出版社, 2019: 12-13.
⑤ 郑明慧. "活教育"促进幼儿在美术活动中的主动学习 [J]. 中国教育学刊, 2017（12）: 103.
⑥ 张传红. 大班美工区活动中幼儿主动学习的研究 [D]. 浙江师范大学, 2021.
⑦ 吴航. 积木游戏中的幼儿主动性发展及其评估问题 [J]. 幼儿教育, 2017（27）: 8-12+26.
⑧ 池浩田. 大班科学集体教育活动中幼儿学习主动性表现特点及教师指导的研究 [D]. 内蒙古师范大学, 2019.
⑨ 翟欢. 5—6 岁不同气质类型幼儿学习品质特点研究 [D]. 陕西师范大学, 2014.
⑩ 孙延永. 促进幼儿主动学习的区域活动环境创设 [J]. 陕西学前师范学院学报, 2017, 33（07）: 38-42.

（E）都会对个体的行为（B）产生动力作用，它们共同构成了影响个体行为的动力场。布氏的 D=f（P, E）公式在勒温的基础上，将内因（P）和外因（E）的影响结果从行为上升到了个体发展（D），认为个体与环境的相互作用影响着个体的行为和活动参与过程，进而推动了发展。基于他们的观点和主动学习的相互作用观，幼儿的主动活动也同样受个体自身（P）和所处环境（E）中各种因素的共同制约。因此，我们可以从个体特征（内因）和情境、角色、人际互动、活动等外因相结合的角度，来系统性地考量幼儿的主动活动过程。从发展的角度、从多因素共同作用的角度探讨：幼儿的主动活动应有哪些关键表现？这些表现受哪些内外因的影响？影响过程如何？因素之间的关系又是怎样的？进而从活动设计和组织的角度，以支持幼儿主动活动为目标，提出各因素优化运作建议。本书第二章将围绕这些问题，探讨幼儿的个体特征以及情境、角色、活动、人际关系等因素是如何综合影响班级中具体活动的展开和创生的。

（二）主动活动的具体表现

参照国内外研究者对主动学习行为的描述，结合勒温和布氏的研究，可以归纳出当幼儿充满心理动量地开展学习活动时，会有以下三类典型的行为表现：

1. *活动启动：幼儿能有目的（意图）地开展活动*

指幼儿在活动中表现出较为明显的目的性行为，包括：知晓活动目的，能有目的地主动选择学习任务、选择学习区、选择共同游戏的同伴或材料等。如幼儿知道老师现在要求分组讨论集体生日会的庆祝内容，会按照老师5人一组的要求组成小组，讨论发言并完成老师要求填写的记录单。布氏认为，无目的的活动不是一个真正的整体活动。借鉴该理论的其他研究者也认为，对学习环境的分析必须包括对有意图的学习者和所处学习环境的分析[①]。

2. *活动过程：幼儿能主动与人（物）互动*

指幼儿在活动中会表现出主动与外界环境中的人、物互动。借鉴霍力岩的分类，包括幼儿带着活动目的，主动安排计划、探索材料、发现创造、与教师（同伴）交往合作等。

---

① YOUNG M F, DEPALMA A, GARRETT S. Situations, Interaction, Process and Affordances: An Ecological Psychology Perspective [J]. Instructional Science, 2002 (30): 47-63.

3. 活动结果：幼儿能保持注意、完成学习活动

指幼儿表现为能一定程度地保持注意力，能坚持完成教师安排或自主选择的学习活动，有一定的抗干扰能力及中断后再继续的能力。这也符合整体活动的定义。如果幼儿在活动过程中出现漫无目的的闲逛游离、浅尝辄止、重复无意义的操作、过度兴奋、嬉笑打闹、不参与甚至干脆拒绝（如不参与值日生选岗活动，因为"我不想当值日生"）等行为，则是幼儿完成该活动动力不足的表现。

第四节 生态的活动环境观：情境推动幼儿活动

在幼儿园中，幼儿的活动环境常常指的是物质环境，包括空间规划、物质材料准备等。布氏认为物质环境和社会环境是机构情境中最关键的两个特质，其中的社会环境包括角色、活动、人际关系三个要素。而情境，是在物质材料、角色、活动、人际关系的共同影响下，个体通过主动感知加工所产生的。对情境的感知和判断，影响着幼儿后续的行为和活动。《人类发展生态学》强调发展与情境不可分，认为发展是"在情境脉络中的发展"（development-in-context）。在 PPCT 模型中，布氏继续指出了情境（C）对个体的影响。

一、影响幼儿发展的物质环境及特征

（一）促进发展和阻碍发展的环境特征

人类发展生态学认为，机构影响着人类的发展过程，它可以唤起也可以抑制某些种类的整体活动、角色以及某些人际关系模式。从发展的角度来看，无论在公共机构还是在其他环境中，物质环境和社会环境都是机构情境中最关键的两个特质，使儿童能够（甚至是鼓励儿童）参与各种不同的活动，不管是跟成人共同参与、自己主动参与，或是主动与其他儿童一起参与。这些都是保证儿童正常发展的必要条件。人类发展生态学将机构环境分为对发展有促进的环境和对发展有阻碍的环境。

对发展有促进的环境有如下特征：环境的物理特点和社会特点能够促使发展中的人参与越来越复杂的整体活动，发生多种类型的相互作用以及与其他环境中

的人建立主要双人关系。也就是说，如果儿童在幼儿园里能够与他人建立起良好的关系，能够参与越来越复杂的整体活动，能够发生多种类型的相互作用，那么这样的环境就有助于儿童的发展。对于刚刚入托的幼儿，是否有机会与教师建立密切的依恋关系，是否有机会在教师的支持和引导下参加各种活动，将决定他能否获得相应的发展。

对发展有阻碍的机构环境具有这样的特征：公共机构内的物质环境与社会环境非常贫乏，物质环境不能为儿童提供活动的机会，没有可供儿童在自由活动中使用的物体；没有能与儿童共同参加各种活动的看护者；没有儿童能与其建立密切的依恋关系的监护人。[1] 这样贫乏的公共机构对个体发展会产生长期有害的影响，例如发展迟缓。

（二）对幼儿园物质环境创设的启示

从上述定义我们会发现，人类发展生态学对物质环境和社会环境的描述是交织在一起的。作为幼儿活动的物质准备，幼儿活动的场地、场所，以及场所内的建筑物、材料、家具设置等，对发展起着重要的作用。能够促进发展的幼儿园环境具有以下特征：

首先，物质材料不匮乏。在最新 PPCT 模型中，布氏特别强调了物理环境和符号的互动，并指出，在涉及物体和象征（如文字符号）的单独活动中的近端过程，可以在他人缺失的情况下与个体产生日益复杂的交互式相互作用。[2] 换言之，丰富的物质材料能够提供动力刺激，在没有他人在场的情况下，这些材料也能与幼儿发生有益的互动。

其次，幼儿可以自由活动并使用空间（包括空间中的材料）。换言之，幼儿作为主动的个体，在空间环境的创设使用过程中也能有机会发挥主导作用。

再次，指向互动和人际关系的建立。幼儿不仅有能够建立密切依恋关系并与其共同开展活动的看护者，而且能在各种材料的支持下建立多种类型的相互作

---

[1] BRONFENBRENNER U. The Ecology of Human Development [M]. Cambridge：Harvard University Press，1979：144.
[2] BRONFENBRENNER U，MORRIS P. 人类发展的生物生态学模型（2006）[J] //DAMON W，LERNER R M. 儿童心理学手册（第六版）：第一卷 [M]. 林崇德，李其维，等译. 上海：华东师范大学出版社，2017：939.

用，参与日益复杂的整体活动。

二、促进幼儿发展的社会环境及特征

在人类发展生态学中，角色、活动和人际关系是分析微观系统中社会环境的三个要素，这三个要素依托具体的情境统一起来。布氏在阐述这三个要素时融入了对这三个要素的动力分析，这一点与勒温一致。勒温认为，环境中的力场来自环境中的情境、活动、关系等因素。布氏指出，在对幼儿的影响最直接的、处于生态系统最内层的微观系统环境中，微观系统环境有其自身的动量，其动量由环境中的角色、活动、人际关系来决定。当个体处于某个情境中就会感受到周围环境的影响作用。对于环境中的参与者来说，不同类型的环境会产生不同的角色、活动和人际关系模型。[①] 不同情境下，角色、活动、人际关系不同，情境的动力作用也不同。例如，母婴双方的关系就可以作为发展的情境，幼儿与其他养育者、亲戚、同伴、教师、指导者建立亲密的关系也影响着发展的情境，幼儿在幼儿园中的发展过程也是"情境脉络中的发展"。因此，环境对个体行为的动力影响作用是由具体情境中的角色、活动和人际关系共同形成的。具体而言：

（一）角色对个体发展具有动力作用

1. 角色扮演影响个体行为和个体发展

米德认为，社会化的实质是"角色扮演"，个人正是通过扮演他人角色即角色扮演，来了解社会上的各种行为习惯和规范，最终实现自我的社会化。正如幼儿想要参与娃娃家的游戏，他不仅要明确自己的角色，还要了解别人所扮演的角色。随着儿童逐渐成熟，其扮演角色的水平会有显著的提升。当个体从学习扮演和承担家庭及其他小群体成员的角色，向扮演和承担更大、更复杂的社会群体之成员角色转化完成之日，也就是个体社会化基本完成之时[②]。米德的角色扮演理论所阐述的角色对塑造自我的作用、对促进自我发展的作用、角色扮演的日益复杂

[①] BRONFENBRENNER U. The Ecology of Human Development [M]. Cambridge：Harvard University Press，1979：109+183.
[②] 米德.心灵、自我和社会 [M].霍桂恒，译.南京：译林出版社，2012：42.

与个人发展之间的关系等观点，都影响着勒温和布氏。

勒温认为，当幼儿在成人的引导下扮演一个新角色的时候，他就获得了一个场力（诱发力）。人类发展生态学将角色定义为：角色是对拥有特定社会地位的人以及与之相关的人所期待的一系列活动和关系，并认为角色扮演能促进个体发展。为了进一步证明根植于情境的角色对个体行为的巨大影响力，布氏列举了Zimbardo和他的同事们（Haney，Banks，Zimbardo，1973）所做的"模拟监狱中的人际关系动力（dynamics）"的实验。实验中即便是原来被评定为最不可能会有反社会行为的正常男性大学生，在扮演守卫或囚犯角色时，也会自觉地依照特定社会中所存在的对该角色的文化成见来行事。这其中的动力过程（dynamic process）使得囚犯和守卫之间会逐渐产生其自身无法抗拒的动量（momentum），进而有力地证明了角色的特殊力量（power）。① 布氏指出："角色根植于更大的情境脉络之中，因此角色被赋予了特殊的力量（special power）去影响——甚至强迫——某人在一定情境中的行为，以及他在这个情境中与其他人所建立的关系。"进而认为，创造和分派角色是一个非常有力地影响人类发展历程的策略。

2. 个体表现出的角色行为与角色期待有关

在人类发展生态学中，角色行为和角色期待密不可分，围绕着周围人的角色期待，个体扮演着某个角色，产生着某些行为，进而影响着个体发展。布氏认为，角色期待既包括对某个角色应有行为的期待，也包括对与之相关的其他角色应有行为的期待。② 也就是说，如果期待教师应该认真讲课，那么必然也相应地期待学生能认真听讲。同时，引发与某角色期待一致的行为的可能受环境中其他角色的影响，如其他角色是激发还是妨碍与角色期待一致的行为。③ 换言之，如果教师把幼儿视为主动学习的个体，而家长则以"是否听话""学到了什么"来衡量幼儿的学习行为时，教师对幼儿作为学习者的角色期待也许就难以实现。此

---

① BRONFENBRENNER U. The Ecology of Human Development [M]. Cambridge：Harvard University Press, 1979: 86.
② BRONFENBRENNER U. The Ecology of Human Development [M]. Cambridge：Harvard University Press, 1979: 92.
③ BRONFENBRENNER U. The Ecology of Human Development [M]. Cambridge：Harvard University Press, 1979: 94.

外,不同教师对本班幼儿有不同的角色期待,这也会导致幼儿群体的角色行为特征。比如,教师认为"每个儿童都是艺术家",喜欢幼儿的"原生态美术表现",认为家长应该做"儿童艺术的欣赏家"。所以在混班活动中,当别的班的幼儿说"我不会画"时,这个班的幼儿会表现得十分吃惊。因为他们觉得:画画不是想怎么画就怎么画的么?怎么会有谁不会画呢?此外,当角色发生转换时,行为也会随之变化。当这种变化能够出现在其他时间或其他环境中时,说明发展是有效的。也就是说,如果某幼儿在入园后学会了独立进餐,回家后也能做到这一点,就能认为该幼儿获得了发展。这与之前讨论的发展的跨环境变化一致。

3. 接触和扮演新角色能促进个体发展

人类发展生态学指出,一个人承担某种角色,就会诱发与相关角色期待相一致的感觉、活动和人际关系模式。与不同角色的人互动以及扮演更广泛的角色,可以促进个体发展。这种对发展的动力作用具体体现在:

首先,与不同角色的人交往,人际关系模式和共同进行的活动是不同的,因此儿童与不同角色的人(父母、兄弟姐妹及家庭之外的同伴、教师、邻居等)交往,可以促进其心理发展。一些幼儿园活动为幼儿提供了与不同角色的人互动的机会,如在超市购物、外出参观、外出调查、混班活动、亲子活动中,幼儿有机会与理货员、收银员、社区人员、家长等进行互动,进而获得发展。

其次,儿童成功扮演新角色的过程,能够促进发展。扮演新角色为幼儿带来了新体验,而为了扮演好新角色,幼儿需要了解新角色,根据新角色的要求从事活动,建立新的人际关系,这些都对幼儿原有的能力和水平提出了挑战。在成功扮演新角色的过程中,幼儿不得不付出更多努力,而一旦幼儿成功胜任了新角色,他就得到了发展。在幼儿园中,教师会通过让幼儿扮演更广泛的角色来为幼儿的发展提供机会,如扮演值日生、升旗手、小老师、角色区的小医生或小厨师、社区环保宣传员等。

再次,不同的角色扮演会导致个体不同的情境定义。同一环境中(如同一个教室中),幼儿因扮演角色的变化(如当上了值日生),使得自身参与的活动和人际互动也发生了改变。当幼儿承担新角色(如小老师、值日生、领操员)时,就会自然地参与新角色所要求的活动和人际互动,进而产生不同的感受。可以说,幼儿扮演的角色不同,各自体验到的课程(显性课程与隐性课程)也不同。

总之,角色具有改变个体行为的动力作用以及促进发展的意义价值,扮演某个角色会引发与之相一致的行为，而拓展扮演新角色则会对幼儿的发展提出新挑战。因此，在幼儿园中，教师应该主动帮助幼儿接触新角色，给幼儿创设扮演新角色的机会。

（二）活动有其自身动量

勒温提出张力系统能使参与者抵制干扰，将活动坚持到底（Ovsiankina，1928）。在很大程度上，这个动量依赖于目的（一个人做某个行为的动机无论是出于活动本身的目的或将活动作为达到其他目的的手段）的存在而存在（Birenbaum，1930）。布氏承续了这一概念，认为目的的存在激起了完成活动的动机，使参与者能坚持活动，抵制干扰。[1]这种推动活动进行到底的力量会让幼儿主动参与活动并获得发展。这点在本章第二节讨论整体活动的过程中已经详细展开。

（三）人际互动具有推动学习和发展的动力作用

人类发展生态学认为，当环境中的一个人注意到或参与另一个人的活动时，关系便得以形成。人际关系模型中，最基本的是双人关系（dyad，也译为配对关系），而三人关系、四人关系等更大的人际结构是在双人关系的基础上形成的。双人关系具有动力作用，对个体发展有着长期影响。

1. 人际关系的种类

布氏基于心理发展中潜在的促进作用，将双人关系划分成三种不同的功能类型：观察性双人关系、共同活动双人关系和主要双人关系。对个体发展产生重要影响的主要是后两种。这三种双人关系并不是相互排斥的，它们既可以单独发生，也可以同时发生。

其中，共同活动双人关系（joint activity dyad）是指两位参与者都意识到他们在一起做事。这并不意味着他们在做同一件事情。相反，参与活动的每一方所做的事情并不一样，但是都属于整体活动的有机组成部分。[2]而主要双人关系指

---

[1] BRONFENBRENNER U. The Ecology of Human Development [M]. Cambridge: Harvard University Press, 1979: 46.
[2] BRONFENBRENNER U. The Ecology of Human Development [M]. Cambridge: Harvard University Press, 1979: 57.

即便参与者双方不在一起，双方的关系仍继续存在。两个成员即使分开了，双方都仍会在对方的脑海中浮现，成为强烈情感感受指向的目标，继续影响着对方的行为。在幼儿园入园后，父母与幼儿之间就形成了主要双人关系，即便父母不陪伴在身边，幼儿的行为表现也会受到亲子关系的强烈影响。而刚入园时，教师尝试与幼儿接触或组织活动吸引幼儿的注意，这时便形成了观察性双人关系。一旦幼儿被教师吸引并参与活动，共同活动双人关系就形成了。一段时间后，随着共同活动数量的增加，幼儿逐渐对教师产生了较持久的情感，就形成了主要双人关系。幼儿离园后，教师对幼儿的一些影响仍然会继续影响其在家庭环境中的行为。在幼儿园中，这三种双人关系既可能存在于师幼之间，也可能存在于幼儿之间。在师幼互动或同伴互动中，这三种关系可能同时存在或互相转化。

2. 人际互动的动力分析

布氏对双人关系的分析包含三个功能参数：互动、力量平衡和情感关系。这三个参数都与动力相关。

（1）互动会产生自身动量

布氏认为，随着双人关系中相互反馈的深入，互动会产生一股自身的动量（a momentum of its own），促使参与者不仅能够坚持这个活动，而且能够逐步投入日益复杂的互动。互动过程中产生的这股动量很容易被带到其他时间和地点，因此共同活动中的双人关系对发展产生着最强有力的作用。在幼儿园班级中，互动可以发生在教师和个别幼儿之间以及教师和全体幼儿之间，其产生的动力作用也影响着个别幼儿或全体幼儿。

（2）双人关系中存在着力量平衡

双人关系中，其中一位参与者 A 有可能比另一位参与者 B 更有力，而 A 主导 B 开展活动的过程称为力量平衡的过程。对于幼儿而言，参与双人关系的互动，为他们提供了认识和呼应不同的力量关系（power relations）的机会。学习和发展的最佳状况是，在该情境中力量平衡的过程逐渐向发展中的个体转移，即发展中的个体获得越来越多的主控情境的机会。例如，师幼互动指向的是幼儿越来越主动活动、越来越有能力主导活动，而不是幼儿一直处于教师的高控下。

（3）基于积极情感的主要双人关系是推动学习和发展的强大动力

情感关系是考量双人关系的第三个参数。双人互动可能形成越来越明显的情感，这些情感可能是相互肯定的、相互否定的、相互矛盾的或相互间不对称的

(如当 A 喜欢 B，但是 B 不喜欢 A）。肯定的关系会提高近端过程发生的速度与概率，也有助于第三种双人关系即主要双人关系的形成。

布氏认为：当观察者与被观察者认为他们在一起做事情时，观察学习很容易发生。换言之，正在合作的两名幼儿会更有可能关注到对方的行为，进而学习对方的行为。当观察学习或共同活动发生在以相互肯定感受为特征的主要双人关系背景中时，它们对发展的影响将可能增强。相反，以相互敌对为特征的主要双人关系会干扰和损害共同活动或观察学习。如幼儿可能从自己喜欢同时也喜欢自己的教师那里学到的东西更多。①因此，与教师、同伴建立积极、肯定的情感关系，关系到幼儿的发展。

因为有着强烈的情感联系，主要双人关系中无论另一方在或不在，这种双人关系在激发学习和引导发展过程方面都发挥着重要的作用。幼儿从与他建立了主要双人关系的成人那里获得的技巧、知识和价值观，比从仅仅是与其处于同一环境中的成人那里获得的要多。因此良好的师幼关系、亲子关系，会让互动更有发展价值。

3. 促进个体发展的发展性双人关系特点

布氏认为，当双方在活动中彼此互动，且具有相互肯定的心理感受，力量平衡向发展中的个体不断转移时，双人关系的发展作用就会增加。当发展中的个体与另一个有着强烈持久情感关系的人一起参加一些日益复杂的共同活动，且力量平衡不断向发展中的个体转移时，学习和发展很容易发生。满足了诸如相互作用、日益复杂、相互肯定的感受和能量的不断转移这四个影响发展的最佳条件的双人关系被他称为发展性双人关系。②

他强调了双人关系转变为主要双人关系的过程对儿童发展的价值：当转变成主要双人关系时，双人关系就成为"发展系统"（developmental system），从而成为一辆具有自身动量（a momentum of its own）的车，只要旅客处于双人关系中，就能刺激该乘客的发展过程。其他高阶的人际系统也会表现出这种动力特征

---

① BRONFENBRENNER U. The Ecology of Human Development [M]. Cambridge: Harvard University Press, 1979: 59.
② BRONFENBRENNER U. The Ecology of Human Development [M]. Cambridge: Harvard University Press, 1979: 60.

(dynamic property)。① 在班级共同生活的过程中，教师和幼儿、幼儿与幼儿之间的双人关系会在观察性双人关系、共同活动双人关系、主要活动双人关系间相互转化。教师和幼儿在活动中所形成的互动关系，如果能符合积极情感、在互动中力量平衡向发展中的个体转移等发展性双人关系的特点，那么这样的师幼关系、师幼互动对幼儿的发展会有更大的促进作用。

三、情境推动幼儿活动

（一）情境定义过程影响个体行为

生态心理学流派对情境的关注一脉相承，最早可以追溯到勒温和托马斯等人的研究。1928 年，社会心理学家托马斯（W. I. Thomas）夫妇提出了著名的"情境定义"（the definition of the situation）概念。"情境定义"指人们在环境刺激与行为反应之间，有一个人类行为特有的解释、选择、判断等主观心理活动。这个审视和考虑外界影响的过程称之为情境的界定。在托马斯提出"情境定义"及"情境定义影响个体行为"的观点之后，同样作为社会心理学家的勒温受其影响，也关注个体感知到的心理场对个体行为的影响作用。他认为，个体需求和当下主动感知到的环境中的诱发力，构成了决定个体行为的整个心理场。② 正是由于个体对情境有着主动感知和建构的过程，因此即便在同一个活动中，每个幼儿感受到的诱发力是不同的，表现出的行为也会不同。

布氏在《人类发展生态学》一书中阐述自己对情境的论述受托马斯和勒温的影响③，在研究微观系统时提出"个体经验到的微观系统包含着引发个体行为的驱力"。他与勒温一样，都强调了个体感知到（体验到）的情境对个体行为、个体活动产生着动力影响，并且他们都认为情境是个体（人）与环境相互作用的结果。归纳托马斯、勒温、布氏对于情境的解读，可以得到以下观点：

首先，情境定义可以进一步分为"个人定义"和"社会定义"。托马斯夫妇

---

① BRONFENBRENNER U. The Ecology of Human Development [M]. Cambridge: Harvard University Press, 1979: 60.
② 库尔特·勒温. 拓扑心理学原理 [M]. 高觉敷, 译. 北京: 商务印书馆, 2014: 17.
③ BRONFENBRENNER U. The Ecology of Human Development [M]. Cambridge: Harvard University Press, 1979: 22-23.

将情境定义分为"个人定义"（自我解释判断并作出决定的过程）和"社会定义"（一群人对某些社会情境的共同定义）两个维度，个体的情境定义受社会中既定情境定义的影响。①托马斯强调情境定义的重要性，认为情境定义是所有自我决定的行为的先导，所有人类行为都依赖情境定义。托马斯强调个人的情境定义是"自我作出决定的能力"，而"社会定义"则是一群人对某些社会情境的共同定义。个体的情境定义也受到周围社会环境的影响，社会中既定的情境定义会决定着儿童对某个情境的定义。"个人定义"和"社会定义"之间的关系根源于个体与社会之间的关系，社会化就是一个人接受社会定义的过程。社会定义的情境有很多，有些与文化相关，有些与共同的道德规范相关。例如，在幼儿园班级共同生活中，在具体的班级活动情境中，老师和幼儿需要通过共同建构对某些情境的定义，来保障活动的进行。

其次，"情境定义"的个人定义虽然属主观活动，但这种主观活动所产生的结果却是客观的。经过"个人定义"，不同的接受者对相同的信息内容会产生完全不同的理解。个体对情境的主观心理活动（包括解释、选择、判断等），会影响着个体随后出现的行为。尤其是当这种定义得到社会成员某种程度的认可，或成为社会共同定义后，情况更是如此。幼儿所感受到的心理场（包括对所处情境的定义），对幼儿活动产生着动力影响。情境的社会定义能为整个群体参与活动提供诱发力。

再次，个体（儿童）的这种"情境定义"是其主动性的体现。幼儿会主动感知环境中的诱发力，主动建构自己的心理场。幼儿对情境的定义，是一个主动、主观的过程，这个主动的过程包括转化老师的合理要求（甚至是不合理的要求），而这个主观的定义过程决定了他的行为。例如，一个男孩子会对另一个男孩子说："你不能对××叫，你太凶了，老师说要做有礼貌的好孩子。"而当某个孩子因为害怕失败而拒绝参与游戏时，其实就是他根据个人之前的感受及相关经验，对当下或即将到来的情境进行判定的结果。

（二）改变情境可以达到教育目的

情境具有影响个体行为的动力作用。勒温提出，整个情境的作用与个体间的

---

① 托马斯，等.不适应的少女［M］.钱军，等译.济南：山东人民出版社，1988：37-38.

差异这两者，情境对个体行为的影响作用更大。因此，勒温认为可以通过改变情境或改变情境的相对重要来影响他人，用以达到教育的目的。[1] 换言之，如果我们想要改变行为，必须先改变儿童所感受到的心理环境（E）。

在幼儿园教育活动中，无时无刻不存在着各种情境，不论是游戏情境下开展的有益幼儿身心健康的教育活动，还是"小学化"情境下的端坐静听、知识授受为主的教育活动，都是如此。教育活动是在一系列情境中展开的，师幼共同定义的活动情境影响着彼此的行为以及对活动的参与过程，教师通过创设情境、干预情境来影响幼儿的行为，而幼儿的活动参与又与其对活动情境的定义密不可分。第二章第一、第二节会展开探讨师幼共同定义的活动情境对幼儿班级活动的影响。

在教育活动展开过程中，幼儿最终感受到（定义到）的情境、感受到的心理场影响着幼儿的角色扮演、师生互动、同伴互动，进而影响着幼儿参与活动的行为。当个体定义的情境与教师预设不同时，幼儿感受、经历着的教育活动与教师的预设会发生偏差，个体与班级群体经历的教育活动也会不同。

第五节　生态的课程观：关系视角下的多因子协同共创

当前，"优质普惠"是学前教育这一教育子系统的建设目标之一，而以高质量的课程建设推进学前教育高质量发展是时代之需。[2] 不断开发、创生适宜并促进本园幼儿发展的课程，是课程高质量的重要体现。幼儿园的课程建设是一个需要持续推进的长期过程，过程中需要园内外人员的共同参与和支持，即"园长、教师、课程专家、幼儿及家长和社区人士共同参与幼儿园课程计划的制定、实施和评价等活动"[3]。目前不少研究聚焦对某类人员（如教师[4][5]、园

---

[1] 库尔特·勒温.拓扑心理学原理[M].高觉敷，译.北京：商务印书馆，2014：142-144.
[2] 刘雨杭，姚伟，柳海民.幼儿园高质量课程建设：价值意蕴、现实困境及纾解之策[J].湖北社会科学，2023（01）：154-161.
[3] 陈时见，严仲莲.论幼儿园的园本课程开发[J].学前教育研究，2001（2）：27-29.
[4] 郑三元，姜勇.论幼儿教师的课程参与——兼议园本课程的开发[J].学前教育研究，2002（4）：16-18.
[5] 杨文，张传燧.园本课程背景下我国幼儿教师专业发展存在的问题及原因探析[J].学前教育研究，2008（4）：52-54.

长①②、家长③、社区④⑤）的分析，探讨其各自在建设中的作用，而对建设过程中的相互影响过程及相互关系关注得较少。

一、生态视角下影响幼儿发展的各类因子

（一）影响幼儿发展的动力因子界定

本书将影响幼儿发展、为幼儿发展提供动力的各类"人"称为动力因子，他们包括：幼儿自身、同伴、教师、家长、幼儿园管理人员、专家、主管部门等各类人员。这些"人"（因子）不是散乱排列、孤立作用的，它们分布在班级、园级、园外环境中，是通过课程、在课程的组织下对幼儿的发展产生整体性的影响，进而促进幼儿发展的。因此，我们可以说在幼儿园课程中，影响幼儿发展的这些因子也是影响课程建设的动力因子。

1. 各因子的动力作用与其自身特征有关

布氏认为，个体特征不仅可以用来分析发展中的个体（如幼儿）自身，也可以用来分析影响个体的他人（如家长、教师）等动力来源。⑥动力因子的个体特征（内因），为个体影响幼儿的过程提供动力。但个体特征并不必然会产生动力作用，例如幼儿的兴趣爱好并不一定是他积极参与某个活动的动力，而可能是在教师、同伴、材料的诱发下，以及他自己的主动作用下，现有的兴趣被调动起来进而积极地开展活动。教师的动力作用也是如此，教师的美术特长并不必然会促使其主动开发班级美术活动，教师所处的环境是否支持或激发教师主动创生活动至关重要。因此，对每个因子的动力分析需要同时涉及各因子的个体特征（如幼儿的兴趣、教师的特长等）和各因子所受到的外部影响。

---

① 王微丽.园本课程建设中园长的九种领导角色［J］.早期教育（教科研版），2014（2）：39-42.
② 徐兰.民办幼儿园园长园本课程领导权力研究——以山东省济宁市为个案［D］.西南大学，2013.
③ 肖洁.园本课程建设中的家长参与研究［D］.宁波大学，2019.
④ 吴秀婷，郭月霞.利用社区资源建构园本课程的策略［J］.学前教育研究，2012（11）：66-68.
⑤ 韩凤梅.以社区为教育实践基地：家园社协同育人模式的创新之路［J］.学前教育研究，2022（12）：87-90.
⑥ BRONFENBRENNER U, MORRIS P. The Ecology of Developmental Processes［J］. //DAMON W, LERNER R M. Handbook of Child Psychology（5th edition, Volume 1）:（series editor: W. Damon）. New York: Wiley, 1998: 995.

2. 各因子的动力作用与其所处的"场"有关

个体的动力作用不仅与原有的个体特征相关，还取决于个体所处的"场"及其感受到的"场力"。勒温在提出动力论时，曾着重对比了亚里士多德思维模式和伽利略思维模式在对动力理解上的不同，亚里士多德为了说明事物生灭变化的原因提出四因说，其中的动力因指促使一定的质料取得一定的形式结构的力量。也就是说在亚里士多德动力论里，物体矢量的类别和方向预先由物体的性质所决定。而与之相反的是，在现代物理学里，物理矢量的存在总是取决于几种物理事实的相互关系，尤其取决于客体与环境的关系。① 换言之，是关系而非物质本身决定了物体的性质和表现，因而勒温认为个体及其所处的环境都是影响行为的动力。根据勒温的动力学原则，"人"这一因子的作用发挥受自身所处文化、政策、时间系统等因素的综合影响。幼儿当下的活动过程、活动状态，与他当下感受到的环境的"力场"有着密切的关系，而不仅仅取决于幼儿本身。

3. 各类活动中的物质环境是人有意或无意作用的结果

布氏在解释微观系统和 PPCT 模型时，都提到了物质环境（包括材料等）的作用。的确，幼儿的身心发展特点决定了活动的展开需要一定的物质条件，但幼儿园的物质环境、班级环境、各种材料归根到底都是由人无意识或有意识创造的，包含着人们的意图或指向。在课程建设过程中，在具体的活动展开过程中，空间环境、物质材料也是经由人的主动作用（如园长教师的有意安排、幼儿的主动关注等）才能进入活动、影响活动的。可以说，物质材料等因素对活动的影响，归根结底都是扮演着各种角色的个体发挥动力作用的结果。

（二）幼儿园课程视角下各类因子的划分

人类发展生态学将影响幼儿发展的环境由内而外分为微观系统、中间系统、外系统和宏观系统。既然环境是分层级的，那么除了幼儿自身（P）是影响自身行为的因子之外，其他影响幼儿活动和发展的外部动力因子也对应分布于相应层级中，对幼儿产生着直接（现实的在场）或间接（现实的不在场）的影响。依据布氏对四层系统的界定，将发展中的个体（也就是幼儿）置于环境的中心考察幼儿园课程，那么各层级中因子的界定划分如下，分布情况见图 1-1。

---

① 库尔特·卢因. 个性动力论 [M]. 何道宽, 译. 北京: 中国传媒大学出版社, 2016: 21.

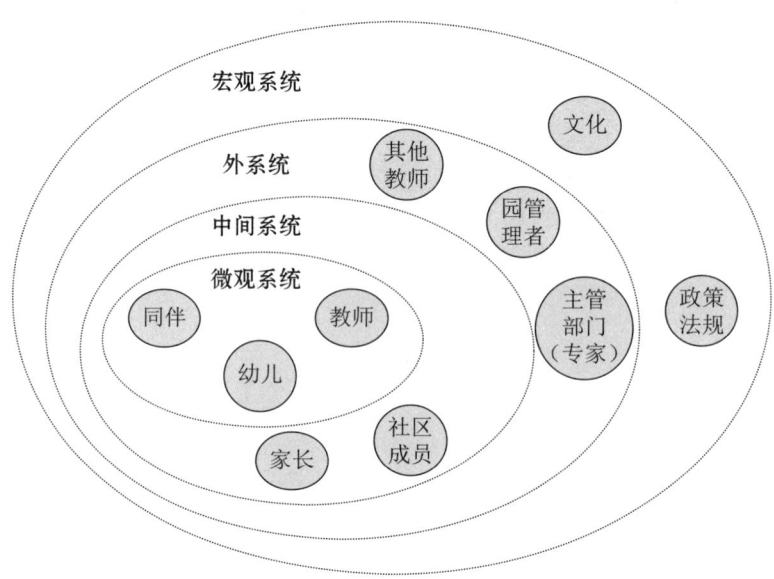

图 1-1 影响幼儿发展的各类动力因子分布图

1. 微观系统：幼儿班级活动展开的具体情境

人类发展生态学将发展中的个体直接经验到的环境（如家庭、幼儿园班级）界定为幼儿所处的微观系统。根据这一定义，班级这个微观生态系统是幼儿最直接的成长环境。根据PPCT模型中对过程、人、情境、时间这四个分析发展系统的要素来分析班级微观环境，那么发展的过程（P）所指的近端过程即师幼、同伴所参与的一个个的具体活动过程，而幼儿自身特质（P）和情境中的各种角色是产生动力作用的动力因子，情境（C）中的其他要素（人际关系、物质和物理环境、象征符号）则是这些动力因子产生作用的渠道、载体和结果。因此，微观系统中影响幼儿参与活动并获得发展的主要因子为：

幼儿自身：幼儿作为主动成长的个体，积极地与周围环境发生着相互作用。个体特征、个体的情境定义、个体对同伴的影响、个体对成人的影响等，都是影响幼儿个体动力作用发挥的因素。

教师：教师通过设计角色、设计和组织活动、影响人际互动、创设物理环境和活动情境等方式来为幼儿参与活动提供动力。

2. 中间系统：家园之间、幼儿园与社区之间的关系系统

在人类发展生态学中，中间系统是指由发展中的个体活跃参与其中的两个或

更多个环境之间的连结。对儿童来说，幼儿园、家庭、所处的社区环境都是幼儿主要生活的微观系统。那么，幼儿园与家庭的关系、幼儿园与社区之间的关系就构成了影响幼儿活动、促进幼儿发展的中间系统。其中，幼儿园与家庭微观系统间的联系为主，幼儿园与社区微观系统间的联系为辅。中间系统中的主要动力因子为：

家长：可以通过课程审议、提供物质人力等多种资源的方式影响幼儿的在园活动，还可以通过主动配合班级活动的方式将活动延伸至家庭。但当家长的育儿理念与幼儿园课程理念相悖，不认同、不支持幼儿园的某些活动时，家长也会产生负面的动力作用。

社区成员：社区中扮演着各种社会角色的成人通过来园互动，改变幼儿的社区生活经验，以及影响家长的育儿观和育儿行为等方式，直接或间接地影响着幼儿的在园活动。

3. 外系统：影响幼儿园课程建设的整体系统

在人类发展生态学中，外系统是指一个或多个发展中的个体未主动参与其中的环境，但其中所发生的事件却会影响到个体所在的环境，或被其所影响。例如，对于年幼的儿童来说，外系统可能包括父母的工作场所、哥哥姐姐的学校班级、父母的朋友圈、社区的活动等。人类发展生态学认为，即使在一个人不直接参与的环境中发生的事件也会深深影响这个人的发展。在现代工业社会中，父母的职业状况、经济水平、人际关系等都是影响儿童发展、儿童教育的有力因素。

在幼儿园课程中，幼儿没有直接进入但又受其影响的外环境，是指教师和家长所处的环境，包括：班级教师所处的教师群体和活动研发团队，以及在其中发生的事件（包括活动审议、集体活动设计、活动评价、教师培训、教师间的经验分享、资源开发与利用、专家团队的来园指导等）——都会影响到班级教师的活动设计和实施，甚至班级教师的职业经历，如推选或任命为某个项目负责人、承担开放任务、被领导肯定表扬等也会产生影响。此外，家长来园参与的家长培训学校、志愿者团队等组织，也是幼儿不直接参与但会对其产生重要影响的事件。在外系统中，这些影响教师、影响家长，进而影响幼儿园课程展开的因子（人）主要包括：

幼儿园的课程管理人员：园长、教研负责人等通过指导管理教师、组建团队布置任务、创设幼儿园公共环境、组织家长活动、开展社区宣传及协调开发社区资源等方式，为班级活动提供各种支持或干预班级教师开展教育活动。

课程研发团队中的其他教师：包括幼儿园的课程开发团队，以及教师间因人际关系等原因形成的各种非正式群体。他们通过提供经验、共同审议、资源共享等方式，为班级教师开展活动提供支持。

专家、行政管理人员：通过理念引领、督导、教师培训等方式，影响幼儿园教育教学，进而影响着班级具体活动的开展。同时通过舆论引导、政策管理等方式影响着社区中的各类人员，如家长、教培机构等。

这些因子通过影响教师、影响家长等方式对班级开展的各类活动发挥着间接的影响作用。

4. 宏观系统：幼儿成长和幼儿园课程展开的背景

在人类发展生态学中，宏观系统包括一个社会既定的文化或亚文化，以及这种文化所特有的一般意识形态和制度结构。蕴含于内的微观系统、中间系统和外系统都受宏观系统的影响。而公共政策就是宏观系统的一部分[1]。布氏指出："宏观系统对社会的影响似乎看不见、摸不着，但是却又不容置疑、根深蒂固。"如在某一文化或亚文化中，各种环境如家庭、街道或办公室等可能非常相似，而在不同文化之间，这些环境的差异却非常显著。似乎每一个社会或每一种亚文化都有一幅构建各种环境的蓝图，而这幅蓝图反映了不同的信仰体系与不同的生活方式。在每个社会或次文化中存在着一种蓝图来组织其中的每种场域。不仅如此，这蓝图一旦改变，则该社会中的场域结构也会跟着改变，进而相应改变行为与发展。在宏观系统中，文化和公共政策是布氏明确指出的影响个体发展的重要因子。这些宏观系统中的重要因子通过"人"的作用影响着幼儿园课程的设计和展开过程：

所有系统所处的文化：其中包含着价值观以及由此延伸出的教育观、儿童观。人是文化的适应者，也是文化的创造者，受文化影响着的人们有意或无意地"形塑"着幼儿园课程。

公共政策：布氏认为，公共政策是宏观系统的一部分[2]。公共政策会对幼儿

---

[1] BRONFENBRENNER U. The Ecology of Human Development [M]. Cambridge: Harvard University Press, 1979: 9.

[2] 同[1].

的活动产生间接的影响。学前教育三年行动、政府投入（如普惠性民办幼儿园）、教师培训机制（如国培计划）、禁止小学化、整顿校外辅导机构等相关政策，都会影响着每个幼儿园的课程设计和实施。

法律、法规、社会规范： 大到《中华人民共和国教师法》《中华人民共和国义务教育法》，以及正在推进中的《中华人民共和国学前教育法（草案）》等国家法规，小到地方对幼儿园课程用书的规定、地方对幼儿园评估定级的文件等法规文件的出台，都会对幼儿的在园活动产生根本性的影响。

如果以1-4编码四层套嵌系统，每层中首先讨论的因子用A来表示，其次讨论的因子用B来表示，以此类推。那么，微观系统（编码1）中的幼儿（1A）、教师（1B），中间系统（编码2）中的家长（2A）、参与课程的社区成员（2B），外系统（编码3）中的园管理者（3A）、其他教师同事（3B）、园外专家及主管部门（3C）是主要影响因子。宏观系统（编码4）中，文化（4A）、政策法律（4B）是其中产生背景性影响的两个因子。在分析因子间的相互影响时，可以用单向箭头"←"描绘单向作用关系，用双向箭头"←→"表示相互作用关系，动力叠加则可以用增粗的箭头表示。如：1B←→1A表示教师与幼儿相互影响；3A→1B表示幼儿园管理者影响着班级教师。通过第二、三、四章中对各因子的动力影响对象的分析和描绘，进而可以在第五章绘制出整个动力系统中各因子的相互关系网。

现代物理学认为是关系（相互作用）决定了某个物体当下的状态。借鉴这一点，生态心理学从勒温创立之初就强调关系，认为影响幼儿行为的动力场的各种成分之间维持着一种有弹性的相互关系。从生态系统的角度来说，系统是指若干要素按照某种特定的结构方式相互联系，形成具有特定功能的统一整体。[①]一个系统需要有组成要素，且要素是分层的，要素之间要相关且具有一定结构，系统发挥着一定的功能（即整体作用），并随时间的变化而动态变化。图1-1描绘了影响幼儿发展的层级系统中的各因子，这些因子对幼儿发展产生着持续的、整合性的作用，相互之间逐渐形成稳定的相互作用关系及系统合力，这就是影响幼儿发展的动力系统（dynamic system）。

---

① 虞永平.学前课程的多视角透视[M].南京：江苏教育出版社，2009：222.

二、课程中影响幼儿发展的动力系统

（一）动力系统的运作特点

有利于幼儿的全面和谐发展是园本课程建设的核心标准[①]，因此在幼儿园教育中，影响幼儿发展的动力系统也应该是推动幼儿园课程建设的动力系统，整个系统支持着幼儿园课程开发和实施，并推动课程不断自新。运作良好的动力系统能够为幼儿持续、投入的活动提供充足的动量，进而影响幼儿的发展。动力系统的这一概念包含以下几个层面：

1. 动力因子之间的相互关系构成了系统

如果将各种人际角色作为各级生态环境中的动力因子，那么相互作用关系则是各动力因子发挥动力作用的渠道，课程的展开过程则看作动力作用的过程和结果。影响幼儿活动、为幼儿活动提供动量的各动力因子间彼此维持着一种有弹性的互动关系。不同动力因子正是通过彼此间直接或间接关系发挥着共同的动力作用，为幼儿活动提供着持续的动力，影响着幼儿的发展过程。因此，关系和基于关系的相互影响是整个动力系统的核心，决定着系统的运作方式和结果。

2. 系统具有多重因果、自组织及开放性

由于个体的发展受内外多因子的影响，因此从系统的角度研究儿童发展（或儿童的活动过程）时，"多重因果"或"多因子"分析是必然的选择。同时，随着时间的推移，影响个体的动力系统会发生变化，这种变化可能来自个体需求的改变，也可能来自周围环境的改变（例如入园、毕业），这都会带来"需求—张力"之间的重新平衡，因此动力系统是开放变化的，它追求的是一种动态稳定状态。

然而，当前实践中过分关注、强调教师的动力作用，将教师作为开展活动或变革教学的主要动力源，甚至是唯一动力源，从而导致教师在实践过程中不免"疲于奔命"或"黔驴技穷"。而其他因子的动力作用遭到不同程度的"忽视"和"缺乏研究"，这也造成了动力（动量）的"隐形浪费"，抑或发挥着负面的阻力作用而未曾予以干预。

[①] 虞永平. 园本课程建设之我见 [J]. 幼儿教育，2004（9）：4-5.

3. 系统的运作指向幼儿的活动和发展

在幼儿园教育中，影响幼儿发展的动力系统，也是支撑幼儿园课程建设的力量，其目的指向促进幼儿充满心理动量地主动参与日益复杂的活动，从而获得发展。本书从影响发展的多因子入手，思考在幼儿园生态环境中影响幼儿发展的多因子交互作用的动力作用过程，关注对发展有促进作用的动力作用方式。同时，从动力的整体观、动力汇聚的角度出发，阐述"关系"在巩固动力因子相互作用、维系动力系统方面的重要作用。进而分析理想的动力因子相互作用方式，绘制动力作用关系网状图，阐述理想的动力系统运作原则。

（二）动力系统的分层关系

从生态的课程观出发研究幼儿园课程建设问题，可以分为班级层面、园级层面、园外层面这三个层次（图1-2）。

1. 微班级层面：师幼共同主导下班本课程的创生与展开

班级课程创生是教师主导下，教师、幼儿、家长等各因子共同协作的过程。通过分析班级课程创生和展开过程中各因子的主动作用，探讨理想状态下高质量班本课程创生过程中各因子的协作方式。

2. 园级层面：团队协作下的园本课程共建

教师的班级课程创生过程受所处课程开发团队的影响，高质量的课程创生离不开团队的协作支持，教师的班级课程创生也是幼儿园课程开发的根本动力。基于勒温的群体动力学，可以从园长的课程领导力、群体形成、群体分工、群体凝聚力、群体结构、群体协作机制、群体氛围等要素入手，分析团队中各类成员对教师课程创生的影响。并从群体动力学的角度，归纳幼儿教师课程开发团队的组织原理和协作路径，提出团队协作的优化策略，以提高园本课程孵化过程中教师的参与度和响应度，提升教师参与质量。

3. 园外及宏观层面：幼儿园课程共建和幼儿成长环境的共同营造

幼儿园课程动态建构和不断自新的过程受园外多因子的共同影响，并随着时间推移而动态变化。这一层面需要分析文化、政策、专家、家长、社区成员对幼儿园课程建设的影响，以及对班级幼儿活动的间接影响。同时，在文化、政策的引领下，幼儿园参与共同营造儿童友好社会。

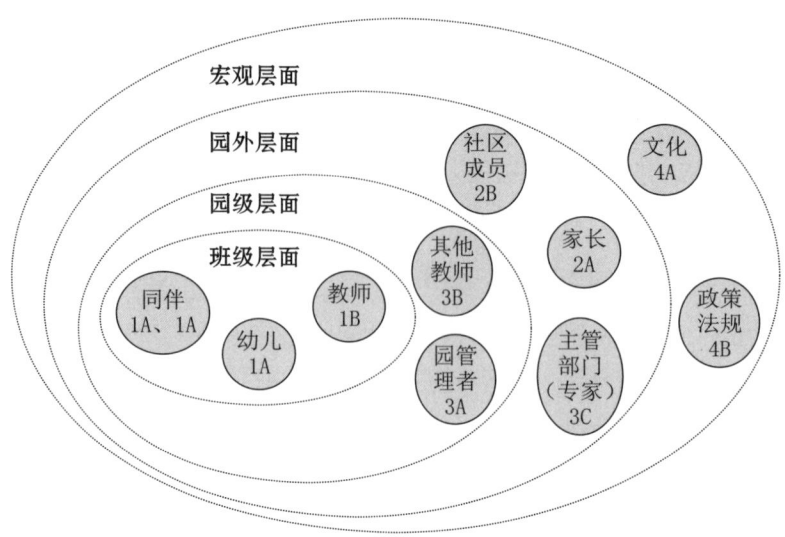

图 1-2　幼儿园内外层面各因子分布图

这一分层是后续第二、三、四章的讨论框架，三个层面的因子相互影响叠加后，将在第五章探讨整体的动力系统和共构模式，并绘制各因子动力作用关系模型图。

三、用发展观更新课程观：生态化的课程建设和区域变革

（一）幼儿园课程建设：多因子协同共创课程

狭义的园本课程是指在幼儿园现实的根基上生长起来的、与幼儿园的资源、师资等条件相一致的课程[①]，广义的园本课程还包括对普适课程进行园本化改编后实施的课程。以园为本开发适合本园幼儿发展需要的课程，是提升幼儿园保教质量的重要抓手，在开发利用各类资源、提升园所课程质量、促进教师专业发展、提高幼儿在园生活质量等方面发挥着统整性的作用，也是解决"优质学前教育资源供给不足""提升教育质量公平"等问题的突破点。

因此，以园为本多主体参与课程开发，正日趋成为当下理论研究和幼儿园实

---

① 虞永平.试论园本课程的建设[J].早期教育，2001（8）：4-6.

践的热点。实践中多数幼儿园的确也已经开始了一定程度的课程开发①，但"开发热"常常伴随着"开发低效"。具体表现为："活动内容形式丰富但发展价值不高，使得自创课程质量不如蓝本课程""教师作为活动开发主力所获支持不足，导致整体推进缓慢""参与人员孤立发挥作用，相互配合度低，甚至相互掣肘""阶段成果因缺乏认同而无法全园推广，实践样态变化不大""开发不持续，课程自新动力不足""专家引领不足，家长深度参与不够"等。

剖析现象背后的原因，可以发现：首先，课程建设过程中对幼儿发展规律认识不足，需从发展观出发更新课程建设观；其次，开发成员单一（多以骨干教师为主），而好的课程开发应能获得各类人员的共同支持，而不是将某类人的作用发挥（或消耗）到极致后难以为继；再次，不少研究聚焦某类角色（如教师②③、园长④⑤、家长⑥、社区⑦⑧），孤立地探讨其作用，研究如何提升教师素养、如何提升园长的领导力等，而没有将个体作用的发挥置于所处环境中进行解释和分析，即对建设过程中不同成员间的相互影响过程及相互关系关注得较少，对"共同推动课程创生"研究得极少。实际上，教师作用的发挥与园长、同事的支持相关，园长作用的发挥与政府、专家的支持、引领相关。

从生态发展观来看，促进幼儿发展是学前教育整个系统的运作目标和功能所在，而影响幼儿发展的各因子在课程的组织下发挥着整合性的作用。借鉴前沿的生态发展观所阐述的关于人的发展规律，借鉴其对动力汇聚、支持性关系等概念的解释，我们可以发现园本课程的建设（或开发）本质上是一个多主体共同参与

---

① 蔡菡."课程游戏化项目"背景下江苏省幼儿园课程建设的效果与启示——基于教师评价的视角[J].学前教育研究，2018（12）：39-51.
② 郑三元，姜勇.论幼儿教师的课程参与——兼议园本课程的开发[J].学前教育研究，2002（4）：16-18.
③ 杨文，张传燧.园本课程背景下我国幼儿教师专业发展存在的问题及原因探析[J].学前教育研究，2008（4）：52-54.
④ 王微丽.园本课程建设中园长的九种领导角色[J].早期教育（教科研版），2014（2）：39-42.
⑤ 徐兰.民办幼儿园园长园本课程领导权力研究——以山东省济宁市为个案[D].西南大学，2013.
⑥ 肖洁.园本课程建设中的家长参与研究[D].宁波大学，2019.
⑦ 吴秀婷，郭月霞.利用社区资源建构园本课程的策略[J].学前教育研究，2012（11）：66-68.
⑧ 韩凤梅.以社区为教育实践基地：家园社协同育人模式的创新之路[J].学前教育研究，2022（12）：87-90.

课程开发的"共创"过程，发展价值的高低是衡量一个幼儿园课程开发质量的重要标准。用新的发展观更新课程观，将有助于我们从"促进幼儿发展""多方推动共创""动力协同优化"来重新审视幼儿园课程建设。

（二）区域推进课程改革：关系视角下的协同推进

除了从课程论的视角来研究幼儿园课程改革，我们还可以从发展观入手来思考。学前课程改革和课程建设的本质都是为了促进幼儿的发展，而生态发展观认为个体的发展受多方面因素的影响。虞永平教授认为，建设中国式现代化的幼儿园课程，首先需要秉持生态观念，重构幼儿园课程概念，因为："课程是关系性的，是由幼儿、教师、课程内容及学习环境构成的生态系统，这些要素密切联系、相互作用。课程改革就是通过对课程内部要素、外部条件及其关系进行干预，使它们达到动态平衡、促进幼儿发展的目的。任何孤立看待或干预课程要素的做法都会破坏课程内部关系的平衡与协调。因此，有效的课程改革需要建立整体观和生态观，以全局视野、关系的视角理解幼儿园课程及其相关概念。"[1]

发展中的个体（如幼儿）受到来自环境中各个因子的整合性影响。因此，小到研究一个具体学校（幼儿园）的课程建设，大到讨论一个地区的课程变革，都可以从研究直接或间接影响幼儿发展的每个因子在课程中的地位和作用入手。通过改变不同层级环境中某一个或几个因子，为整个课程变革带来"蝴蝶效应"，进而促进幼儿园课程产生部分或根本性的变化。放眼世界，各国幼儿园课程改革从总体上体现了多因素入手的共同走向，包括：借助政府力量推动课程改革，立足课程的文化基础推动课程的本土化实践，注重幼儿教师的课程参与，重视与家长和社区的联系，提升教师课程实践能力等。[2]可以说，课程改革的推进和深化是一个系统工程，在生态课程观的视角下，应从生态建构课程的角度出发，关注课改中多因子（因素）的协同作用，切实提升改革的实效。

---

[1] 张斌，虞永平.守正与创新：指向中国式学前教育现代化的幼儿园课程改革［J］.学前教育研究，2023（06）：11-19.

[2] 何茜.国外幼儿园课程改革的基本经验与发展趋势［J］.比较教育研究，2012，34（05）：1-6.

第六节　生态的成长环境观：基于支持性联系推动发展

勒温指出：我们若是想要改变行为，就必须先改变环境。布氏在2004年出版的著作《让人类成为人类》的导言中这样说：人类创造了塑造人类发展过程的环境。人类的行动影响了塑造他们的多种多样的物质和文化的生态链，这种能动作用，不管是好还是坏，都使人类成为了他们自己发展的主动的生产者。① 因此，我们可以通过塑造成长环境来影响个体发展。

一、生态化的儿童研究关注儿童成长环境

生态心理学者的理论中都曾强调环境对个体发展的决定性作用以及人类通过改造环境来主动促进发展的作用。在创造影响个体发展的环境时，他们不约而同地秉持着多因素协同作用的系统论、整体观。盖笑松指出，生态化取向是当今国际儿童研究的重要发展趋势，儿童的发展受到其成长背景中多种环境因素的影响，这些环境因素之间存在着复杂的相互作用，从而构成一个完整的生态系统。未来的中国儿童研究工作需要从生态化观点出发，加强研究的系统性、动态性和行动性，以实现客观反映儿童成长背景、优化儿童成长环境、促进中国儿童健康成长的目标。② 他认为，中国儿童成长环境研究可以分为家庭环境、学校环境、社会环境三个层面。

作为人类发展的重要环境之一，幼儿园也是社会各个领域、各种利益和各类社会成员的交汇之处，是幼儿保育与教育、父母与教师、家庭和学校首次汇聚之所。③ 同样，幼儿园课程、每个班级所进行的具体活动不是凭空设想的产物，而是各种影响幼儿发展的动力因子交互作用的结果，是幼儿所处的、推动幼儿发展的动力系统综合作用的体现。要在幼儿园中为幼儿的发展打造这种理想的"塑造发展的环境"，仅强调某一方的力量（动力作用）显然是无法达到的。一个班级

---

① 薛烨，朱家雄，等.生态学视野下的学前教育[M].上海：华东师范大学出版社，2007：84.
② 盖笑松，张婵.走向生态化的儿童研究：聚焦中国儿童成长环境[J].东北师范大学学报（哲学社会科学版），2005（4）：135-139.
③ 约瑟夫·托宾，薛烨，唐泽真弓.重访三种文化中的幼儿园[M].朱家雄，薛烨，译.上海：华东师范大学出版社，2014：2.

课程的样态，一个个具体活动的开展，是多种动力因子综合作用的结果。目标一致、相互支持的系统，彼此动力作用过程中形成发展性支持关系，那么班级或幼儿园的课程实施就会呈现完全不同的局面。这与后现代课程观中所倡导的课程过程的复杂性思维相合。

对幼儿园课程的分析会超越幼儿园环境，涉及影响幼儿成长的家庭环境、社区环境，以及在宏观层面产生间接影响的文化、政策等因子，因此需要我们整合性地分析幼儿的多个成长环境及环境间的关系。

二、推动发展的环境关注不同层级环境间的支持关系

（一）微观系统层面：双人关系中的二级效应

1. 二级效应的概念

人类发展生态学认为在包含两个人以上的研究情境中，分析的模式必须考虑第三者对双人关系中成员相互作用的间接影响，即双人关系有效地作用于发展情境的能力，取决于由第三者参与双人关系的存在和性质，这种现象被称为二级效应（second-order effect）。[①] 也就是说，当双人关系的外部联系具有相互肯定的情感，且第三者支持原双人关系的发展性活动时，原双人关系对发展的潜力将会提高。相反，当一对双人关系具有相互敌对的情感，或者第三者妨碍和阻挠原双人关系进行的发展性活动时，原双人关系对发展的潜力将会削弱。这样，班级、家庭微观系统层面中良好的师幼关系、亲子关系的形成，不仅取决于教师与幼儿、孩子与父母，还取决于影响教师与幼儿互动的第三者（园长）、影响孩子与父母互动的第三者（教师和园长）。

2. 二级效应的影响方式

人类发展生态学还指出，如果双人关系中的一方经历了发展变化，那么另一方也可能获得了发展。也就是说，如果园长能够通过各种培训和直接指导提升教师的专业水平，那么就可能提高师幼之间的互动质量；如果教师、园长为家长提供育儿指导（包括亲子活动的指导和经验分享等），能够（通过家长学校、网络

---

① BRONFENBRENNER U. The Ecology of Human Development [M]. Cambridge: Harvard University Press, 1979: 77.

宣传等）提升家长的育儿水平，就有可能改善亲子关系，从而让师幼关系、亲子关系更好地推动幼儿的发展。

3. 双人关系会跨情境发挥动力作用

微观系统中因双方共同活动所发展出的自身动机动量也会跨越情境地扩展，当双人关系不在一起时（一方进入另一个微观系统所致），这种动量也能够持续发挥作用。如果两者是主要双人关系，这种作用就会更加增进。这个迁移的双人关系被称为"跨情境双人关系"①。在一个人的生活中，跨情境双人关系的形成可以提高他的学习能力和学习动机。也就是说，在教师与幼儿建立起了主要双人关系之后，如果教师鼓励幼儿在家早睡早起，准时来园参加晨间劳动，幼儿就会欣然接受并努力在家做到。

（二）中间系统层面：环境间的联系影响发展

1. 环境间的联系构成了支持幼儿发展的中间系统

在人类发展生态学中，中间系统是由发展中的个体积极参与的两个或更多环境之间的相互关系构成，也就是说它不是一个实在的环境，而是由微观系统之间的联系所构成。对于儿童来说，家庭、学校、邻里、同伴群体之间的相互关系即为中间系统。②因此，多环境的参与（multisetting participation）是构成中间系统的基础，是环境之间相互联系的最基本形式。当同一个人在多个环境中参加活动时，关于这个人的一个中间系统就形成了。比如，一个儿童一段时间在家，一段时间在日托中心。家庭是儿童成长的微观系统，而幼儿园是儿童所处的另一个微观系统，这两个系统之间的关系，就构成了多环境参与的中间系统。每当发展中的个体进入一个新环境时，新环境所代表的新的微观系统就纳入中间系统的范围，中间系统便得以形成或扩展。

中间系统的视角，将研究的范围从单一的环境扩展到环境间的关系。这种环境间的相互关系对发展起着重要作用。人类发展生态学认为，环境间多重的、支持性的联系有助于发展。

---

① BRONFENBRENNER U. The Ecology of Human Development [M]. Cambridge：Harvard University Press，1979：213.
② BRONFENBRENNER U. The Ecology of Human Development [M]. Cambridge：Harvard University Press，1979：25.

2. 环境间的多重联系有助于发展

人类发展生态学认为，如果在一个中间系统中，有多人积极参与两个环境，那么这种中间系统就可以被称为多重联系的中间系统。如果一个中间系统仅有的联系（除了包括个体在内的初始联系外）都是间接的，或没有其他的补充性联系，就称之为微弱联系的中间系统。

从孩子进入托幼机构开始，幼儿是中间系统的主要信息通道，家长和教师之间的联系是中间系统的补充性联系。例如，教师除了通过家园联系栏和家长会向家长介绍本学期的教育重点以及每日的班级教学活动外，还会和家长个别交流幼儿的在园表现；家长则会跟老师交流幼儿在家的表现等。如果家长和教师之间有充分的、多种形式的交流（如既有班级 QQ 群的集体通知，也有家园间的个别交流），那么围绕幼儿的中间系统就具有多重联系；如果家长和教师之间缺乏沟通，那么在家庭与幼儿园这两个微观系统之间，就只有唯一的直接联系（即孩子）。环境间的联系越丰富，结构越多重，越有利于幼儿的发展。

3. 环境间的间接联系也具有重要的动力作用

幼儿进入幼儿园后，幼儿就成了家庭和班级这两个微观系统之间的主要联系。在这里，多环境的参与指的是发展中的人（幼儿）亲自参与的直接的跨环境社会网络，或一级跨环境社会网络（父母、教师之间存在的联系）。这种网络和中间系统都是从发展中的人首次进入一个新环境的时刻开始建立的。除了这种主要联系之外，两个环境间的相互联系的建立还可以通过其他形式，例如：他人积极参与两个环境、社会网络的中介连接、环境之间发生的正式与非正式交流。有时，即使当同一个人在两个环境中都不积极参与，但是通过作为两个环境的成员间的中介联系（intermediate link）这个第三方，两个环境之间的联系仍然可以建立起来。在这种情况下，参与这两个环境中的人即使不直接见面，我们仍然认为他们是这两个环境间的第二级网络的成员。如因工作而不能参加家长会的家长可以从其他家长处得知家长会的情况；幼儿园家长对小学和幼小衔接的了解，可以通过熟悉的某个小学生家长或教师的叙述而获知。再例如，家长所信任的某位小学生家长一句忠告"开学一个月要拼音过关、计算过关，一定要提前练！"，就有可能抵消幼儿园关于入学准备"零起点"的所有宣传。

（三）支持性联系的概念及其发展价值

人类发展生态学认为，一个环境如家庭、学校或工厂等对发展可能产生的影响取决于环境间是否存在社会性联系（social interconnections），以及社会性联系的性质如何，这种社会性联系包括共同参与、交流沟通和每个环境中的成员对其他环境的了解程度。[1] 如果这种社会性联系的特征符合支持性联系的定义，那么就能更好地促进个体发展。他认为，如果在两个环境中建立联结的人（如幼儿）在两个环境中参与的角色、活动和双人关系都鼓励环境间的相互信任、积极支持、目标一致，且力量不断地向有利于发展中的个体转移时，那么在中间系统层次上，环境对个体而言就会有更高的发展潜力。满足这些条件的辅助性联系被称为支持性联系[2]。

环境的发展潜力将随着一个环境与其他环境（如福利机构和家庭）之间存在的支持性联系的增多而提高。[3] 也就是说，如果家长与幼儿园的教育观念、教育目标是一致的；家长和幼儿园互相信任、彼此支持，共商教育对策，共担教育责任；同时，这样的家园配合让力量不断向幼儿转移，共同帮助幼儿获得发展，那么这样的家园关系就是一种支持性联系，会更有利于促进幼儿的发展。这种支持性的家园互动关系越多，对幼儿发展的促进作用也会越强。此外，当支持性联系的成员与发展中的个体是主要双人关系时，环境的发展潜力将会被提高。也就是说，如果与教师建立支持性联系的是与幼儿经常互动的父母而不是只负责接送（只在接送时段与幼儿有接触）的某位祖辈家长，家园间的支持性关系会更有价值。

相反，如果家长和幼儿园之间理念相冲突，目标相违背，这样的家园关系是非支持性的，其家园共育的效果一定会互相抵消，幼儿的发展也会受到阻碍。如果父母和教师不能经常通过各种渠道沟通孩子在家和在园的具体情况，且没有其他补充性的联系（如父母不仅与教师没有交流，不愿配合幼儿园的各种活

---

[1] BRONFENBRENNER U. The Ecology of Human Development [M]. Cambridge: Harvard University Press, 1979: 6.
[2] BRONFENBRENNER U. The Ecology of Human Development [M]. Cambridge: Harvard University Press, 1979: 214.
[3] 同②.

动，负责接送的祖辈家长也与教师少有交流），也将直接影响幼儿的发展。因此，家庭与幼儿园、幼儿园与社区之间形成支持性的联系，对幼儿的发展至关重要。

（四）环境间形成支持性联系的要素

在人类发展生态学中，布氏进一步阐述了环境间的认知、环境间的持续交流以及环境间的力量平衡等与支持性联系密切相关的要素。

1. 环境间的相互了解及认知

环境间的认知（intersetting knowledge）是指一个环境中关于另一个环境的信息或经验。这些知识可以通过环境间的交流获取，也可以通过这些环境之外的其他渠道获得，比如通过阅读图书馆的书获取关于另一个环境的信息。对于某个中间系统而言，如果不同微观系统中的人能有机会共同活动，促进环境间的相互了解，那么对个体的发展会更有利。①

首先，环境间的相互了解是双方的。一方面，个体需要了解新环境。在每次进入新环境之前，如果能为发展中的个体与两个环境中的成员提供有关即将发生的环境变迁的信息、建议和经验，那么个体会获得更多发展。如在入园准备的过程中，如果幼儿园与家庭之间有了一定的相互了解，同时幼儿也有机会了解即将进入的新环境，那么将有助于幼儿尽快熟悉新环境。幼儿园一般通过举行亲子活动、开放日、家长会等方式，让家长和幼儿增进对幼儿园的了解。另一方面，新环境主动获得关于旧环境的有用信息、建议和经验。这样个体一旦进入这个新环境，就会获得更多发展。如在幼升小阶段，小学逐渐成为影响幼儿发展的微观系统，小学和幼儿园之间的联系则成为中间系统。如果小学教师能够对幼儿园的教学方式和教学内容有足够的了解，那么在迎接新生、帮助新生适应的过程中，采取的措施就会更有针对性。

其次，这种相互了解不仅是为了双方更好地为幼儿提供各种支持，而且是为了两个环境间能最终达成一致的目标。比如，家长因为了解了幼儿园的课程理念，进而认同并配合幼儿园开展的保教工作；教师因了解了幼儿在家的情况，从

---

① BRONFENBRENNER U. The Ecology of Human Development [M]. Cambridge: Harvard University Press, 1979: 217.

而更有针对性地为家长提供指导和帮助等。相反，如果"幼小衔接"只是幼儿园单方面地了解关于小学生活的要求并引导幼儿改变，而小学则对幼儿在幼儿园的生活漠不关心甚至全盘否定幼儿园的教育目标（如，将幼儿的自主探究行为视为"幼儿园老师教的坏毛病"，认为"上小学就是要教你们坐得住"），那将不利于幼儿的适应。

2. 双向且多样化的环境间深入交流

环境间的交流（intersetting communications）包括一个环境中的某个人向另一个环境中的某个人传递信息。环境间的交流发生方式有多种，可以是单向的，也可以是双向的。布氏提出，参与多个环境对发展的潜力直接随环境间双向交流的私密性与程度的变化而变化。家庭与学校之间存在双向的、开放的交流途径，将会促进幼儿在两者中的发展。同时，环境间的相互了解会让教师的家长指导更有的放矢。因此，环境间的双向交流对建立良好的环境间的关系（如家园关系）十分重要。这要求：

双向交流。高质量的环境间交流是为了促进两个环境间的互相了解，而不是单方面的信息传递。传统的家长会等"广而告之"方式并不是真正意义上的交流，而是教师（幼儿园）单方面的信息发布，不利于教师倾听、了解、呼应家长的需求和家庭育儿方式。如果教师对幼儿在家的情况缺乏了解，对家长的育儿需求、育儿理念缺乏关照，就无法让家长真正成为课程的支持者。

交流方式私人化。环境间的交流有多种方式，有个别化的，也有公开的。但在各种交流方式中，私人化的方式最为推荐。布氏指出，当环境之间采用私人化的交流方式时，将会提高环境的发展潜力。① 因此对各种交流按降序排列：面对面、个人信笺或便条、电话、商务函、公告。家园联系如果能采取私人化的方式，会更有效果。如分批家长座谈会比全班家长座谈会效果要好，教师针对个别家长进行短信交流比群发短信息交流更有效。

交流方式多样化。如果能够通过多种来源获取另一个环境的信息，肯定比只从一种途径进行了解更为全面和有益。从程度来看，也许面对面的交流更为深入，但幼儿园的家园联系栏、幼儿的书面成果（成长手册、作品栏等）、定期家

---

① BRONFENBRENNER U. The Ecology of Human Development [M]. Cambridge: Harvard University Press, 1979: 217.

长会、定期半日开放、家长讲座等方式，也对家园交流非常重要。因为这些多样化的交流方式往往都是全园推进，且有着机制的保障，因而能够借助园部的力量促进家长对幼儿园保教工作、对孩子在园生活的了解。

3. 力量平衡向发展中的个体转移是中间系统促进发展的关键

力量平衡是微观系统层面讨论双人关系时的一个要素，但在中间系统层面仍然受到关注。人类发展生态学指出："如果每一方环境中每个成员都与其他成员互动，且使力量平衡逐渐向有利于发展中的个体和主要负责他福利的人转移时，这种模式就是最理想的。"[1] 也就是说，力量平衡的过程应该涉及系统中的每个成员。当一名幼儿的多名家庭成员都能与班级老师和保育员互动，且始终是让动力向着幼儿或主要负责照料幼儿的人（如妈妈）转移时，中间系统对幼儿发展的促进作用是最理想的。例如，爷爷奶奶了解到幼儿园要开展亲子表演，于是鼓励妈妈去参加，并支持妈妈在家和孩子练习。

对幼儿发展产生影响的、具有支持性联系的中间系统特征不仅可以用来分析家园关系，也可以用来分析幼儿进入各种社区环境时所形成的环境间关系，包括幼儿入小学、参与社区的各种机构活动等。

三、不断的动力输入是系统可持续发展的关键

（一）幼儿园的可持续发展

可持续发展是一种系统的、综合的、整体的社会发展观和文化价值观，其发展的原则为公平发展、共同发展、协调发展、持续发展、多维发展。[2] 教育生态系统的持续发展是全社会持续发展的重要条件之一。[3] 与可持续发展教育不同，教育的可持续发展指的是教育（如幼儿教育）的发展具有生态可持续性。生态可持续性，原指寻求一种最佳的生态系统以支持生态的完整性和人类愿望的实现，使得人类的生存环境得以持续。[4] 而可持续发展的教育生态系统，表现为作为一

---

[1] BRONFENBRENNER U. The Ecology of Human Development [M]. Cambridge: Harvard University Press, 1979: 223.
[2] 李纯真. 辽宁省民办高等教育可持续发展研究 [D]. 大连：辽宁师范大学，2012: 20-21.
[3] 范国睿. 教育生态学 [M]. 北京：人民教育出版社，2019: 343.
[4] 庞元正，丁冬红. 当代西方社会发展理论新词典 [M]. 长春：吉林人民出版社，2001: 386.

个子系统的教育在整个社会系统中始终保持着生机和活力，表现为教育资源投入的不断增加、教育组织的日益完善，表现为现在的教育发展是为未来教育发展的准备与基础，表现为教育质量的不断提高等。① 还有研究者从政策变迁②、资源配置③ 等方面提出建议。

学前教育作为基础教育的重要组成部分，作为个体发展的重要奠基阶段，不论从促进个体发展还是从实现其社会功能的作用来看，都是可持续发展战略的重要组成部分。推进学前教育优质发展，有助于满足家长对高质量教育的需求，提升适龄人口生育意愿，维护社会稳定和实现可持续发展。

（二）幼儿园课程的可持续发展

随着被运用的范围逐渐扩大，可持续发展的内涵也不断被凝练，主要包含了以下几层含义：发展要关注未来需求，而不仅仅囿于眼下的短时效益；发展要着眼于全局，不能因一个方面的发展而损害其他方面的利益等。基于这样的理解，有研究者提出了幼儿园课程可持续发展的内在意涵，即：发展意义的长远、发展资源适切生发、发展动力内生不竭，以及发展效能的协同发挥。并指出，当前幼儿园课程可持续发展陷于困境：因为功利与肤浅，在课程价值上趋于短视；因为跟风与冒进，在课程资源上无视园情；因为无能与被动，在课程发展动力上陷于依赖；因为权力失控与偏向，在课程效能评价上片面突出。④ 有研究者认为园本课程建设是幼儿园课程可持续发展的主要抓手，幼儿园课程可持续发展的路径包括：面向生活及问题，坚持基于情境的幼儿园课程设计与实施；打造专业发展共同体，重建幼儿园教师的"知识人"身份；健全幼儿园课程质量监控机制，实现课程发展主体的权利均衡。⑤

---

① 范国睿.教育生态学[M].北京：人民教育出版社，2019：343-344.
② 陈志其，蔡迎旗.我国学前教育质量的政策变迁历程、演进逻辑与未来展望——基于教育可持续发展的视角[J].河北师范大学学报（教育科学版），2023（04）：125-134.
③ 蔡迎旗，邓和平.可持续发展视域下我国公办民办幼儿园资源均衡配置水平测评与政策建议[J].学前教育研究，2023（6）：20-31.
④ 黎平辉，邓秀平.幼儿园课程可持续发展的理论阐释与实践路径[J].河北师范大学学报（教育科学版），2023（02）：125-134.
⑤ 同④.

本书认为，能够持续推进变革、不断动态自新以满足幼儿发展需要的课程是幼儿园教育可持续发展的重要表现，搭建这样的课程共建模式需要对园内外多个相关主体进行整体性的研究。同时，动力不竭是可持续发展的必要条件，整体优化离不开对动力的研究。

（三）动力输入与可持续发展的维持

要维持教育系统的可持续发展，就需要优化教育生态环境。有研究者从政治环境、经济环境、社会环境讨论学校外部环境的优化，以及从物质环境、组织环境、规范环境讨论学校内部环境的优化。[①] 但最终都指向教育质量的提高。有研究者认为幼儿园可持续发展的关键在于提升幼儿园可持续发展的内外动力，进而推进幼儿园教育的高质量发展；并从系统动力学的角度，从内生动力（自适应力、自组织力、教师教育力、科技推动力、绿色发展力）和外生动力（综合治理力、环境承载力、社会心理支持）的角度进行研究。幼儿园可持续发展的动力是在幼儿园发展的进程中，参与幼儿园教育所有利益相关者（幼儿园管理者、教师、家长、政府、社会）为实现幼儿园可持续发展的共同目标，而形成可以驱动所有共同体成员联合行动的合力。[②]

在自然界，生态系统的运行和存在需要遵循这样的一般规律，即：生物与环境相互作用规律；生态因子综合作用规律；生物对因子的限度规律；生物的生态位规律；生物协同进化规律；环境资源的极限规律。[③] 这些都体现着系统独有的整体性、层级性、相互作用等特性。支持人类发展的生态系统也同样遵循这些规律，例如：自然界中某个系统中的生物是协同进化的，因此，影响幼儿发展的各动力因子也遵循协同进化规律，具有共同发展的特性，也就是说当发展性双人关系的一方获得发展时会引起另一方的发展。因此，教师、家长的成长会促进幼儿的发展。而园长等其他管理者的发展、法制文化的健全又为教师、家长提供动力。因此，支持幼儿发展的动力因子都需要不断进化和完善。

其中，能量流动规律是维持生态系统运作的重要规律之一。生态系统需要有

[①] 范国睿. 教育生态学 [M]. 北京：人民教育出版社，2019：347-355.
[②] 蔡迎旗，黄海燕. 我国幼儿园可持续发展动力的测度和优化 [J]. 现代教育管理，2023（06）：59-70.
[③] 虞永平. 学前课程的多视角透视 [M]. 南京：江苏教育出版社，2009：224.

动力源不断输入能量，否则系统就有崩溃的危险。1940年，美国生态学家林德曼（R. L. Lindeman）提出了生态系统在能量流动上的基本特点：首先，能量在生态系统中的传递不可逆转；其次，能量在传递的过程中逐级递减。这也就是著名的林德曼定律。

如果说之前的许多研究是对各个动力的单独研究，那么我们可以基于林德曼定律，探讨在推动幼儿发展、推动课程可持续发展的过程中，内外动力的相互作用、动力汇聚、能量持续补充等问题，这些讨论在第五章中展开。

第二章

BANJI CENGMIAN:
YOUER YU JIAOSHI DE
DONGLI ZUOYONG FENXI

班级层面：幼儿与教师的动力作用分析

第一节　幼儿是主导自己成长的主角

勒温和布氏都强调了幼儿在主导自身发展中所发挥的主动作用。幼儿作为主体的动力作用，一直是影响自身发展的主要力量，也影响着班级课程的实际开展过程。因此，本章将幼儿作为最重要的动力因子先进行讨论，将教师的动力作用讨论放在之后。

在班级各类活动展开的过程中，幼儿所具有的动力作用主要体现在三个方面，即：幼儿自身的需要、倾向等个性特征影响着自身参与活动的状态，进而影响发展；幼儿会主动觉知周围的环境（情境定义），主动建构自己当下的心理场；幼儿主动影响着周围环境中的他人，例如幼儿会向教师求助、会向同伴提议、会主动邀请同伴参与活动，而教师的互动方式、父母的教养方式也会受儿童个性气质的影响。

一、幼儿的个体特征影响着自身的活动状态

幼儿的个体特征对自身参与活动产生着根本性的、自始至终的影响。根据布氏在 PPCT 模型中对个体特征的因素分类，我们从个人动力倾向、个人资源、个人需要、个人体验四个因素入手，讨论个体特征对幼儿参与活动的动力影响。

（一）幼儿的个人倾向具有动力作用

根据布氏的定义，幼儿的个人动力倾向包括发展性生成特征（如好奇、乐于合作、专注于活动、适应延迟满足、主动安排物理环境等）和发展性破坏特征（如冲动、暴躁、分心、排斥延迟满足、攻击与暴力等）。个体的这些动力倾向无

时无刻不影响着幼儿参与活动的状态,决定着幼儿个体参与活动的内容与质量。

发展性生成特征会对幼儿的活动过程产生持续的积极影响。例如:幼儿会出于好奇,提出"我想试试××",从而发起活动;会出于合作和同伴协商,"要不你先玩,然后给我";能做到延迟满足,"好的,我等一下,马上就轮到我了";在活动过程中保持专注,带着目的坚持完成活动,"我试了胶水、胶棒,还有透明胶带,都不行,我捏着等了很久还是掉下来了。后来试了木胶,成功啦!"。因此,即使同一个班级的幼儿,在面对同样的外部环境时,促进发展的个人动力倾向也会影响其实际参与的活动过程,进而会使得个体最终获得的发展经验产生巨大差异。而发展破坏性特征,如冲动、暴躁会引发活动中与同伴的冲突,分心会导致无法听明白教师的活动要求而无法参与活动,导致在活动中常处于游离状态,让每一个本该获得经验的机会变得"浅尝辄止"。

(二)幼儿所拥有的个人资源具有动力作用

幼儿之前储备的经验、技能、能力等个人资源,影响着幼儿在回应教师、同伴互动、自选分组、自选材料等过程中的行为表现。活动中这样的案例片段俯拾皆是。例如,在策划"我们的秋季集体生日会"活动中,幼儿所能提议的庆祝内容都来自班级或家庭生活中的原有经验。"玩捉迷藏吧,小班时玩过,很好玩!""抢椅子也好玩,之前六一节玩过,还想再玩。""要吃蛋糕的,家里过生日都要吃的。""要布置场地,要有彩纸、气球,我哥哥10岁生日就是这样的,在酒店里。"在集体生日会的准备活动中,教师请幼儿自选加入各项筹备组,幼儿的自选过程也受原有经验技能的影响。比如,幼儿会说"我会当主持人,我做过。""我来表演跳舞,我跟××、×××在一个地方学的,我们说好一起演《小孔雀》,我们有一样的衣服。""我来剪彩条,我剪得好。"在幼儿自主筹备的过程中,有"小画家"之称的小艺给贺卡绘上了精致的图案,喜欢折纸的可可带来了家里漂亮的折纸做装饰……可见,孩子们的活动创意和之后的参与过程,都仰赖于孩子们之前储备的经验、技能、能力等个人资源,它最终影响着幼儿在活动中获得的经验。

在教育活动中,幼儿是否拥有一定的前经验储备,是幼儿能否积极参与活动的前提。因此,如果教师希望孩子在活动中积极投入,就需要反思活动设计是否脱离孩子们当前的经验水平,或者如何通过丰富前经验来帮助幼儿更好地参与活动。例如，在开展关于"纸的吸水性"的科学集体教学活动前，教师需要先在科学区中提供多种材质的纸来供幼儿玩"小水滴晕染"游戏，让幼儿充分感受不同材质的纸在吸水性方面的差异，这样幼儿才能带着相关经验来完成集体教学活动中实验前的猜想部分，否则猜想环节就会成为没有经验参照的瞎猜。又如，在开展美术教育中的人物主题画活动时，教师会选择"快乐的餐后时光""学新操"等与孩子当下生活、当前主题活动密切联系的绘画内容，从而在引导幼儿观察、回忆、讲述的过程中，帮助幼儿调动原有经验积极参与绘画，做到"我手画我心"。

根据 PPCT 模型中对个人资源的定义，我们会发现资源特征与倾向特征有明显的不同。倾向是相对稳定的一种品质，而资源更多的是相关能力、经验、知识和技能的积累。有的幼儿在家长的要求下会认识很多汉字（即掌握一定的知识），但未必会对阅读新绘本好奇（个性倾向），进而产生积极参与阅读活动的行为。

（三）幼儿当下的个人需要具有动力作用

与相对稳定的个人动力倾向不同，当下的个人需要更多"来自某种待满足的需要"或"想做某件事的愿望"或"想要得到某物的渴望"，这些需要是推动幼儿积极开展活动的强大动力。由于幼儿的需要受年龄的影响，因此同一年龄段的幼儿常常会表现出同样的需求。例如：刚入园的幼儿面临着入园适应，爱与归属感是这一阶段的首要需求，而入园适应活动也围绕这一点而展开。

在班级开展的许多活动中，影响活动走向的需求可以是个体的，也可以是集体的。个体需求往往与集体需求所产生的动力互相作用，个体需求会转变成集体需求，而集体需求也会唤醒个体需求。如，在集体生日的"策划活动"中，幼儿所提议的庆祝内容也体现着强烈的"需求动力"。因为蛀牙被妈妈严禁吃糖的小凯提出生日会可以分享"喜糖"，结果得到了同伴的强烈赞同；热爱唱歌跳舞的小姑娘们提议歌唱表演；会踢足球的几个小男生提议来一场正式的足球比赛……可见，个人需要以及由一定数量的个体所汇聚成的集体需要，决定着活动的走向，当这些需要得到成人（老师、家人）的呼应和支持，那么这些需要所产生的动力作用会得到加强，进而对个人参与活动产生更为深入的影响。

幼儿当下的需要影响幼儿的活动过程，但唤起幼儿当下需要的因素不同。可以是源于自身的，如："我要玩这个，这个好玩。""我想跟甜甜一起去××区，她选的这个。"也可以源于外因的影响，如："老师说每个寿星都要来做寿星帽的。""做得好，老师会表扬的。"内外因唤起的需求都会影响幼儿发起某项活动并坚持完成。

（四）幼儿之前或当下的个人体验具有动力作用

幼儿之前或当下的个人体验会影响自身活动。愉快的情绪情感体验，不仅是活动顺利开展的保障，也是幼儿愿意持续参与的动力。反之，不愉快的个人体验则会产生阻碍作用。幼儿获得积极体验的来源不同，可以来自角色，如值日生、升旗手这样的角色总是能引发幼儿的积极情绪，推动幼儿投入活动；可以来自活动，如参加自己喜欢的或有成就感的活动，会给幼儿更多愉快体验；也可以来自人际关系，如跟自己喜爱的老师、同伴一起活动，幼儿总是很积极投入；还可以是基于之前的经验，如："××真好玩，下次还去。"

二、幼儿主动塑造的心理场产生着动力作用

幼儿个体通过主动感受环境中的诱发力、对环境进行个体的情境定义等方式，主动塑造自己当下的心理场，塑造的结果会影响幼儿的活动参与，进而"选择"其实际上经历的课程。

（一）同一情境下不同幼儿感受到的情境诱发力不同

勒温认为环境中的事实给了儿童诱发力，这些诱发力引发儿童主动建构自己的心理场，进而决定采取相应的行为。如，"值日生"活动中，幼儿会以"老师请我来当管××的值日生，你要听我的"来命令同伴。

班级集体进行的活动不等于每个幼儿个体感受、经历的教育活动。在同一个活动中，每个幼儿因前经验、中间系统支持、角色扮演、人际关系等因素的不同而在活动情境中有不同的感受，进而产生着不同的心理场。勒温以"奖励和惩罚的心理情境"为例来解释个体建构情境所产生的不同作用。"同一种行为在某一情况下可能是惩罚，在某一情况下可能是奖赏，这要取决于儿童所处的总体情境。"① 换言之，同样的数学操作游戏，对喜爱数学的孩子来说是有趣的，玩游戏

---

① 库尔特·卢因.个性动力论[M].何道宽，译.北京：中国传媒大学出版社，2016：87.

是奖励，他会欣然接受挑战；而对数学基础薄弱、对数学排斥的儿童来说，在老师的要求下完成操作材料是一种惩罚，幼儿会选择逃避或消极对待。

在同一个活动情境下，如果幼儿感受到的情境中的诱发力不同，就会导致幼儿采取不同的行为。如，在主题活动"集体生日"中，虽然老师将活动目标定位在"自主策划准备集体生日活动，体验与同伴、老师共同生活的乐趣"，但在积极参与和筹备的过程中，每个幼儿感受到的诱发力既有相同之处，也有不同之处。相同的是，在老师的引导下，孩子们都清楚所处的是"生日会"的活动情境，都逐渐知道生日会的准备要多关注"寿星们"的感受，也都感受到了这一任务带来的诱发力。在具体的筹备情境和生日会现场情境中，每个孩子也都在为生日会而忙碌。但有的是出于让好朋友高兴的目的（为过生日的"寿星"亲手制作了礼物）；有的是出于自我挑战和自我实现的快乐（出色完成了"小主持"任务）；有的更多的是出于自我愿望的满足（比如吃糖、做游戏、做自己喜欢的手工装饰等）；也有孩子因为没有萌发"为他人"过生日的愿望而游离其中……总之，不同的诱发力导致孩子们选择了不同的（一项或多项）内容来参与准备，在不同的诱发力推动下，幼儿参与的具体行为有着巨大的差别，因而获得了不同的经历和体验。

（二）幼儿主动定义情境并匹配相应的行为

在教师预设的活动情境中，幼儿会感受到活动情境中的诱发力，进入情境开展相应的活动，获得经验。但幼儿并不是被动地接受所处情境的影响，而是会根据自己的理解主动定义情境，即第一章第三节提到的情境的"个人定义"。进而根据自己对活动情境的定义，改变自己的活动进程，支配物质材料，甚至创造性地（包括采用以物代物的方式）使用教师提供的材料来满足自己的活动需要。

幼儿对情境的定义会引发幼儿后续的两种行为表现。一种是，幼儿基于教师的预设情境，进一步建构自己的具体活动情境，开展相应活动。例如："STEM主题活动——好玩的大纸箱"中，一组男孩商议决定用纸箱制作坦克。过程中，幼儿们会根据这一目标主动合作，"我在百宝箱里找到一个软管来做加油管""我回家拿个电筒来当车灯"（涂迷彩时）你刷绿色，我刷咖啡色"，从而推动活动的顺利进行。另一种是，当遇到教师安排而自己不喜欢的内容时，幼儿会重塑情境并开展相应活动。例如：在美工区"制作生日贺卡"活动中，幼儿不顾教师"为寿星做贺卡"的要求，用喜欢的美工材料拼贴出自己喜欢的作品带回家。

与集体活动略有不同，在很多区域活动中，因为选择权和主动权的增加，幼儿会根据自己所定义的情境，主动为自己选择角色和活动，主动展开自己的人际互动，进而选择着自己实际上经历的区角活动，也主动塑造着活动过程。例如，在自主游戏中，当孩子想要加入某个区角游戏，他们往往先"站在一旁观察"或直接询问"你们在玩什么呀"。通过观察和交流，孩子们明白同伴在玩什么，随后判断好不好玩，自己要不要加入，以及怎么加入。加入游戏的过程中，孩子们又会有一个共同定义游戏情境的过程。例如："我也想一起玩，我来当妈妈吧？""不行，我们已经有妈妈了，××就是，你看她抱着宝宝了。而且我们也有爸爸了，我是爸爸。""嗯……那我当外婆吧，我来你家里做客，一起照顾宝宝。""好啊好啊。那你先去小超市买点水果吧，当客人要带点礼物来的。"共同的情境定义，以及默认的情境中的行为，是展开游戏互动的基础。一个幼儿想加入一组幼儿的游戏，必须先了解对方正在玩什么、怎么玩的，然后选择一个角色、寻找一个合适的互动机会才能成功介入游戏。

相对情境较为固定的角色游戏区，幼儿自主创设的"生成性"游戏在开展游戏的过程中对幼儿在创设情境、共同协商情境方面提出了更高要求。很多时候，游戏中的同伴冲突是因为彼此对游戏情境的定义（理解）不同，或者彼此想要开展的活动情境有冲突。如，在教室的"临时区"里开展的"好玩的大纸箱"活动中，坦克组的康康对宽宽试图拆掉自己在坦克车头部安装的"防护装置"（一块有凹凸的泡沫板）大为恼火，对宽宽大叫道："干嘛啊，我好不容易装上的。"宽宽理直气壮地指着泡沫板说："这个后备箱要装到后面。"康康："这不是后备箱，是防护挡板，就跟汽车前面的防撞条一样。我这个是很厚的钢板，敌人的子弹也打不穿。"这个主意一下吸引了宽宽："对对对，我们的坦克要装挡板的。要不我们找个钉子来钉上吧，你用透明胶弄得不牢，丑死了。"两个孩子一拍即合，分头找钉子，可是教室里没有钉子。康康找来了美工区的彩色棒冰杆，宽宽试着钉了下，果然容易钉，露出来的部分也很美观。于是，两人合作安装、涂色，在最后的介绍环节，宽宽骄傲地向大家介绍："这是我跟康康制作的防护盾。"类似的创设情境、共同协商情境的过程中虽然不可避免地会遇到更多矛盾和困难，但因为没有教师的过多预设，孩子们的游戏过程反而更为开放，这也是教师划分区角位置时会预留"生成性游戏区"（空间场地支持）并提供"班级百宝箱"（物质材料支持）供孩子们自主游戏的原因。总之，在游戏中幼儿间共享着对具体情境的定义，明确别人的角色并找到自己的角色定位，才能成功互动。尤其是在对方以物代物或没有明显情境提示时，就更有挑战。如，两个幼儿在玩踩影子游戏，第三个幼儿要判断一会儿才能加入。

可以说，一个个活动的实际实施过程，就是师幼共同创设个体感受到的真实环境的过程。而整个班级课程的微观生态环境，是幼儿、同伴与教师所共同创设的。

三、幼儿通过主动影响他人来发挥动力作用

幼儿一直都被视为教育对象，是一个需要成人照顾、管理、教育、引导、塑造的"弱势"对象。但勒温认为，在场中各力量相互影响过程中，力量的大小和能量的多少之间不存在确定不变的关系，这一规律既适用于物理学，也适用于心理学。场域的构成相宜时，相对弱小的力量能控制相对强大的力量。反过来，强大力量的高度紧张状态可以和弱小的力量并行。[1] 人类发展生态学也强调"所有的关系都是双向的（bidirectional）"，即不仅成人会影响儿童的行为，而且儿童受生物和社会影响的特征（他们的身体特征、人格和能力），也会影响成人的行为。[2] 根据影响对象，可以分幼儿对教师、对同伴、对家长这三方面来分析：

（一）幼儿通过影响教师改变活动过程

在班级这个复杂的互动系统中，儿童不是被动的受影响者，他们和教师之间不是单向的关系，而是相互影响的。幼儿的活动状态会影响教师的教养行为，影响教师的从教经验。在下文的主题活动案例中，幼儿的活动反馈多次影响着教师的课程决策，进而决定了主题的最终走向。整个主题活动展开过程中，教师不断因为孩子们的反馈而调整着活动路径，最后活动得以完全、充分地展开，孩子们在充满动量的投入活动中获得了超出教师预设的、更为丰富的经验和深刻的体验。

---

[1] 库尔特·卢因.个性动力论[M].何道宽，译.北京：中国传媒大学出版社，2016：36.
[2] 桑标.儿童发展[M].上海：华东师范大学出版社，2014：50.

案例：STEM 主题活动——好玩的大纸箱

在主题启动之初，教师敏锐地捕捉到孩子们对康康介绍的纸箱版自制"成长小天地"特别感兴趣，考虑到纸箱制作是一个开放的、包含多种 STEM 经验的主题，且材料易得，于是决定在班级里以项目小组的方式开展活动。

第一次决策影响：做大型的还是小型的？

一开始，老师预设的是："自愿结合小组，做小小的、各种造型的游戏屋，可以是迷你娃娃家、小厨房、小树屋……"，因为"每组自愿结合，好朋友间更容易合作""小型游戏屋对支撑、连接、造型要求都不会太高，更适合不同能力的幼儿创意发挥"。但第一次策划讨论活动时，孩子们却否定了老师的想法，明确要求"要做大的"，因为"要能钻进去玩""不能进去的不好玩""康康的那个也是可以进去玩的嘛"。于是，老师调整预设，首先向园部申请使用教室前的大厅作为班级 STEM 制作区，提供空间准备。其次向家长们征集大型纸箱，并同时邀请了爸爸志愿者来协助孩子们解决大型结构的造型问题。事实证明，大型的造型结构满足了孩子们渴望挑战的需要，吸引孩子参与的同时也给孩子们带来了更多样化的经验，其最终的效果也更为震撼，给孩子们留下了深刻的记忆。

第二次决策影响：做什么内容的小屋？

教师对大型纸屋的预设是做"娃娃家"主题，做完以后可以放入自主游戏的娃娃家进行游戏，或是成为小舞台等角色区的布景。但和孩子们交流后发现，大班下学期孩子们对小空间的构思更加多样化、更丰富，他们对游戏屋的主题有着更多的想法。尤其是在初步设计后，老师发现男孩子和女孩子有着明显不同。男孩子大部分钟情于"军事主题"，女孩子则因为有着强烈的"公主梦"和"审美需要"，选择的主题大多唯美温馨，有城堡、马车、彩虹蛋糕房等。其间，幼儿园正在开展为期一周的"学做解放军"活动，在参观军营、教官来园、学唱军歌、队列练习、军事游戏等一系列活动之后，男孩子们的兴趣更是统一，情绪更是高涨。于是，老师决定"趁热打铁"，男孩子们先根据内容分组启动"军事天地"项目，告一段落后 STEM 区角的场地和工具让位给女孩子们。

第三次决策影响：多长时间结束这一主题？

4 月底启动"游戏屋"活动时，教师的预设是"小组陆续进行、一个月左右结束"。老师的理由是"一个月后就是 5 月中旬，要开始幼小衔接、六一活动、毕业季，还有一个夏季集体生日，都四个大主题了。""每个主题都有好多个子活动,每个活动都要详细准备,因为都很重要,这真是幼儿园三年最累的阶段。""我真的不想把这个 STEM 主题搞得太复杂。"可以说,老师之所以倾向于压缩这一主题,既是出于对活动价值的合理判断,也是对忙碌工作的无奈。为了这次 STEM 活动能有充裕的制作时间,同时逐步推进其他主题,教师将每周一周二的整个上午的活动时间合并成 1.5—2 小时的完整时间段,这段时间幼儿分组进入班级门口的 STEM 区域活动(由主班老师负责),其他孩子则留在班级内按原计划进行区域化学习和自主游戏(由配班老师指导)。周三至周五 STEM 组的孩子们可以利用餐后、自由游戏等自由活动时间讨论、策划、协商、准备材料。

然而老师没想到的是,孩子们对这个主题展现出空前的热情。4 月份中旬启动了"军事天地"主题活动之后,男孩子们可谓热情高涨。康康每周一都到校特别早,他跟妈妈说周一是个"好日子",因为"周一我们又可以做 STEM 了"。宽宽爸爸安排了三天的踏青游,还特地请了周一的假,却遭到宽宽的强烈反对,坚决要求不能请假,理由是周一上午是做 STEM 的日子,"如果我不来,保护盾就要给(搭档)康康做完了"。无奈之下家庭出游只能提前结束,早上 9 时 15 分 STEM 活动开始时,宽宽准时赶到了幼儿园。活动中,孩子们更是全情投入,各种创意层出不穷。一开始,老师还担心这种"纯男生"的组合会不会矛盾多、孩子们过于兴奋、不好组织。但事实是,即便平时最调皮的孩子也在积极参与其中。每次活动都是在老师们的催促收归中,在孩子们"再玩一会儿吧""怎么这么快就结束了""我们还有 ×× 没装上呢"的"抱怨"声中不得不结束。在每周暂停的三天中,孩子们更是心心念念地要开展 STEM 活动。有的看着课程表数日子;有的跟老师抱怨,"怎么一周只有两天可以做啊";有的等不及,就回家先做一些零部件,做完带来幼儿园等着"安装";有的回家跟爸爸妈妈反复说自己的小组做到哪一步了;有的不用老师提醒,自己回家收集各种材料,电筒、铁盒子、望远镜、泡沫片……由于男孩子们迟迟不愿意结束 STEM 活动,原计划 5 月份上旬启动的女孩子们的小屋制作被迫延后。结果女孩子坐不住了,有的央求爸妈再运点纸箱来幼儿园,因为"(看到)男生们用了好多,马上我们女生做要不够了";有的平时在教室里就忍不住"见缝插针"跟小组好朋友商量、交流自己的计划;有的向老师建议,"男生在外面做,我们可以在美工区先设计起来,节省时间";甚至 5 月下旬策划六一庆祝会时,好几个女孩子的六一愿望就是：快点开始我们的城堡制作吧。孩子们如此热情，最终使得整个主题活动延续了近两个月，直到毕业典礼前才结束，是整个学年中跨越时间最长的主题活动。

第四次决策影响：主题如何推向高潮？

当活动成为孩子们的"心头好"时，孩子们的热情和投入也强烈地影响着老师。Y老师周末发烧了，但想到周一、周二是孩子们盼着的开展STEM主题活动的日子，如果自己请病假，孩子们的活动就得不到充分的指导，于是就坚持来上班。Z老师为了满足女孩子们的愿望，决定利用休息时间将教室里的游戏区角重新进行规划，为女孩子们在教室里创设STEM活动区，这样不用等男生让出空间也可以同步进行。就连保育员阿姨也积极加入，在孩子们的制作过程中做"帮手"，并应孩子们的要求用手机拍了孩子们和作品的合影发到家长群里。用Z老师的话说："五月、六月这么忙，我真的想早点结束这个STEM，但孩子们那么喜欢，有什么办法呢？"最终，每个小组都制作完成了大型作品，并一起在幼儿园大厅布展，孩子们的介绍讲解也成为班级个性化毕业典礼的重要环节。

这一主题展开过程中，孩子们的反馈时刻影响着教师，孩子们用积极的表现和直接表述的方式主动影响着教师的课程决策。幼儿作为主动的个体，对教师的反馈影响包括幼儿的直接反馈和间接反馈两种。除了上文案例中的直接反馈，间接反馈是指在老师关注下，幼儿的活动情况被老师主动捕捉到。如：在班级的区域活动记录表上，老师发现某些材料是抢手的热门，有些材料少有孩子光顾。分析原因后教师发现了热门材料的特点，并及时调整了"遇冷"的材料，重新吸引幼儿参与活动。又如，当老师发现孩子们在完成任务过程中拖拉、走神、潦草、马虎，甚至抗拒不配合时，也会分析孩子不愿意投入的原因并及时调整策略。例如大班"班级小主人"活动开展一段时间之后，老师发现平时孩子们抢着当午餐管理员，但周五那天却很少有孩子愿意当。询问之后才知道，周五的餐后活动是孩子们最喜欢的"玩具分享"活动，如果需要完成收餐椅等服务工作，就要等几乎所有孩子吃完才能去分享，而这时往往玩不了几分钟，孩子们都不想耽误这一周一次的机会。于是，老师跟孩子们约定，周五的午餐管理员只需要服务到一半小朋友吃完，就可以离开参加餐后分享活动。

瑞吉欧教育者尤其强调学习中的相互作用，即成人教育儿童，儿童也在教成人。只有当所有参与者都能对探究的方向、时机的选择和结果产生影响时，合作探究才会发生。① 也就是说，只有双方都产生相互作用，才能产生共同活动。幼儿的消极反馈会直接改变班级中活动展开的情况，让教师不得不调整原有计划，甚至一些即便教师非常期待的活动，也会因为幼儿的"不喜欢""不配合"而不了了之。

（二）幼儿通过影响同伴改变活动过程

布氏曾明确指出同伴对儿童发展的重要影响：一旦孩子超过 3 岁，就有理由认为同伴群体越大，负责指导孩子的成人的影响越弱。当孩子接近上学年龄（美国 5 周岁入学），同伴团体的规模将成为动力平衡转移的催化剂，使得动力平衡关系由儿童与成人之间的关系，转化为儿童与儿童之间的同伴关系，同时也会相应地损害发展的进程。班级活动开展过程中也是如此，与同伴一起活动的过程会对彼此活动产生重要的动力影响。幼儿在选择跟谁玩、怎么玩的过程中，改变了自己和同伴所真实经历的活动过程，这一点在幼儿自主性较强的区域游戏中尤为明显。

本节以大班区域活动"PVC 水管拼拼乐"中两位小朋友的互动过程为例，讨论活动过程中同伴的相互动力影响。"拼拼乐"是大班工作坊混班活动的区角之一，工作坊混班活动开始之前孩子们需要预先选择相应的挂牌，活动开始后进入相应区角中活动。活动中孩子们会自愿选择独自一人或与好朋友合作完成作品。

1. 原有的同伴关系是幼儿结伴开展活动的动力

许多儿童心理学著作都着重论述了同伴对幼儿发展的价值，包括具有强化行为、提供范型、帮助去自我中心、给予稳定感和归属感、提供社会化的动因等作用。② 幼儿对同伴的心理需求使得孩子们生来就"喜欢跟好朋友一起玩"，进入中大班，孩子们因为个性气质、座位远近、家庭间的关系等原因，慢慢有了固定的玩伴，教师会明显地发现"某某和某某总是一起玩"，孩子们珍惜、看重彼此之间的情感，乐于维持彼此间的互动。在相对更自主的区角游戏中，幼儿会寻找固定的玩伴一起游戏，不同玩伴间的互动模式有时还会相对固定。

---

① HENDRICK J. 学习瑞吉欧方法的第一步［M］.李季湄，施煜文，刘晓燕，译.北京：北京师范大学出版社，2002：65.
② 刘金花.儿童发展心理学（修订版）［M］.上海：华东师范大学出版社，2001：323-324.

案例：跟着好朋友来选区

希希（以下简称为"X"）和小朱（以下简称为"Z"）是形影不离的好朋友。Z能力相对较弱，在很多自由活动中，他总是跟随X游戏，而X也享受着当"领导"的快乐。不论是班级内的区角活动还是混班工作坊活动，两个好朋友都商量好要拿同一个区的牌子，这样可以一起活动。用Z的话说就是："我跟X是好朋友，我跟着他玩，昨天他选的建构区，我就去了建构区。今天他来颜料区，我就也选了颜料区的牌子。"自从混班活动的美术工作室开设了"拼拼乐"，喜爱手工制作的X成了这里的"忠实粉丝"。每两周一次的活动，X都会首选这个区，偶尔在牌子选完的情况下才愿意选择其他区。一天，X吃完点心拿选区牌的时候发现拼拼乐区的牌子只剩下一个了，虽然X很喜欢去拼拼乐区，但是想到两个好朋友要分开了，X想了想，放下了最喜欢的区牌，退而求其次，跟Z一起去了大型建构区。第二天，两个好朋友互相提醒，快快吃完点心，一起选到了拼拼乐区的牌子。

受到同伴的影响，幼儿会改变参与活动的意图和目标，进而改变活动内容。例如孩子们会为了好朋友选择某个区、不选某个区，玩某个内容或回避某个内容。

2. 积极的个体特征会成为推动彼此活动的动力

幼儿所具有的个体特征不仅会影响自身参与活动的过程，而且还会通过同伴互动影响同伴。共同的兴趣、值得分享的经验、（有利于或不利于发展的）个体倾向以及个体当下的需要，都会成为影响同伴的动力。

案例：互相提供支持的好朋友

X有个热爱手工的爸爸，经常在家带他用各种工具做东西玩，每次都是先画图纸再制作。大班上学期X在木工区做木工，老师也要求先画图纸设计，再做作品。有了这些经验，X在一开始进入"拼拼乐"区角活动时，就主动自觉地执行着"先设计，再制作"的程序，找了记录纸准备先画图纸。他说："没图纸我怎么做呢？"旁观区里其他两个男生都没有先画图纸，而是直接拿锯子开始锯水管，满足于锯的过程后，才边拼边想造型。

X边画设计图边说："我画的是加特林机关枪。"X是个军事迷，家里有很多武器类的书籍，他能说出各种武器的详细名称，直管型的水管的确也特别适合制作成枪、剑等武器的造型。一旁的Z看到X在画设计图，也拿起了笔准备画，看到X画的是枪,也想照着画枪。但Z不会画,一直拉着X的图纸看,于是X主动提出:"我再给你画一张图纸,原来那张有点乱,新的比较清楚。"X似乎觉得让"队友"明白自己的设计才能一起更好地搭建。

画完图纸,X安排Z:"你要锯一个长点的,跟我的这根一样长。"老师询问原因,X说:"我要先搭一个底座,要好几根管子才行。"但Z锯了好几次都失败了,不是切口不够平整插不进接口,就是管子的长度跟X想要的差很多。于是,老师介入其中,指导了Z用量一量、比一比、做记号的方法,锯出一样长的水管。活动快结束时,X和Z采用管子和三通接口搭出了底座,但离成品还差很远。

下一次混班自选时间是一周后,X和Z又相约来到了"拼拼乐"区角。这次X似乎觉得Z不是一个好"帮手",于是打算自己独自制作。而且为了避免作品太复杂一次活动完成不了,X这次打算做一个简单点的。X看到"拼拼乐"区角新增添了转弯的斜接口,所以他画了一柄斜的转弯左轮手枪。这次,Z没有请X帮忙画图,他照着X的样子,也画了手枪。X画完后就开始锯了,这时Z走来提醒X:"你没穿工作服啊。"在Z的提醒下,X也去拿工作服穿了起来。

X想起上次老师跟他说,锯之前可以用水笔先做个记号,这样锯的时候就知道从哪里下手了。所以这次X在锯之前,先自己在水管上做了一个记号。旁边Z看到X这么做记号,也照着在自己的水管上画了一个记号再开始锯。X先锯了一个长的管子,再接上了斜的转弯头,然后锯了一根短一点的管子做枪柄。X拿着这把简易手枪假装"砰砰"地打了几下,觉得有些简单,就开始锯小的管子,以进一步丰富自己的作品。Z看到X装出了枪的雏形,但自己锯出来的2根管却一样长,而且装完后是一个直角,怎么也想不通,就一个劲地拉着X问:"我怎么装不出来啊,我应该怎么装啊?"X忙着低头锯短管子,根本没有空理Z。于是,老师引导Z:"你看看X装的是怎么样的?你拿自己装的跟他的比比呢?"参考了X的方法,Z也找到了斜的接口,把自己的枪装出来了。

这时,X已经用了好几个弯管接头,把自己的枪装出了好几个转弯的地方,玩了一下觉得像个发射器,但头部还可以更丰富。其间,Z好几次拉着X询问:"你的这个新的'枪'是怎么装起来的,告诉我啊。"X停下来告诉他:"我是一节长的、一节短的,然后再来一个转弯。这个转弯是我做的喷射器。"Z于是也开始照着这个样子改装自己的枪。

上次老师在活动后的集体讲评时指导过,如果自己要组装的东西比较大、配件比较多，每个都自己锯会来不及完成，可以从旁边的材料堆里找找其他人锯下来的里面会不会有合适的，直接装配会更快。这次在没有人提醒的情况下，X走到了材料区，开始用现成材料改装自己的枪。其间，某个现成的管子装上以后太长了，X又回到工具台拆开重新锯短。X不断调整自己的作品，将其一步步改装成带有发射装置的机关枪。X对自己的创意改装很满意，做完后忍不住把玩了一会儿。Z本来也想像X那样继续让自己的作品变得更复杂，但他的创意和拼装能力似乎不足以支持这样的制作。他看看X的改装，也简单地给自己的枪加了一个接口和几个短管，但装上后发现不像枪了，就没继续装，转而跟X一起开心地把弄X的作品。

这时，收归时间到了，X虽然乐于创作但一向厌烦收归，常常都是草草整理好自己的东西就离开了。这次Z提议："我们今天好好收归吧，把这个区角收拾得特别好，让老师表扬我们。"受到好朋友的影响，X和Z一起留下来仔仔细细地收归了所有的材料，连别的小朋友忘了放回的材料、忘了盖盖子的记号笔，两个小家伙都一起物归原处。一直忙碌到收归音乐停止两人才回位。负责指导的教师被整理得如此整齐的"拼拼乐"区角惊了一下，在点评环节大大表扬了他们。

在这次活动中，X为Z开展活动提供了许多支持，包括：提供制作创意（要做枪、复杂的枪）、分享制图经验、示范正确的方法（做记号、寻找现成的短管等）、解释制作步骤（先装什么再装什么），并跟好朋友一起分享了自己的成品。虽然Z能力较弱，但他也给了X另外的支持，比如提醒穿衣服和收归等。可以想象，如果没有X的支持和影响，Z可能无法独立完成自己的作品，哪怕是非常简单的作品，甚至Z根本就不会选择来这个区域活动，而X用语言和示范为Z学习新经验提供了支持。

3. 负面的个体特征也会对共同活动产生负面影响

幼儿用以影响同伴的个性特征并不都是积极正面的，例如，作为经验和能力的个人资源就可能是负面的。一些来自家庭的负面经验会对幼儿的共同活动产生负面影响，如家庭中成人经常发生争吵、在孩子面前大吼大叫，将导致幼儿在跟朋友共同活动时，也用威胁、吼叫来应对矛盾，从而使活动无法继续进行。

幼儿的破坏性特征倾向（如多动、暴力、冷漠等），不仅会破坏幼儿自身的活动，导致其参与活动的动力不足，也会对同伴间的共同活动产生干扰或破坏性影响。上文案例的Z在升入一年级之后被医院诊断为轻中度的多动症，在X与Z

的强弱搭配活动过程中，虽然 X 为 Z 开展活动提供了许多支持，但 Z 的求助多次打断了 X 的制作，而且因为彼此间的"实力差距"，比起强强联合的一些组合，X 得到的同伴支持明显是不够的。下面是两个"旗鼓相当"的男孩在"拼拼乐"区角的合作创作过程，我们可以将其作为对比案例进行分析。

对比案例："旗鼓相当"的男孩们

小奕和钦钦是另外一对好朋友，他们也是"拼拼乐"区角的"忠实粉丝"。第一次活动时，他们商量要做一辆坦克车。设计图上精细地画出了支架、主体、上盖和伸出去的大炮。活动结束时，小奕上前介绍了他们的设计图，钦钦则时不时补充两句。看得出，这是一个非常复杂的设计，不是一两次活动能完成的，但两个小伙伴都非常明白彼此的意图，且信心满满。第一次活动时，两个人都不太会使用台老虎钳和锯子。于是两人合作，小奕负责锯，钦钦负责帮他扶好。只简单拼了部分底座，时间就到了。第二次活动时，钦钦似乎忘了"拼拼乐"区角有个作品需要他完成，小奕独自进区完成他们的设计，用十字拼接的方式拼出一个底座支架，并用同样的十字方法拼出了上面一层。活动后的点评阶段，小奕介绍说第二层是坦克的"炮筒"。老师询问："为什么是十字形的炮？"小奕回答："这样上下左右都可以打炮弹。"坐在位子上的钦钦并没有认可他的想法，他自言自语："不是这样的，下回我来跟你一起弄。"第三次活动时，小奕和钦钦相约一起来到"拼拼乐"区角继续制作。小奕说："我要锯个瞭望口，装在前端。"但是，钦钦的管子在前部接的口子装上以后却开口向上，小奕找来了一个弯管又接上来一段向前的小短管，接上后更像一个潜望镜了。然后，两个人一起商量再做前面一部分，变成一个伸出来的大炮。很快，前端有支撑的炮管做出来了。但是他们又发现潜望镜那部分一直转动，不牢固，而且下垂着，小奕只能一直用手扶着。这时，老师提醒："你有什么办法支撑住它，让它不动吗？"钦钦发现潜望镜下端有一个接口处，于是就立刻找来一段管子，想插在下面撑住整个潜望镜，但找来的管子太长。这时，小奕告诉钦钦："你比着这里，量好了再去锯。"果然，钦钦锯好后正合适。

和前一对伙伴相比，这一对合作者不仅彼此明白对方的意图，而且会交流彼此的想法、分工拼装、合作解决问题。凝聚了两人智慧的作品明显比 X 的单人作品更为复杂，小奕和钦钦也在"智慧的碰撞"中，从彼此身上获得了更多的动力支持。

在当前的师生比之下，具有较为严重的发展破坏性特征（如多动、攻击性、明显的发育滞后、自闭倾向等）的幼儿甚至会打乱正常的教育活动，牵扯教师大量的精力，进而导致其他幼儿无法获得应有的指导和支持。当幼儿间的共同活动因一方的发展破坏性特征或其他的负面作用而受到阻碍时，教师的作用在于及时介入，进而控制、化解这部分对同伴的负面驱力。有时，教师为了让活动顺利进行，保障大多数幼儿的利益，或为了让这些幼儿得到更多的帮助，会有目的地采用"强弱搭配"的方式干预幼儿间的共同活动，并给"能干"的孩子赋予"小老师"的角色和任务。也许从完成任务来看"强弱搭配"是有利的，但从能量流动的视角出发则并非如此。"小老师"不仅失去了根据自身需要选择同伴共同游戏的机会，而且往往对较弱的同伴更多采取的是支配或代替其活动的方式。这样的强弱搭配下，能力较强的一方的幼儿会缺乏同伴或教师的支持，而不得不低水平的重复；而能力较弱的幼儿处于被支配的地位或呈现游离的活动状态，其主动性也无法得到充分调动。不仅幼儿之间没有能量流动，各自也难以得到外界的动力支持，获得发展机会。

（三）幼儿通过影响家长改变活动过程

儿童对于父母行动的影响力，并不少于父母对儿童的影响。幼儿的愿望和行动会影响教师，也必然会影响家长，让家长更多地参与到活动中，为活动的开展提供各种动力支持。幼儿对家长的主动作用既可以是直接作用，也可以是先影响教师进而影响家长。在上文的"好玩的大纸箱"活动中，由于孩子们的积极推动，家长不仅参与了图片资料、制作材料和工具的收集，在教师的组织和邀请下，有工程技术背景的家长志愿者更是来园担任"爸爸老师"全程参与活动。事实上，家长作为志愿者参与班级活动不仅是在响应园部号召，还是教师和幼儿共同发动的结果。家长的参与有助于推动活动深入、丰富地展开，这一点在对家长这一因子的讨论中会详细进行说明。

幼儿是主导自身发展的主角，瑞吉欧等世界知名的课程模式都将幼儿视为有能力的学习者，具有主动成长的力量。虞永平教授认为："在生态视野中，幼儿园课程的主体是作为学习者的幼儿，他们的现实生活和可能生活是课程的依据，而他们本身又能动地参与到课程的设计与实施之中。幼儿通过探索、游戏、体验、交往、思考和创造的方式与教师、课程内容、学习环境发生作用，进行学习。"① 当教师（家长）意识到幼儿是主动学习的主体，进而有意识地"倾听"幼儿的活动需求愿望、愿意与孩子分享控制权时，幼儿对他人的动力作用会表现得更为明显。

第二节 教师为幼儿提供多种动力支持

人类发展生态学认为微观系统由情境中的角色、活动、互动所组成。因此，在班级层面对教师这一动力因子的分析从角色、活动、人际关系三个方面来进行，这三个要素相互关联并统一于具体的活动情境中。活动中的师幼互动、同伴互动必须在一个语境中进行，也就是说在同一个情境定义下展开。所有参与者包含着同样的角色定义时，才能真正地对话互动。教师作为班级微观环境中重要的动力源，通过创设活动情境和物质环境、设计和组织活动、设计并引导幼儿扮演角色、影响师幼（同伴）互动等方式，为幼儿主动活动提供持续的动力支持。

一、教师通过创设活动情境为幼儿参与活动提供动力支持

勒温认为与个体间的差异相比，情境对个体行为的影响作用更大。国外基于生态心理学的最新研究也指出："教师创设的课堂情境，会动态赋予学生参与学习的意图，进而改变学生的参与行为。"② 实践中，教师也会有意识地创设和利用情境来推动幼儿参与活动。教师的情境创生包括三种情况：预设情境并准备物质环境，吸引幼儿主动活动；与幼儿不断共同定义情境，推动活动展开；重塑与预设不一致的情境，保障活动顺利进行。

（一）教师通过"预设"活动情境吸引幼儿参与活动

在活动设计之初，教师就会围绕活动目标，创设活动展开的情境，并准备与

---

① 张斌，虞永平. 守正与创新：指向中国式学前教育现代化的幼儿园课程改革［J］.学前教育研究，2023（06）：11–19.
② GRESALFI M S, BARNES J, CROSS D. When does an Opportunity become an Opportunity? Unpacking Classroom Practice through the Lens of Ecological Psychology［J］. Educational Studies in Mathematics. 2012，80（1-2）：249–267.

之匹配的物质材料，目的在于吸引幼儿主动参与活动。例如，在展开某个主题活动时，教师会考虑是从真实的生活情境导入还是借助绘本故事情境导入。在开展某个游戏或设计某份操作材料时，老师会考虑选择哪个游戏情境来设计材料更合乎逻辑，更容易吸引孩子们参与，如果班里孩子大多为"巧虎迷"，那么老师就会将巧虎形象设计进游戏中。

不同主题活动或区域活动中情境的来源不同，有些主题如"集体生日""值日生"等以真实的幼儿园生活情境为基础，而"庆国庆""闹元宵""毕业季"则借助社会习俗中的节庆情境，一些表演类的主题还会借助绘本故事情境导入，等等。不同的活动情境也包含着教师对活动目标定位或侧重点的不同解读。如，"大树日记"主题中：教师按季节预设多次户外写生，并依据情境创设相应的空间和提供材料，包括：集体讨论（集体活动区排坐）——写生记录（户外分组围坐在三棵大树旁，提供写生纸笔、画板）——交流我的写生（班级集体活动区小组围坐）——制作"我的大树日记"（美工区提供装饰和装订材料，幼儿轮流开展）——展示日记（主题墙）。预设情境影响着幼儿的写生行为、过程中的各种互动以及写生任务的完成度。

教师所提供的物质材料或游戏情境并不必然会遵循预设推动幼儿开展该情境下的活动，这时可以认为教师的动力作用就没有得到充分实现。例如，教师提供了带有几何积木和底板的数学游戏材料，来引导幼儿在操作中积累关于多种几何形状的经验，但幼儿却脱离底板随意摆弄几何积木，玩起了"垒高"游戏。教师询问时幼儿回答："我在搭积木呢！"出现此类情境的原因有很多，也许是幼儿能力不足，也有可能是材料过难，但无疑教师预设的活动目标和期待幼儿完成的学习任务没有完成。

（二）教师通过与幼儿共同定义情境推动活动展开

教师通过与幼儿共同定义情境推动活动展开。一旦幼儿进入有利于活动目标达成的活动情境，教师的活动引导就能"事半功倍"。但教师预设的活动情境并不必然地成为幼儿的真实活动情境，教师会通过介绍或讨论的方式，引导幼儿开展"情境的社会定义"，并在此过程中帮助幼儿感知活动的目的和意义。通过让全班或小组幼儿达成某个默认的游戏情境共识，促使幼儿更好地进入情境开展活动，诱发相应情境下的学习行为，最终使得幼儿获得该活动情境中包含的经验。

例如，在主题活动"集体生日"开始之初，大 X 班的孩子们受自我中心思维的影响，将集体生日的情境理解为："商议选择一些大家都喜欢的内容，大家一起准备，一起开心地度过半天。"于是教师进一步引导："什么叫过生日？""你的爸爸妈妈给你过生日的时候，吃的、玩的、买的礼物都是谁喜欢的呢？"通过讨论，孩子们理解的集体生日的活动情境为："是为本季度过生日的小朋友准备生日会。"基于新定义的情境，孩子们会接受老师的提议："庆祝内容时要多听听组里小寿星的意见。"在为好朋友制作生日礼物时，会主动询问好朋友的喜好，而不是听凭自己的喜好。生日会那天，孩子们会主动提议："让寿星多玩一次。""让寿星多吃一块蛋糕。"等等。

又如，"毕业季"主题中，教师预设了"爱与成长"的主旋律，但初步交流后发现幼儿不太明白什么是毕业，甚至有幼儿觉得毕业典礼是不是就跟婚礼一样庆祝一下吃顿大餐。于是教师先请幼儿围绕"什么是毕业？为什么要庆祝毕业？毕业典礼是什么？"进行调查讨论。基于对毕业的理解，在后续的集体内容策划时，有幼儿提出："毕业就是长大了，我们要变成哥哥姐姐了，要给弟弟妹妹做点什么。"进而商量提议举办旧书捐赠活动。有的提出："毕业就是要离开幼儿园了，要跟好朋友分别了，我舍不得。"于是一起策划了拍照留念活动，幼儿自选好友、自选场地（班级、操场、种植园）、自己设计造型动作。还有幼儿提出："我看到有的毕业典礼里要唱歌的，我们就一起唱园歌吧，毕业分开了就不能再一起唱了。"

（三）教师重塑与预设目标不一致的活动情境

勒温指出："影响他人的主要方法之一，就是改变一个情境的相对的重要，并也常用以达到教育的目的。"① 因此，当幼儿所定义的活动情境不利于教师活动目标的达成时，教师会通过突出某些情境或削弱某些情境来控制活动的走向，或将所希望出现的教育情境叠加到幼儿原本所处的情境中以影响幼儿的行为，以此来保障活动目标的顺利达成。例如，在教师组织的建构活动中，几个女孩用积木当"菜"、用装积木的箩筐当"锅"玩娃娃家，一连好几次活动都是如此。显然，这与老师预设的"培养空间建构能力"的活动目标不符。这时老师也许会直接打

---

① 库尔特·勒温.拓扑心理学原理[M].高觉敷，译.北京：商务印书馆，2014：142-144.

断这一情境("建构区不玩娃娃家的");也可能会顺应并利用幼儿创设的游戏情境来达成自己的教育目标("娃娃家怎么能只有厨房呢,其他房间和家具也要有哦");还可以呼应孩子们对于情境的需求,投放合比例的小汽车、树木等辅材,以及建筑师的头盔等角色扮演物品,让幼儿自然地进入与建构相关的情境中,开展与目标相一致的活动。

高明的教师懂得用情境来提供诱发力,进而影响幼儿的行为。虽然与心理学对情境的研究有所不同,但教育学或者说课程论中对情境的关注和研究也并不少见。有研究者认为"课程乃是诸情境中的经验"。与课程有关的情境具有目标指向性和历史性,每个活动情境都是由先前的活动情境生发出来的。① 可以说,活动的实施过程,是师幼共同创设个体感受到的活动情境的过程。

(四)师幼共同创设情境的过程与意义建构有关

上文的分析可见,充满诱发力的、能推动活动展开的情境不是教师单方面努力的结果,而是师幼在活动中共同作用而"产生"的。也就是说,活动展开的过程是师幼共同定义情境的过程,也是师幼共同创设个体感受到的真实环境的过程。这一过程伴随着"情境的社会定义",定义着活动的意义。

教育学中许多理论也支持通过师幼共同创设活动情境,通过建构意义强化活动目的,用意图来推动幼儿学习。如,情境化教学法认为,教学和学习是受到情境所驱动的②。当教师面临学生关于"我们为什么要学习这些东西?"或者"我们为什么要这么做?"甚至"这节课对我有什么好处?"的问题时,可以通过情境使学习内容与学习者之间建立关联,让所学内容具有意义并且有用,进而依托情境使经验能够被人理解并促进知识的建构。③

有时,真实的情境比假想的情境更能让幼儿感受到意义,进而更好地推动幼儿参与活动。如幼儿园常常开展的"值日生""种植劳动"等活动就是如此。"值

---

① F.迈克尔·康纳利,D.琼·克兰迪宁.教师成为课程研究者——经验叙事[M].刘良华,邝红军,等译.杭州:浙江教育出版社,2004:6-7.
② CHIARELOTT L.情境中的课程——课程与教学设计[M].杨明全,译.北京:中国轻工业出版社,2007:4.
③ CHIARELOTT L.情境中的课程——课程与教学设计[M].杨明全,译.北京:中国轻工业出版社,2007:5.

日生"活动中教师的预设目标在于培养幼儿的任务意识、萌发关爱集体的情感、感受服务他人的自豪。但开展过程中却发现幼儿热衷于"管人"而不是"服务",一些默默服务的岗位需要老师不断提醒才去做,而"管人"岗位都抢着当。于是教师重塑情境并澄清角色行为,与幼儿讨论:"值日生是'管人'的还是为大家服务的?××小朋友这样做值日生对吗?"通过再次与幼儿定义情境,明确值日生要为大家服务,所以大家一致认为值日生完成任务时"要坚持、要认真""选了哪个就要一直坚持,不能干一下就不干了""不能凶小朋友、只能提醒"。教师进一步将这些作为评选"最佳值日生"的标准,引导幼儿按约定当好值日生。有时候真实的情境并不那么容易获得,或者并不可控,教师就可以创设拟真情境。通过模拟真实情境激发幼儿主动开展自然的综合性学习,让幼儿在贴近生活的情境中自然代入各种角色,主动完成各种任务。例如大班幼儿参观小学后在班级里开展的"课间十分钟""任务本""整理小书包"等活动就是如此。总之,教师可以从真实情境入手,依托日常生活场景,利用真实的生活事件,让幼儿在探索真实世界、解决真实问题的过程中主动展开多元、开放的学习,获得多样化的真实经历。

二、教师通过创设丰富的物质环境来提供支持

教师创设各类活动情境的过程往往与一定的物质环境(材料)的创设相呼应。物质环境的创设是教师动力作用的内容之一。

(一)班级当下的空间设置是教师动力作用的结果

正如海德格尔所说:"空间从来就不是空洞的;它往往内涵着某种意义。"[1] 对于幼儿园而言,幼儿的活动空间既是幼儿教育发生的场所,也是教育者教育理念和教育价值观的体现。不仅幼儿园公共环境是如此,班级物理环境也不是客观或天然存在的,而是教师这一动力因子在班级活动中的动力作用结果。

海德格尔将空间上位置的靠近称之为"切近性"。人们在与用具物品打交道的过程中,会依据不同的切近性、重要性给予物品适当的空间,经常使用的物品

---

[1] LEFEBVRE H. The Production of Space [M]. Wiley-Blackwell, 1991: 85.

总是比很少需要的物品来得更切近，这些根据"切近性"分布的物品最终构成"一个相互关联的整体性空间"①。这样，空间就不再是各处均匀同质的了，不同的空间位置具有不同的重要性，因而具有不同的优先地位，物品和位置也有了差别等级。在班级里，物品空间位置上的"切近性"与教师的教育理念、教育意图密切相关，是班级活动现状的真实反映。

"我们把最好的位置让给了谁（哪类活动或哪个区角）？"在一个教室空间中，每个区域的位置、大小、布局等体现着教师这个空间创设者的教育观和各类活动在班级课程中所占的比例。我们会发现，如果整个班级课程中集体教学活动比例最高，那么往往整个教室中采光最好、最宽敞的区域，是留给集体活动区的。其他活动区角则常常被安置在教室靠墙的周边或某个角落。某些"小学化"的幼儿园，班级内外的环境与小学没有区别，甚至没有游戏材料和游戏区域。相反，如果区域活动在整个班级所占比重较高，幼儿的集体活动的时间不会特别长，那么整个集体活动区域就并不一定需要设置在整个教室的中央，教室中较为宽敞的区域会留给各个活动区角，区角里材料丰富，方便孩子们取用和放回，幼儿有充足的空间在区角中操作活动。

事实上，对某一类活动比较关注的教师，在创设本班活动区角的时候，总会下意识地扩大相应领域的区域空间。比如，有美术特长的教师在创设本班活动区时，常常会将美术区创设得较其他区更大，材料更丰富，空间更宽敞，以吸纳更多的孩子参与。相反，如果教师在潜意识里觉得科学区并不重要，或者自己并不擅长指导，那么就会无意识地压缩这个区域的空间大小，或者将其安置在一个并不显眼的位置。此外，关注生成课程的园所和班级，空间设置、环境布置不仅更为弹性，甚至会适度留白，从而让课程能更为灵活地追随孩子的兴趣和课程生长的需要。而鼓励班级个性化活动的幼儿园，班级间的空间设置、区角材料、墙面布置会因为班级的个性化活动而产生巨大差异。

班级物理空间的创设体现着教师的动力作用，影响着空间中每个个体的行为和活动，但随着各类活动的展开，幼儿必然或多或少地参与着空间的创设和使用，班级空间也会留下家长作用的痕迹，这使得最终形成的活动空间是师幼共同作用的产物。

---

① 童强. 空间哲学 [M]. 北京：北京大学出版社，2011：69.

（二）教师通过预设空间影响活动的展开

社会空间理论认为，空间是人类社会生产实践的结果，同时又进一步影响人的世界。可以说，人创造了空间，空间却塑造了人的行为。物质或物理环境既是幼儿、教师之间共同动力作用的结果，同时不可避免地影响着空间中发生的教育活动。幼儿活动的空间和幼儿活动的内容及方式有着直接的关联，因此活动空间一旦被教育者选定，其实就在很大程度上决定了幼儿在其中的活动。例如，"我爱刷牙"活动，如果在盥洗区开展就是实践活动，教师会引导幼儿通过亲身体验、共同讨论等多种方式进行学习，而在教室里以"端坐静听"的方式开展的关于"刷牙"的教育活动往往就是偏向说教的活动，师幼之间的互动更多指向教师想要传递的"正确答案"。教师在设计活动时对活动空间要素的考虑和规划，很大一部分决定着该空间中教师的活动展开方式和幼儿的参与方式。

借鉴空间理论，我们是否可以这样思考：当教师选择某个活动空间时，是否就带有了某种教育的目的和假设？某一活动空间的设计和构造，是否就直接体现着教师对某类（个）活动的价值判断？而随着活动的推进，师生是否又在进一步重构当时的场域空间？不同的活动开展路径，是不是往往就决定了会最终把活动空间建构成什么样？教师为开展活动所营造的空间环境既能促进人与人、人与物之间的互动，也能制约空间中的人际关系和互动行为，最终从根本上影响着教育活动的展开过程和活动的质量。

（三）教师通过"空间控制"等方式影响幼儿的行为

社会空间理论认为："社会空间允许某些行为发生，暗示另一些行为，同时禁止其他一些行为。"因此，空间中的主体将自身的意志通过空间定义、强制、引导等方式影响整个空间领域的过程就表现为权力。[①] 教育空间也如是。一些活动中，我们可以看到教师通过"空间控制"来管理、影响幼儿的行为，或限制幼儿交往的对象和频率。比如：通过安排座椅的方式限制某个区域的参与人数；通过调整座位来影响同伴关系，让"××和××不要总在一起"；通过将座位设置成分组围坐，方便幼儿开展小组活动并与组内成员发生更多互动；为了避免幼儿

---

① 童强. 空间哲学 [M]. 北京：北京大学出版社，2011: 247-248.

在区域活动中的碰撞，教师以设置"单行线"的方式来规划人流……而幼儿则会从教师的空间安排上隐性地学习很多东西，感受到人际间的权力关系在空间上的表达。

很多时候，教师的"空间控制"并不总是从儿童的视角和儿童的需要出发的，有时是为了达到某个教育结果，有时则只是为了方便管理，而更多时候是在大班额现实下面对"空间危机"的妥协。为了方便管理而进行的空间控制是教师负面动力作用的体现。教师应该减少不必要的"空间控制"，让空间更多地满足幼儿的学习需求、个性需求。而当教师以儿童本位的视角来评判活动空间创设的好坏，并与幼儿分享创设空间的权力时，其实就是一种民主的教育。

（四）教师根据活动需要调整物质材料

除了空间规划和布置，教师还会通过投放新材料和工具、展示阶段作品、提供操作步骤图、制作主题网络图（主题墙）等，使得即便没有他人在场的情况下，物质材料和符号也能与幼儿发生有益的互动，引发幼儿"对物"的主动操作行为。过程中，幼儿会个性化地使用空间和材料，教师则需要追随幼儿的兴趣需要，与幼儿共创适宜的活动空间。常见方式主要有四种：（1）提供适宜的操作材料并及时更新。如，"集体生日"主题活动中，教师创设了"（寿星）制作生日帽"和"给好朋友制作生日贺卡"这两个美工区活动，提供了所需的卡纸、多种装饰材料、蜡笔水彩笔，以及剪刀、胶棒、双面胶等。丰富的材料、有趣的内容吸引着幼儿开展美工制作。（2）提供操作指示、步骤图等。教师在区域中展示了"生日帽""贺卡"的分解步骤图，引导幼儿自主创作。同时还约定了"小小声、轻轻放""用多少取多少""用完送回""垃圾入筐"等美工区活动常规，老师将这些规定用图文并茂的方式布置在区域中提醒幼儿，引导幼儿遵守规则，按照步骤图自主开展这两个美工区活动。（3）展示教师和同伴作品，引发兴趣、分享经验。如，教师将制作完的生日帽、贺卡展示在区域中或作品架上，幼儿被吸引从而进区尝试制作。（4）与幼儿"共创"适宜的活动空间。如，"好玩的大纸箱"主题活动中，老师预设在美工区开展小型制作活动，但孩子们一致提出："我们要做大的，可以钻进去玩。"于是老师将班级门口的大厅设为主题活动区，将美工区的各类工具也移入其中。随着孩子收集来的废旧材料越来越多，老师又开辟了与大厅相连的走廊作为材料存放区。在足够的空间、材料支持下，每组幼儿都完成了自己的大型作品。

三、教师通过角色设计和角色扮演提供动力

（一）教师为幼儿设计角色并引导幼儿扮演

1. 教师设计并引导幼儿扮演角色

创造和分派角色是一个能极大影响人类发展历程的策略。因为，一个人承担某种角色，就会诱发与相关角色期待相一致的感觉、活动和人际关系模式。[①] 实践中，教师会将角色设计作为活动设计的一部分，通过引导幼儿扮演各种角色来推动幼儿参与活动，引导幼儿在扮演、体验的过程中获得相关经验，进而获得发展。

如在"值日生""庆国庆""幼小衔接"等主题活动中，教师就会预设相应角色，并在启动阶段就鼓励幼儿"做值日生""争当升旗手""看看谁最像小学生"等。在一些小组讨论环节或合作活动中，老师会根据活动目标，预设"组长""记录员""汇报员"等角色，并安排组长负责组织或最终汇报，记录员负责填写表格。幼儿通过自主报名、竞选、轮流等方式来担任不同角色，完成相应任务。在自主游戏中，老师还会根据孩子们的特长或兴趣，鼓励孩子们在美工区轮流当"黏土小老师""折纸小老师"、在阅读区当"故事小老师"等。

2. 教师通过不断澄清角色和角色行为推动活动

活动过程中，幼儿所扮演的角色并不都完全遵照教师的预设，而是教师预设、同伴影响和幼儿自主选择的结果。当师幼间角色认定出现误差时，教师的引导就提供了动力。在和幼儿一起反复澄清角色并帮助幼儿扮演的过程中，教师把控着活动的走向，让活动目标得以实现。如下文是"班级小主人"主题的第一次活动案例，活动中教师反复向幼儿澄清角色和角色行为。

案例：关于"小主人"的第一次谈话活动

升入大班，幼儿会主动帮助老师或同伴完成一些力所能及的事情，并引以为豪。于是园部设计了"班级小主人"主题活动，这是对中班值日生角色的拓展与

---

① BRONFENBRENNER U. The Ecology of Human Development [M]. Cambridge: Harvard University Press, 1979: 92.

延伸。老师会根据师幼共同协商出的班级服务内容,和孩子们一起为各个服务岗位命名(如领操员、餐点服务员、负责关灯关空调的节能小天使等),进而明确每项工作内容。在自主选择、主动扮演不同岗位"小主人"角色的过程中,幼儿的自主性更强、为他人服务的范围更广,也需要更强的责任心和任务意识,幼儿要主动坚持才能完成任务,包括:为了早上来园管理自然角,需要改掉睡懒觉的习惯等。引导幼儿扮演这样的角色无疑会给幼儿带来发展的机会,但在主题启动之初,孩子们对"小主人"这个角色的理解并不清晰,也不了解相应的角色行为。

1. 导入环节:什么是主人?

教师:你们知道什么叫"主人"吗?"主人"平时要干些什么?

幼儿:"主人"就是——我是玩具汽车的主人,我要管好它。

幼儿:"主人"就是——我是我的手机的主人,我可以用它。

教师:那么你们家里,谁是主人呢?他们是怎么做主人的呢?

幼儿:爸爸、妈妈、奶奶……

幼儿:奶奶每天烧饭,爸爸打扫卫生,妈妈陪我玩。

幼儿:小哥哥不是我们家的主人,他什么都不用干,他不住在我家。

教师:(小结)是的,主人是每天都住在家里的人,他跟客人不一样,他每天都要做事情,让这个家变得更美好。那你是你家里的小主人吗?你会为家里做什么呢?

幼儿:我是小主人,我会扔垃圾。

幼儿:我会帮奶奶擦桌子。

【角色澄清】 在活动前教师的集体审议中,年级组的老师们将"班级小主人"系列活动定位为:"让幼儿自主选择适合自己的服务内容,培养幼儿乐意为集体及他人服务,有一定的责任心。"也就是说,小主人的角色在于"服务"并在服务的过程中培养责任心,感受为他人服务的快乐。因此,当导入环节中孩子们将"主人"理解为"占有、拥有"时,教师调动幼儿原有的生活经验,回忆作为"主人"可以做哪些事,随后帮助幼儿初步理解"主人"这一角色的意思,以进一步明确与"主人"角色相对应的角色行为。

2. **讨论环节**:什么是班级里的主人?

教师:咱们班级有几个主人?对,老师、阿姨和34位小朋友。老师、阿姨平时是怎么做咱们班的主人的呢?

幼儿：就是管我们。

幼儿：就是如果有小朋友不好就去提醒他。

教师：老师、阿姨除了教育小朋友、带小朋友玩外，还会为这个班级做什么呢？

幼儿：（沉默）……

教师：其实老师跟你们的爸爸妈妈一样，为了让班级变得更美好，要布置环境、做玩具，阿姨要负责打扫卫生，你们想想看还有哪些为大家做的事呢？

【角色澄清】教师试图调动幼儿的在园经验，帮助幼儿建构对"班级主人"这一角色的认知，进而了解相应的角色行为。但从幼儿的回答来看，在幼儿的经验中，幼儿主要意识到的是教师承担的管理者、教育者的角色及角色行为。对教师、阿姨所做的服务类行为，幼儿关注得较少，因为此类服务行为往往都是幼儿不在场的时候完成的，与幼儿没有直接关联，所以幼儿缺乏经验。

3. **讨论环节：小主人可以做什么？**

教师：小朋友也是咱们的小主人，想想可以为我们班做哪些事，让我们班变得更美好？我们可以从早晨入园的时候开始想起……

幼儿：小朋友不遵守规则的时候提醒小朋友……

幼儿：管小朋友……

【角色澄清】教师的教育计划中原定的角色期望是"服务性角色"。然而，幼儿对"班级小主人"的角色定义和行为受讨论环节2的影响，局限在管理者的角色上。

4. **讨论环节：什么是"服务"？**

教师：能为大家做的只有"管别人"吗？我们来看看上一届大班的哥哥姐姐们是怎么做"班级小主人"为班级服务的吧。（用电脑显示屏播放照片、任务卡等）谁来说说，哥哥姐姐们都在干吗？

幼儿：在开关电灯、领操。

幼儿：整理班级图书、修补图书……

教师：对的。班级小主人就是为集体服务的，他每天都有固定的任务要完成。

【角色澄清】在年级组的活动审议过程中，其他班级的教师提供了上一届大班幼儿的照片和任务卡，觉得如果孩子们想不到服务内容时可以借此拓展思路。当教师引入当下时空之外的人和事之后，唤起了幼儿的相关经验。由于都是幼儿日常生活中的场景，所以幼儿都能理解教师要表达的"服务"的意义。这样，教师通过引导，帮助幼儿重新定义了对"小主人"角色和行为的认识。

5. 讨论环节：

教师：看了哥哥姐姐们的工作，你也想来当班级里的小主人吗？

幼儿：（齐声）想。

教师：那你想做的事跟哥哥姐姐们做的都一样吗？有没有不一样的地方？你们说，老师在黑板上记下来。

幼儿：擦黑板。我看到你刚才写黑板了，就想到的。

教师：对哦，进入大班以后老师布置的回家任务什么的都会画在黑板上，这样就需要放学前擦掉。

幼儿：分点心。这样我们就不用等了。

教师：对哦，阿姨一个人给全班小朋友分蛋糕、饼干这样的干点心时，我们都要等。如果有小朋友戴上手套帮忙分，我们就不用等了。

教师：回家再想想，想到了我们在黑板上继续记录。下周老师把大家想到的任务画出来，我们就要来申领任务啦。

【角色澄清】 这时，教师跟幼儿对"班级小主人"角色的定位和角色行为的认知开始趋向一致了。但孩子们由于缺乏为集体服务的经验，能想到的角色行为还不多。于是教师鼓励幼儿平时多观察，发现可以为大家服务的地方再来补充。后续孩子们还陆续根据班级情况想出了放学前整理桌椅、帮阿姨倒垃圾、挂毛巾、帮老师取放体育器械等小任务。

在班级一日活动中，类似关于角色建构和角色澄清的谈话活动有很多，老师会这样引导幼儿：什么时候可以当小老师？当别的小朋友在单独完成操作单时，你把自己的答案给别人看就是当小老师吗？上前介绍的时候你是小主播，小主播应该是什么样？坐在下面听的"文明小观众"又应该怎样？外出春游时我们是"文明游客"，那又应该怎么做呢？等等。

（二）教师通过扮演各种角色发挥不同的动力作用

《幼儿园教育指导纲要（试行）》中明确提出："教师应成为幼儿学习活动的

支持者、合作者、引导者。"国内外许多经典幼儿园课程中，都着重阐述过对教师角色的理解及相应的角色行为。例如，蒙台梭利课程将教师角色定义为"辅导者、观察者和引导者"，尤为关注教师对幼儿的观察；在高瞻课程中，教师角色是协调者、辅导者、引导者、支持者和观察者。不同的教师角色定位，无形中包含着对教师的角色期待和行为规定。

教师所扮演的角色不同，设计组织活动的站位就不同，所产生的动力影响也会有巨大的差异。教师扮演观察者的角色时，会更多地去关注幼儿的表现，思考分析幼儿行为和语言背后的兴趣与需求，分析幼儿的最近发展区及可能需要教师提供的"支架"，而不是急着"指导"或"干扰"幼儿的活动；当教师在扮演幼儿的合作者时，教师就成为了"平等中的首席"，教师的意图和预设就不再是强加于幼儿活动的"唯一目标"，教师的"指导"变成了"建议"；当教师只是现有课程文本的"照搬者"或知识的传授者时，就很少会考虑课程文本与本班幼儿兴趣、能力、需求的匹配度，更不会根据班级现状和现有资源开发适宜的班本课程。

实际上，在以班级为本开展活动的过程中，教师的角色应根据活动展开的需要而不断切换。如，当幼儿在美工区制作棒冰杆小人，但制作模式固化、装饰不丰富时，教师会不声不响地变成"游戏者"，将自己的创意作品展示在区角中，很快幼儿就拓展了思路，做出了更多丰富的作品。又如，在大班春季主题"挖野菜"活动逐步推进的过程中，不会挖野菜的教师和幼儿一起学习认识各种野菜的名称、外形特征、是否能食用，一起向家长志愿者学习野菜的识别和烹制。当教师成为"共同学习者"之后，幼儿的学习兴趣得到了空前的激发，观察力远比教师想象中更细致，观察起来更认真，主动性也更强，都抢着当"小老师"，让老师和同伴当自己的听众。在后喻时代，获取知识的途径多种多样，网络、书籍、电脑软件都是信息的提供者。因此，不论是面对家长还是面对幼儿，教师都不再是绝对的"权威"。教师与幼儿、家长之间可以互为信息提供者。教师角色的拓展或不停转变，能够让幼儿的主动性得以进一步凸显，也让更多的教育力量（家长志愿者等）进入班级课程中，使得幼儿不仅可以"跟着老师学"，还可以"和老师一起学"。教师的"退位""让位"，反而是一种"助推"，让幼儿和家长更多地投入其中，获得不一样的体验和经历。适宜本班级的教育活动，需要教师根据活动需求灵活扮演、拓展不同的角色，从而为活动提供不同的动力支持。

四、教师通过设计与组织活动支持幼儿活动

布氏曾指出成人参与对幼儿活动的影响："直接环境中的某些参与者可以通过和发展中的个体共同参与活动，或吸引发展中个体的注意，而进入发展中个体的心理场。个体的发展受这些人在直接环境中所参与的整体活动的诸多种类和复杂结构的影响。"① 教师作为教育者，其动力作用很大一部分体现在设计和组织对幼儿发展至关重要的教育活动上。当教师能够根据有利于发展的整体活动特征，在幼儿的最近发展区中不断支持幼儿开展具有自身动量、日趋复杂、幼儿能积极投入参与的教育活动，且过程中力量平衡逐渐向幼儿转移时，教师对幼儿的发展的促进作用就越大。这包括以下两个方面：

（一）教师呼应幼儿个体特征设计组织活动

幼儿的个体特征会产生动力作用，推动幼儿投入活动。正如勒温所述："如果老师希望儿童参与的活动本身有足够的吸引力，奖惩就不必要。儿童在他自己需求的推动下沿着老师希望的方向前进。"② 如果活动本身能够激发需求、满足兴趣，就能为幼儿的主动活动提供足够的心理动量。因此，教师发现和呼应幼儿的兴趣意图对促进幼儿活动至关重要，这是保障幼儿活动自主权的前提和基础。③

教师应根据幼儿的兴趣、需要、已有经验等个体特征，班本化、创造性地实施园本课程，甚至自主研发班本活动。这样的活动由于有着足够的自身动量，过程中教师不仅不需要"催着孩子走"，甚至还会"被孩子们推着走"，幼儿会用高涨的热情和投入的学习状态支持教师的创生活动。如"STEM主题活动——好玩的大纸箱"中，正是由于教师让幼儿自定主题、自由结伴、自主设计和制作自己喜欢的内容，活动中幼儿才会有目的地根据自己所选主题与同伴互动，并不断自

---

① BRONFENBRENNER U. The Ecology of Human Development [M]. Cambridge: Harvard University Press, 1979: 55.
② 库尔特·卢因. 个性动力论 [M]. 何道宽, 译. 北京: 中国传媒大学出版社, 2016: 87.
③ FUMOTO H, ROBSON S. Early Childhood Professionals' Experience of Time to Facilitate Children's Thinking [J]. European Early Childhood Education Research Journal, 2006（Vol.14, No.2）: 97-110.

发收集材料，迭代更新作品。教师又及时将主题活动延长到了两个月，最终幼儿制作出了各种功能齐全的军车和结构复杂的城堡。

（二）教师通过增加活动复杂性，唤起、保持或重燃幼儿的热情

持续深入、不断提升复杂性的活动具有更高的发展价值。布氏认为，活动结构的复杂性包括时间结构、活动目标及步骤、同时参与的活动数量等方面。如果从活动中获得的经验越能够超越当前活动的边界延伸到过去或将来，那么活动的时间结构就越复杂。如果达到活动目标需要经过一系列预先计划的步骤或亚目标，则活动较为复杂。同时参与的活动数量越多，则活动结构越复杂，相应的活动中的人际互动也会变得复杂。教师可以通过这三个方面增加活动复杂性，以帮助幼儿保持或重燃热情。这包括：

1. 拓展时间视野，帮助幼儿唤起之前的经验来支持当下的活动

布氏强调活动经验的连续性，直接环境中的活动会自然地涉及发生在其他时间、其他地方的事件。这与勒温所阐述的个体（儿童）可以通过调动不在当下的人、事、物来构建当下的心理场的观点是一致的。因此，在时间结构上，教师需要根据活动需要，通过交谈、讲故事、幻想、绘画作品或其他媒介不断唤起幼儿的前经验，以帮助幼儿调动不在眼前的人、事、物来支持当下的活动。例如，在"集体生日"主题中，在策划生日会时，教师先请孩子们回忆："你们在家是怎样过生日的？""你去参加各种宴会、庆祝活动时，看到哪些特别有意思的庆祝方式？"在此基础上说说："你想怎么给好朋友过生日？"生日会当天送祝福时，引导幼儿想想："你生日时，爸爸妈妈会说哪些祝福的话？那你会跟今天的寿星们说什么呢？"在主题活动的展开阶段，尤其是需要幼儿个性化表征、自主收集材料、调查解决问题时，也会更加促进幼儿主动调动相关经验。教师通过帮助幼儿调动不在眼前的事物，帮助幼儿唤起之前的经验、调动兴趣和需求，从而增加后续活动的复杂性。

2. 拓展内容提供支架，鼓励幼儿挑战更为复杂的活动

在活动步骤上，教师会提供各种支架，将原来简单的活动拓展出更多更深入的步骤，鼓励幼儿挑战更为复杂的活动。这包括，从简单的口头介绍到个性化的多样表征，将原有独自完成小型作品变成分工合作完成大型作品，以及适时引入新玩法、增加新难度等。例如，春、夏、秋、冬四场集体生日会都有制作贺卡的

美工区活动，教师会通过更新美工材料、提供新技巧（单片贺卡→折叠贺卡→立体贺卡）等方式，吸引幼儿多次参与制作，不断获得新经验。

3. 通过任务叠加来增加生态场的复杂性

教师可以通过叠加新任务、创建新情境、提出新要求等方式，引导幼儿挑战同时完成多个任务。如，在春季集体活动"集体生日会"筹备活动中，教师给幼儿叠加了新任务：生日会不但要像秋季那样办得让大家都开心，还要让寿星们满意。随着经验的积累，幼儿在提议庆祝内容时会考虑得越来越详细合理，教师于是逐步"放手"将各项内容的筹备工作交由幼儿自主完成。到夏季生日会时，幼儿会在小舞台自主排练节目、在美工区或家里为好朋友做礼物，连生日会各环节的主持都由自主报名的小主持人回家和家长准备完成。在区域活动中，教师也会从增加复杂性的角度出发调整材料、丰富游戏内容、增加游戏步骤。例如将10以内的计算、20以内的估算与小超市游戏结合起来，并在春游前开展"超市购物"活动，引导幼儿设计购物单、自由结伴、自主购物记录，最终完成购物任务。虽然同时进行多种任务能增加活动的复杂性，但幼儿园中的幼儿一般最多能同时参与两个互不相关的活动，幼儿仍然需要花大量的时间与成人或同伴进行共同活动。

五、教师通过影响人际互动为幼儿参与活动提供动力

双人关系的三个功能参数——互动、力量平衡和情感关系都与动力相关。发展性双人关系应具备情感关系的建立、相互反馈的深入互动、动力平衡向发展中的个体转移等特征。理想的师幼关系应该符合发展性双人关系的特征，教师应努力让师幼之间建立双人关系，且不断推动双人关系向有助于发展的后两类双人关系（即共同活动双人关系和主要双人关系）转变。虽然布氏讨论的是双人关系，但他认为以双人关系为基础的"N＋2"的三人关系、多人互动关系也适用于这一规则。也就是说，1对1的师幼互动和小组活动、集体活动中的师幼关系都是如此。

活动中，教师对人际关系的动力影响可以分为直接和间接两种。前者是通过师幼互动直接发挥教师的动力作用。后者是教师通过影响幼儿之间的同伴互动和同伴关系间接发挥动力作用，也就是说引导幼儿之间形成双人关系。

（一）师幼间建立发展性双人关系

依据发展性双人关系的三个特征，可以将积极情感、双人关系的类型以及力量平衡是否向个体转移作为评估发展价值的指标，来分析班级活动中的师幼互动。

1. 建立情感关系，奠定积极的情感底色

如果教师能够通过与幼儿的共同生活，与幼儿建立起稳定、和谐的师幼互动关系，那么这份相亲相爱的师幼关系就将成为班级所有互动关系（师幼间、同伴间、家园间）的底色，进而产生广泛而持久的影响。例如，有教师在访谈中提到："我对孩子是主张多鼓励的，我不轻易否定孩子们的任何一个想法，我鼓励孩子们多表达自己。""孩子还是要正面引导的，多夸夸好的方面，小的进步也要表扬，批评的时候也不要太过了，毕竟都是孩子嘛！"在教师的示范下，在"强调关爱"的班级氛围下，师幼之间就会逐渐建立起互相信任、互相关爱的情感。积极、肯定的情感关系一旦建立起来，就会对班级里各类教育活动的顺利展开产生巨大的促进作用。教师的活动要求、指令和指导建议会被幼儿主动吸纳，在小组合作、区域游戏中即便教师不在场，幼儿也会在活动中表现出教师潜移默化的"印记"，互相商量、友好合作。

2. 通过相互反馈的深入互动，强化动力作用

教师会有意识地通过相互反馈的深入互动来为幼儿的活动提供动力，这包括高效的个别、小组和集体对话。下文案例中教师通过互动对话，与幼儿一起厘清想法创意、思考解决困难、梳理提升经验，推动活动的深入展开。

案例："STEM 主题活动——好玩的大纸箱"之互动反馈

孩子们对纸箱小屋的制作一直有着高涨的热情，男孩组开展了一段时间后，女孩组也加入其中。本周 Z 老师主班，Y 老师配班，两位老师共同指导班级活动。Z 老师组织了活动之前和之后的讨论，目的在于活动前让孩子充分交流，帮他们梳理想法、发现问题、分享好的创意。

本周活动前的计划讨论

活动前 Z 老师抛出问题："本周你们小组打算怎么继续制作你们的小屋？请每组代表来说说看，你们打算做什么，需要请老师和你们一起准备哪些材料。"

女孩组的意见相对集中。

蛋糕组：女孩们表示要刷颜料。Z老师记录：准备颜料和笔刷。

马车组：女孩们本周计划要把马车连在一起。Z老师记录：提供热溶胶枪和手套。

城堡组：遇到了"两个箱子叠起来后，上面的箱子一直倒塌"的问题。Z老师追问："两个箱子叠起来站不住，怎么办？"有孩子提议："把箱子放倒了粘，多贴几层试试看。"老师于是鼓励孩子们先去尝试一下。

男孩组里意见比较不统一，有想继续制作部件的，有想整体修整和装饰的。

坦克组：

康康想做一个传声筒，跟女生组的蛋糕房连起来，而且已经提前商量好了，蛋糕组的女生是同意的。

Z老师提示："怎么做传声筒？用什么材料？"康康表示根据之前在科学区中做过传声筒的经验，提出要用杯子、剪刀和绳子来做。另外有两位组员也立刻表示要跟康康一起做传声筒。

小亦受到了女生组的影响，提出坦克也要刷颜色。

Z老师提出："女生要做的是蛋糕房，所以问老师要了五彩的颜色，刷成彩虹一样一条条的。你们的坦克要刷成什么颜色，怎么刷？请你跟组员商量好后来找老师要笔和颜料。"

小结时，Z老师根据自己观察到的坦克组作品的牢固问题，提出了自己的建议：先把坦克之前玩坏的地方修一修，再刷颜色。

军车组：

潼潼表示，他跟好朋友商量好了，继续做上次跟Z老师一起做的弹射炮弹。

小文表示跟××商量好了，要做一个方向盘，坦克组有的。

小S表示他的军车也要做一个通信设备（很明显，他的想法受康康的影响，当老师问这个通信设备是否为传声筒，小S坚定地说不是，但做什么还没想好）。

活动前围绕规划设计开展的讨论，不仅让幼儿的制作更有目的性，而且让幼儿在设计阶段就能和同伴分享自己的创意和点子。比如：增加传声筒、刷颜色、加固等。

活动中两位老师的指导

提供工具和技术指导。制作过程中需要切割较厚的纸板，孩子们的手工小剪刀肯定不行。于是Y老师借来台老虎钳、小锯子、手套、眼镜，安装在教室里供大家使用。城堡的屋顶一直往下塌陷。Z老师引导孩子们观察幼儿园的大厅,大厅的屋顶是悬空的吗?孩子们很快发现,大厅中央有一根大柱子作为支撑,很快孩子们就找来了奶粉罐,三个垒高后用透明胶绑在一起,安装后正好支撑起了城堡的尖屋顶。

引导幼儿合作。康康做了一个传声筒,其他孩子也想做,Z老师提议让想做的孩子找康康当小老师教自己。固定设备时孩子们不会打结,求助Y老师,Y老师立刻建议:"小K是打结高手,你们请小K教教你们吧。"在小K的帮助下,不仅成功安装好了设备,孩子们还学习了打结方法。

现场观摩同伴,学习经验。坦克组表示商量好了,要刷成迷彩的。Z老师建议男孩们先观摩女生组的操作方法:把颜料放在桌子上,要用哪个就拿哪个,用完放回去再换一种,这样不会翻掉。毛笔插在瓶子里,带着瓶子一起边画边蘸颜料,笔涂好了以后再收回瓶子里,这样颜料就不会滴得到处都是。大家还要讨论一个集中放颜料的地方,谁用完送回去再换一种颜料拿。

本周活动后的点评

本周连续两天的活动结束后,Z老师安排了集中小结,请孩子们说说这两天做了什么,有什么成功的地方和困难,计划下周添点什么。

城堡组:

小钟:"我们合作把城堡的每一面都贴上了装饰的墙纸,还给房子装上了门帘。我们整理得很快。"

蛋糕房组:

可可:"我们把颜色都刷好了,下周我们要把外型再改造一下。我们要把家里的材料拿来贴上装饰。我还要把蜡烛的光芒装饰上去。"

Z老师:"对的,现在蜡烛还只是三个透明的瓶子。我觉得可以用红色纸再包上一层。"

(宽宽插嘴:"蜡烛的火焰会飘的,这样包住了以后就飘不起来了。")

小宸:"我要把火焰做成下面大、上面尖尖的样子。"

Z老师进一步补充:"是圆锥形吗?"

小宸:"嗯,是的。"

小雯:"可以试试长方形……"(小雯的话被宽宽大声打断:"这样不好……")

在讨论蜡烛制作的时候,宽宽好几次打断别人的提议。Z老师觉得这样很不好，联想到最近的制作过程中，孩子们也会因为想法不同而互相指责、不欢而散。于是Z老师批评了宽宽，说道："每个人的想法不同，不能随便说别人不好。别人做的你觉得不好，你有更好的想法，可以等别人做出来了以后再给他们提意见。但不可以人家还没做，就说这里不好那里不好，要一起想办法才行。"

马车组："我们做了马车的遮阳棚。"

Z老师追问："是的，遮阳棚很漂亮。但怎么把做好的棚子撑起来呢？你们可以想一想，下周来试试。"

坦克组：

宽宽："我们增加了推进的引擎；加了手榴弹（坦克里的弹药）；……"

Z老师追问："你们下周打算做什么？"

宽宽："想做个外面挂的长长的炮，我看到他们军车组有，用纸筒做的。"

康康："我修了一个激光炮，后面想继续改进，再加一个防护装置。"

小亦："我们下周要继续刷颜料的，这次才刷了一点点。"

军车组：

幼儿："我们打算跟坦克组一起刷迷彩颜料，然后留着一块不刷，用来做签名墙，签上每个小朋友的名字。"

Z老师的回应："迷彩是哪几种颜料组成的？需要准备哪些颜料？"

孩子提议一起翻翻图书角的军事书籍，于是发现迷彩是由深绿、浅绿、咖啡、土黄组成的。

Z老师又提问："迷彩是一块一块的，涂的时候怎么涂比较方便？"

最后，孩子们讨论决定，四人一组，每个人选一种颜色，小块小块地间隔着涂，避免一个人涂一大块，中间不换颜料。别人涂过的地方不要涂，但每块之间不能有缝隙。最后四种颜色的小块综合起来就是迷彩。

在活动后的点评中，Z老师分享了孩子们制作的内容和方法，让孩子们互相启发，重点分享了女孩子们合作刷颜料的方法，并跟孩子们一起规划了下阶段的内容。宽宽的问题单独点评后，其他孩子在制作过程中有了更多尊重他人想法的意识，之前因意见不合就拆掉别人作品的行为几乎没有了。马车组的棚子搭建过程启发了军车组，军车组也成功地支撑起了车盖。

从这个案例我们可以看出，师幼在具体情境中围绕真实问题展开的讨论过程，以"共同协商""彼此倾听和表达""达成共识"为目标，调动幼儿的心智参与。它既是共同寻找经验生长点的过程,也是师幼共同开创有意义的班级生活的体现。通过讨论具体问题,每个幼儿都有决策权,都能了解事件发生的脉络,从而主动参与其中。

常见的师幼互动除了以上的集体指导之外,还包括个别指导,这两种指导方式会在同一活动中穿插进行。如:在制作毕业心愿卡过程中,教师先采用集体指导的方式让幼儿畅想将来想成为什么样的人,引导幼儿讨论不同职业的人工作的内容和场景;随后提出心愿卡的制作要求,介绍了美工区可使用的材料,展示了其他班级幼儿的优秀作品;最后布置了任务,"本周的区域活动时间里,每个人都要找时间去完成自己的卡片,老师要把大家的心愿卡布置成毕业心愿墙"。活动开展中,教师会观察幼儿并进行个别指导。如俊俊用勾线笔画了一本书后,一个人就要离开。Y老师叫住了他,询问:"你长大了想干什么呀?""要当科学家除了看书还要做什么?""科学家工作的地方是什么样的?旁边还可以画上什么?""哇,那么多做实验的管子啊,涂涂色吧,这样能看出管子里装了不同的东西。""要不要给自己添个助手?"在教师的引导下,本来要中途离开的俊俊,不但坚持完成了主题画,还挑战了构图、勾线、涂色、勾画人物动态等更为复杂的技巧。

3. 力量平衡向幼儿转移,分享活动话语权

布氏从发展层面重新审视环境对个体的影响,认为:在具有潜在发展价值的日托或学前机构中,成人应为儿童创造并维持机会,让儿童参与与自身不断发展的能力相适宜的、日趋复杂的整体活动和人际结构,过程中儿童通过力量平衡获得充足的动力,不断自我革新。① 这意味着教师调动各因素支持幼儿活动的最终目标,是发挥幼儿的主动性,让幼儿越来越有能力主导活动。

因此,动力是否向发展中的个体转移,是衡量互动质量的一个重要参数。符合发展性双人关系条件的师幼互动中,通过教师的指导和支持,幼儿本身的动力被唤醒或得到激发,逐渐成为活动的主体。理想状态下,不论是集体教学活动还是区域游戏活动,有些可以从头到尾都由幼儿为主发起,有些虽然是以教师为主启动,但活动进入展开阶段以后,幼儿就成为了活动的主导者之一。幼儿根据自

---

① BRONFENBRENNER U. The Ecology of Human Development [M]. Cambridge: Harvard University Press, 1979: 204-205.

己的个体特征,选择内容、把握节奏,投入地参与其中。活动中每个人都可以是互动对话的发起者。通过互动,幼儿从教师那里获得知识经验、兴趣激发、资源支持,幼儿的个体动力特征和情境定义发生着变化,进而使得开展活动的动力来源由教师逐渐转移到幼儿身上,这样幼儿就会自然而然地呈现充满动量的投入活动状态。

例如,在学习性质的区角中,虽然各区材料、玩法由教师预设,但幼儿可以选择在哪个区、和谁玩以及难度挑战的级别。在自主游戏性质的区角中,教师更多的是提供材料,偶尔处理纠纷。在项目小组活动中,幼儿可以自己设计制作内容、选择伙伴、收集取用操作材料、以自己的方式探索操作,教师在提供了一开始的启动支持和技术支持之后,就逐渐"退后",成了观察者和记录者……即便是在集体教学活动中,教师也可以通过提供有层次的操作材料供幼儿选择,以及邀请幼儿讨论发言、分享经验等这些方式,让幼儿更多地表现主动性。

(二)规划同伴互动促进相互作用

同伴互动会对彼此的活动产生重要的动力影响。幼儿在选择跟谁活动、怎么活动的过程中,会改变自己和同伴的活动意图、活动过程和活动结果。人类发展生态学提出的双人关系的二级效应表明,实践中"教师"这个第三者的介入的确可以大大提升同伴间的双人关系,在教师的引导下,幼儿之间很容易形成观察性双人关系和共同活动双人关系。根据之前对同伴动力作用的价值分析,教师应通过有目的地设计、规划幼儿的互动作用,鼓励幼儿之间形成具有积极情感、深入互动的共同活动关系,以强化同伴间的积极动力作用。教师对同伴互动的影响可以通过直接和间接两种方式进行。

1. 通过直接干预鼓励幼儿间深入互动

教师对同伴互动的直接干预有多种方式:(1)教师会鼓励幼儿彼此倾听,促进幼儿的深入对话、兴趣经验的彼此分享。如,教师会在集体活动中、区域活动后这样提问:"刚才你玩得怎么样?""开心/不开心,为什么?""你想到了什么好方法/新发现?""碰到什么困难?谁帮她想想办法?"借由讨论,幼儿分享了新的兴趣、获得了新的经验。再次游戏时,会看到幼儿主动选择讨论过的区域活动,用同伴介绍的方法进行操作,或主动加入别的小组开始共同活动。(2)教师根据活动目标，直接安排幼儿结伴完成任务。如，要求"5人一组完成××"，这时，幼儿会根据教师设置的活动任务主动与同伴互动。幼儿会以"我们一起吧，我们还差一个人"邀请同伴，或以"我们满人了"为由拒绝同伴。（3）教师安排需要互动的内容，幼儿则自发根据活动内容与同伴互动。如，集体生日会预设了给好朋友送贺卡的环节，于是小军请甜甜帮他做个生日贺卡，理由是："你上次给俊俊做了一个真好看，这次我是寿星，也给我做一个吧？"于是，甜甜来到美工区制作贺卡。一开始，甜甜在卡片上画上了好几个粉色的爱心，画完后跑去建构区给小军看，小军说："怎么都是爱心啊，我喜欢小飞机。"于是，甜甜回到美工区，在卡片内页上又画上了好几架小飞机。（4）教师会利用固有的同伴关系，引导、支持幼儿投入活动。如：对不愿意去益智区尝试的幼儿提议："你的好朋友去玩棋了，你也去试试吧，不然他就玩不了了。"或者"跟好朋友一起来挑战拼图吧，看看这周谁能登上挑战榜。"教师关注到了幼儿之间的动力作用，并有意识地设计利用，能够更好地促进同伴动力作用的发挥。

2. 通过空间环境和规则等间接干预

教师对同伴互动的间接影响包括：（1）设置活动规则，如，用进区牌限制各区人数，"小吃店"只提供2套服务员的服装，在棋类区只放2张椅子等。（2）教师预设弹性的区域分割和家具摆放，教室里提供各种可移动的小型工具和围挡，方便教师根据需要灵活调整空间布局。如，将集体活动时的桌椅排成分组排坐、大组环形、小组围坐等，支持幼儿的集体讨论或分组活动。又如，将益智区布置成1个人的独立操作区、2人的棋牌区、2—3人的地垫游戏区等多种形式，以确保幼儿活动时有互动的条件但又不相互干扰。（3）教师将孩子们的作品陈列在环境中或布置成主题墙，孩子们自然地被同伴作品吸引加入区域游戏，或从同伴作品中借鉴经验，深入游戏。

教师设计环境空间本质上是设计幼儿在这个空间中与他人和材料的互动网络。教室空间的整体设置应鼓励师幼间、幼儿间的关系和合作，为互动提供便利。因为幼儿所钟情的活动空间，一定是有着他所喜爱的老师和同伴，有着符合天性的游戏及人际互动方式，赋予了自己充分权利的场域空间。这样的空间中，幼儿可以与教师、同伴、材料发生深入的互动，不仅材料的提供应适宜合作游戏，区角的大小也应能灵活容纳个别、双人以及小组活动。

第三节 理想的相互作用：班本课程的创生与展开

处于生态系统最内层的环境是微观系统，它对幼儿的影响是最直接的，也是影响个体发展的近端过程发生的环境。布氏后期的自我评述中认为自己大多数关于微观系统中交往的研究是针对家庭的，其他一些重要的发展场所，如学校、课堂的研究太少。[①] 班级与家庭一样，都是直接影响幼儿发展的微观系统，班级中的各类活动都是在这一环境中产生和展开的。

一、班级中各因子间的相互作用关系

在班级活动中，幼儿作为发展中的个体具有主动的动力作用，而教师这个动力因子则通过创设情境、设计（扮演）角色、主导（或参与）活动以及开展人际互动等发挥着影响幼儿活动的动力作用。根据本章前几节对教师、幼儿这两个因子的相互作用讨论，可以归纳出如下关系图（图2-1）：

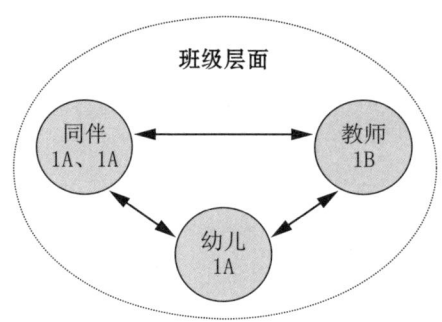

图2-1 班级层面中动力因子作用关系图

动力关系说明：

关系（1）：1A → 1A（自己）。幼儿的个体特征为自己参与活动提供动力，通过个体的主动建构影响着自己的活动状态。

关系（2）：1A → 1B。幼儿以直接或间接的方式，影响教师的活动组织。

关系（3）：1A ←→ 1A、1A……（同伴）。幼儿作为动力因子，通过影响同

---

① 胡森，波斯尔斯韦特.教育大百科全书[M].张斌贤，等译.重庆：西南师范大学出版社，2011：367.

伴发挥动力作用，同时也受到同伴的动力影响。

关系（4）：1B ⟷ 1A、1A……。教师作为动力因子，通过设计和组织活动影响幼儿的活动过程。同时，在与幼儿一起共创物质环境、共同定义情境、共同开展活动的过程中相互影响。

关系（5）：1B → 1A ⟷ 1A。教师作为动力因子，通过直接干预或环境创设影响幼儿间的人际互动。

从图2-1可见，微观系统中幼儿和教师这两个因子的动力作用是相互的，即教师和幼儿彼此影响、彼此作用。理想状态下，两者都发挥着动力作用，教师的动力作用是为了引发幼儿的学习和发展变化，幼儿的个性特征和行为反馈也决定着自身的活动和教师的动力作用方式。

（一）幼儿的角色及动力作用

1. 儿童是自身发展的动因

儿童是自身发展的动因，个体动力倾向（原有的好奇、合作、多动、暴躁等发展性生成或破坏性特征）、个体资源（当下的能力、经验、知识）、个体需要（因环境或发育引发的需要）、（之前或当下的）个人体验都会影响幼儿参与活动的状态。幼儿会基于自身的个体特征，在感受到的环境诱发力下，主动建构着自己的活动情境，并选择活动角色，产生相应的主动学习表现。幼儿通过主动发挥动力作用，左右着自身参与活动的实际过程，塑造着自己实际上"经历"的活动。生态心理学家们认为，幼儿这种主导自身活动的主动表现，既是个体发展的动因，也是发展的结果。所以，指向发展的高质量学习活动，应将支持幼儿的主动学习作为活动设计和组织的核心之一。国内外许多知名的学前课程模式中，都重视和强调幼儿的主导性和主动性。

2. 幼儿的主导作用需要成人的支持

幼儿作为主导的动力因子，其动力作用方式包括：通过情境的个人定义主动塑造自己参与活动的心理场，并匹配相应的角色和行为；主动探索、选择、运用周围的物质材料或文字符号开展活动；通过影响教师、同伴、家长来改变活动的展开脉络。幼儿这些动力作用的发挥需要成人的呼应和支持。

米德认为，互动双方必须对彼此的角色行为有一致的理解，某一方才能成功扮演某个角色。换言之，幼儿作为主动成长的个体，其主动学习者的角色和主导自身发展的角色行为与教师、家长的角色期待相关。只有当幼儿被教师、家长视为主动的学习者时，成人才会将自己扮演成支持者，教师的角色行为将不再是驯化或知识传授，而是体现在通过设计活动、创设环境（情境）、引导集体和个体建构，来呼应并激发幼儿主动学习，为幼儿提供投入活动的动力。换言之，只有当教师真正成为对幼儿学习的支持者时，幼儿才能真正成为主动的学习者，出现更多主动学习的行为。家长对幼儿角色的认同和支持也是如此。

3. 幼儿对物质环境发生着主动作用

人类发展生态学认为，环境影响个体，个体也主动影响环境。即便婴幼儿都有能力通过移动物品来达到自己改变环境的目的，拥有改变环境的能力也是个体获得发展的体现。活动中，幼儿会根据自己的需要选择教师预设的材料，或用自己的方式创造性地使用教师提供的材料，甚至用以物代物的方式改变材料的原本作用。幼儿作为主动发展的个体，在活动中主动地使用、影响物质环境，是教育空间中的能动者和创造者，有能力用独特的眼光和视角探索周围环境、表达自己的经验，有能力和成人一起行动共创适宜的活动空间，从而让活动空间更多地体现幼儿的意愿，表达其个性化的学习需求。

（二）教师的角色及动力作用

1. 教师是课程创生者和成长支持者

基于对幼儿主动学习者形象的认识，我们可以将教师理解为幼儿成长的支持者，为幼儿参与有利于发展的整体活动提供持续的动力支持。国内外不同的教育理念、不同的经典幼儿园课程，都对教师的角色和角色作用进行着丰富的、不同角度的诠释。很多研究者和教育家都主张教师角色应从课程的"实施者"转变为课程的"开发者"。因为与"忠实取向"相比，"创生"取向更关照幼儿的发展。实际上，班级课程的展开过程，正是教师和幼儿一起共同建构活动的意义、共同定义活动情境的过程。

教师所扮演的"开发者"和"实施者"的角色不同，其动力作用也不同。在扮演课程实施者的角色时，幼儿园课程计划中原有的经典课程方案就是每个班级开展课程的"蓝本"，班级教师的作用更多是充分利用园部的各种现有资源（包括教案、材料、集体审议等），把握活动目标和实施路径来开展活动，少有班本化改良。作为实施者，教师的关注点会聚焦在"如何扫清障碍""如何避免问题的发生""如何尽快达成目标"。教师的动力作用就在于遵循幼儿园的课程理念，按照园部统一的课程计划实施班级课程。

与课程实施者角色不同，扮演开发者角色时，教师的主动性更多地体现在关注本班幼儿的需求和需要，从教师自身的经验及可利用的资源出发，开发符合班级实际情况的课程。教师的关注重点会从"课程难度分解""扫除学习困难"转变为"发现值得深入探究的好问题""如何增加活动的复杂度"以及"鼓励幼儿挑战新问题"。作为活动开发者，提出问题、提供材料和方法的支持，引导幼儿的活动日趋复杂，才是教师提供活动动力的主要行为。

2. 教师推动幼儿活动的动力作用

在生态心理学的视角下，教师所扮演的各种角色及相应产生的角色行为，最终目标都是为幼儿参与有利于发展的整体活动提供持续的动力支持。教师的动力作用方式包括：关照、呼应、调动幼儿个体特征的主导作用（包括培养发展性生成特征、关注个体需求、关注原有经验、帮助积累积极正面体验等），通过设计角色、设计和组织活动、影响人际互动、创设物理环境和活动情境等方式，推动幼儿参与日趋复杂的教育活动，促进动力的传递让力量平衡向幼儿倾斜，最终帮助幼儿成为主动成长、主动适应环境的个体。

从幼儿参与活动动量的主动性、注意水平、复杂性、中断后再继续这四个衡量维度来说，教师创设情境、提供材料、呼应个体特征开展活动能提高幼儿活动的主动性，过程中的深入对话和互动能帮助幼儿提升注意水平和复杂性。在活动中断后，教师通过对话、投放新材料、布置新环境、创设新的问题情境、提供支架解决孩子们的困难等方式，可以重燃幼儿的学习兴趣，推动幼儿再继续深入地学习。

3. 教师作用的发挥与自身个体特征有关

在教师开发班本活动的过程中，教师是活动的主要推动力量。正如第一章中阐述的那样，影响幼儿的重要他人（如教师、家长）所具有的个体特征，会影响着他们对幼儿的动力作用过程。在教师扮演"课程开发者"角色的过程中，自己的教育观、兴趣、经验，会成为影响着教师自身动力作用的个体特征。教师的创新动机（即个人动机）、经验（对创新内容的专业思考能力）、兴趣爱好以及所能调动的资源等，都会决定教师是否创新、如何创新以及创新活动的效果。有教师在访谈中坦言："如果我不擅长做美工，我就不会想到在班级里开展新的区域活动,肯定就是按照教材里面的来进行了。"教师的主动开发过程能更充分地发挥自己的个性特征所带来的动力作用,也能让灵活的班级活动更好地呼应与发挥本班幼儿兴趣、经验、需要等个性特征的动力作用。

(三)幼儿与教师相互作用

勒温的动力观是一种动力整体观,强调动力过程及动力的整合。① 这种整合不仅体现在微观层面情境、角色、活动、人际关系等分析要素的综合考量,而且体现在班级层面课程在展开和创生过程中,各动力因子的相互作用上。

1. 具体情境中角色、活动、人际关系三要素彼此影响

布氏认为情境及情境中的角色、活动、人际互动应进行综合考量。当个体处于某个情境中就会感受到周围环境的影响作用。不同类型的环境会产生不同的角色、活动和人际关系模型。② 除了情境,角色和互动、活动三个外因之间也是相互关联的。"角色是对拥有特定社会地位的人以及与之相关的人所期待的一系列活动和关系。"③ 根据米德的角色扮演理论,角色扮演是在互动关系中进行的,扮演角色是互动得以顺利进行和展开的基本条件。人与人之间之所以能进行正常的互动,就因为人们能够辨认和理解他人的语言,识别对方所使用的交往符号的意义并从而预知对方的反应。④ 当幼儿承担新角色(如小老师、值日生、领操员)时,就会自然地参与新角色所要求的活动和人际互动,进而获得不同的经验和感受。

在整合性的影响过程中,外因需要通过内因才会起作用。如师幼互动为幼儿提供了资源、改变了幼儿原有的经验、激发了幼儿的兴趣需要,进而幼儿开始了主动活动。所以内因(个体特征)是最核心的因素。而情境处于内外因交互作用地带,是教师、同伴的外部动力作用与幼儿自身动力作用共同影响的结果,这使得"共构情境"成为必然选择。在活动展开过程中,角色、活动、人际关系这三

---

① 申荷永. 论勒温心理学中的动力[J]. 心理学报,1991(3):306-312.
② BRONFENBRENNER U. The Ecology of Human Development [M]. Cambridge:Harvard University Press,1979:183.
③ BRONFENBRENNER U. The Ecology of Human Development [M]. Cambridge:Harvard University Press,1979:92.
④ 王小章. 中国社会心理学[M]. 杭州:浙江大学出版社;2008:75-77.

个外因作为重要的环境诱发力，应从提升活动发展价值的角度来探讨这些外因对幼儿主动活动的间接影响过程。

2. 在班级课程展开过程中幼儿、教师、家长产生整体合力

幼儿所参与的教育活动并不是独自进行的，绝大多数情况下都是在与他人的互动中、在他人的影响下进行的。在班级微观系统中，各动力因子通过创设情境、扮演角色、参与（或主导）活动以及人际互动共同发挥着动力作用，影响着班级中实际开展的各种教育活动。师幼共同创生班本课程是动力作用产生合力的表现。

二、生态视角下理想的班本课程创生样态

本章借鉴勒温的动力理论、布氏的人类发展生态学和生物生态学模型，分析班级课程展开过程中，影响幼儿活动的各因子（包括幼儿自身、同伴、教师、家长）是如何产生动力作用的，进而探讨如何通过调整动力运作为幼儿参与活动提供持续的动力支持，探讨理想状态下班级课程的展开和班本课程的创生问题。

（一）关照幼儿的个体特征开发和实施活动

1. 教师呼应幼儿的个体特征，班本化设计实施活动

幼儿的个体特征随时间推移发生着变化。要充分呼应、调动、激发个体特征的动力作用，就需要教师关注本班幼儿的个体特征，班本化创新实施园所既定课程，或自主研发班本活动。通过教师的指导和支持，一方面幼儿本身的动力得到唤醒和发挥，另一方面动力由教师逐渐向幼儿转移，最终幼儿成为主动活动的主体。

2. 与家庭合作改变幼儿的个体特征，为主动活动作好准备

在园生活和家庭生活都会影响幼儿的个体特征，家长也是影响幼儿经验、资源、兴趣、需要的重要他人。因此，教师可以引导家长通过改变幼儿的个体特征，来为自己的孩子参与活动提供动力支持。包括：指导家长改变幼儿的个体资源，如请家长和孩子一起做活动准备、收集材料、完成与主题相关的亲子任务等，让幼儿在有准备的情况下参与班级活动；指导家长改变幼儿的兴趣需要，如与家长及时交流孩子的活动表现，用家长的及时反馈激发幼儿的兴趣需求；指导

家长改变幼儿的个人体验，如和家长约定不用小学老师来威吓孩子，让幼儿带着愉快而期盼的心情参与幼小衔接主题活动。

（二）建立并维持发展性双人关系

根据发展性双人关系的定义，为了推动幼儿的主动学习，教师应基于积极情感与幼儿开展日益复杂的互动，并让幼儿越来越有能力主动参与并主导自己的活动。同时，教师通过规划同伴互动，促进幼儿间的相互动力作用。这意味着：

1. 建立积极的情感关系

教师应从小班起就努力建立并维护师幼间、同伴间友好和谐的情感关系，为班级各类活动奠定积极的情感底色。在积极、肯定的情感下，教师的活动要求、指令和指导建议会被幼儿主动吸纳，幼儿在小组合作、区域游戏中也更容易协商合作。

2. 通过相互反馈的深入互动为幼儿提供获得新经验的支架

教师发起的师幼互动影响着幼儿的主动活动，教师通过师幼互动为幼儿活动提供动力，并通过规划同伴互动促进幼儿间的相互动力作用。包括：为儿童创设同伴交往的机会，高效组织小组活动或集体对话，以及通过改变空间环境来间接影响幼儿间的互动。

伴随着教师的直接指导和教师主导的各类（集体、小组、个别）交流讨论，一方面通过分享彼此的兴趣、问题、感悟和经验，从丰富经验、激发兴趣、唤起需求等方面改变了幼儿参与活动的个体特征；另一方面，"共同协商""讨论交流"的过程也让每位幼儿都能了解主题脉络、明确活动的意义，这对意图的产生至关重要。此外，通过协商交流，幼儿有了更多的决策权，能够更多地主导活动。通过有效的师幼、同伴互动，幼儿从教师、同伴那里获得了技能经验、兴趣激发、资源支持。

3. 互动的最终目标是让力量平衡向幼儿转移

主导儿童发展的是儿童自己（而非成人），幼儿是作为最主要的动力因子来主导自己活动的。那么教育活动的目标并不是让老师或父母等成人牢牢把握住推动幼儿发展的节奏和力量，或者说将成人的力量视为教育的主导力量，而是在重视幼儿成长力量的基础上，遵循布氏所提出的力量平衡原理，让活动中的主导力量向发展中的个体倾斜和传递,最终帮助幼儿成为有力量的、主动成长的个体。

教师不断地支持和让位,使得幼儿更有机会、有能力主导自己的活动。许多著名的课程模式都支持这一点。分享控制权就是高瞻课程中成人幼儿互动的核心。[1] 幼儿和教师可以轮流担任领导者和被领导者、讲话者和倾听者、教师和学习者。分享控制的策略包括:应幼儿的要求参与活动、向幼儿学习、有意识地给幼儿支配权等。[2]

(三)师幼共构活动情境、赋予活动意义

情境能为幼儿的学习过程赋予意义,进而为幼儿活动提供动力。教师可以根据自己的教学目标,预设期待幼儿产生的学习意图以及有利于幼儿产生该意图的活动情境,所预设的情境可以是真实的,也可以是拟真的。通过对话,教师在活动展开过程中和幼儿分享对情境的理解和定义,并通过对话与幼儿共同定义、构建活动情境。教师还可以为了活动目标的达成重塑与预设不一致的情境,也可以鼓励幼儿个体或小组自主建构对某个共同活动(共同游戏)的情境和意义,并带着自己的意义建构完成活动。

(四)依托情境基于互动扮演新角色

角色具有改变个体行为的动力作用以及促进发展的意义价值,扮演新角色也意味着迎接新挑战和获得新经验的机会。因此,教师可以通过角色设计和引导角色扮演为幼儿参与活动提供动力。但幼儿的角色扮演过程镶嵌在具体的活动情境之中,并基于互动才能完成。因此,教师可设置情境并开展互动来帮助幼儿扮演新角色。如,在引导幼儿扮演点心店的服务员角色时,教师可以先开展情境定义帮助幼儿理解角色及相应的行为(服务员是干什么的)、主动扮演相应角色(教师当点心店的客人)、提出明确的角色期待(你拿菜单给我点菜吧)、通过讨论澄清角色行为(服务员负责上菜,客人不用自己端)等。教师通过定义情境和角色,引导幼儿去扮演和体验,进而获得相关经验。

---

[1] 马歇尔,洛克哈特,费森.高瞻课程起步——30天课程计划[M].沙莉,姚尧,等译.北京:教育科学出版社,2017:3.
[2] 爱泼斯坦.学前教育中的主动学习精要——认识高瞻课程模式[M].霍力岩,刘祎玮,刘睿文,等译.北京:教育科学出版社,2019:43.

（五）活动展开过程中互为动力源

1. 教师与幼儿共同主导活动，互为动力源

既然幼儿作为主导发展的动力作用和教师的支持作用都如此重要，且师幼互动中的力量平衡又意味着主控权的转移。那么在具体活动中，教师和幼儿分享对活动的控制权、共同主导活动就成了必然的选择。共同（或轮流）主导活动可以让幼儿和教师这两个动力因子的动力作用都得到充分发挥。瑞吉欧教学法提到教师对儿童的指导包括：倾听儿童（回应性教学）、提升学习以及教师和儿童之间共享控制。① 在常见的小组对话中，教师鼓励儿童互相谈话，自己却不是谈话的中心。教师的作用在于帮助小组中的儿童既能成为合格的观众，又能成为善于表达的思想者。高瞻课程更是明确指出："成人导向的方式并不恰当，它与发展适宜性实践以及我们对主动学习、内在动机、幼儿投入的重要性的理解是不一致的。"在高瞻课程中，分享控制权是成人与幼儿互动的核心，课程中有很多达成这一目标的具体策略。幼儿是活动中决策的控制者，他们可以决定在哪里玩、怎么玩，以及玩什么、跟谁玩等。教师则负责需要成人做出决策的事务，包括建立一日常规、创设与布置活动室、确保幼儿的身心安全等。高瞻课程倡导一种支持性的氛围，幼儿和教师都是合作伙伴。② 在这样的氛围下，幼儿和教师可以轮流担任领导者和被领导者、讲话者和倾听者、教师和学习者。教师分享控制的教学策略包括：应幼儿的要求参与活动、向幼儿学习（教师把自己也当作一个学习者）、有意识地给幼儿支配权等。③ 教师越是这样积极回应、引导和支持，幼儿就越会主动地、更加积极地投入当前的工作。

教师、幼儿都是动力的来源，但集体教学活动中教师主导更多，作用方式更为直接；区域活动中幼儿的自主权更大，教师多进行间接干预。因此，一方面可以通过平衡两类活动的比例，让教师和幼儿都能充分发挥动力作用。另一方面，

---

① 爱德华兹，甘第尼，福尔曼. 儿童的一百种语言：转型时期的瑞吉欧·艾米利亚经验（第3版）[M]. 尹坚勤，王坚红，沈尹婧，译. 南京：南京师范大学出版社，2014：155-156.
② 马歇尔，洛克哈特，费森. 高瞻课程起步——30天课程计划[M]. 沙莉，姚尧，等译. 北京：教育科学出版社，2017：3.
③ 爱泼斯坦. 学前教育中的主动学习精要——认识高瞻课程模式[M]. 霍力岩，刘祎玮，刘睿文，等译. 北京：教育科学出版社，2019：43.

可以优化两类活动的组织方式。在集体教学活动中，教师可以通过自选分组、自选操作任务等方式增加幼儿的主导机会。在区域活动中，教师也可以借鉴高瞻课程中的策略发挥动力作用。如：通过创设环境为幼儿的"自选"提供条件和可能性；通过"做计划"来帮助幼儿明确活动意图，提高坚持性和完成度；通过"回顾"来引导幼儿反思和分享经验等。

2. 教师通过提升活动复杂性来提供持续支持

促进幼儿发展的学习活动应符合布氏提出的整体活动的全部特征，即：幼儿能够主动发起或积极参与活动，且过程中活动日趋复杂。拓展时间视野、增加活动步骤、叠加新任务、创设新情境、增加更为复杂的人际互动、细化和拓展主题等，都是鼓励幼儿挑战更为复杂活动的有效策略。此外，在幼儿参与活动动力不足或暂时失去兴趣时，教师可以通过重新丰富活动情境、增加活动复杂性等方式，帮助幼儿重燃对某个活动的热情，为中断的活动提供新的动力。高瞻课程模式也强调"支持游戏的复杂化"①，并提出：计划随发展变得更为复杂、为幼儿提供材料和体验以维持兴趣、扩展幼儿对于"现在"以外的概念的意识等支持主动学习的策略。当然，活动的复杂度和支持活动的人际结构的复杂程度都应适宜于幼儿当下的能力和需要。

3. 发挥集体力量，推动经验的集体建构

教师指导下"经验的集体建构过程"也是教师的动力作用表现。教师组织的集体讨论，让经验和兴趣彼此分享，让想法彼此碰撞，从而利用集体的力量帮助幼儿把个体的关键经验加以提升，并使其成为大家共享的经验。通过深入互动让学习超越个体，变成集体建构的过程。

为了促进集体建构的过程，教师的动力作用在于着力于建立师幼、同伴间的协作学习关系，在高质量的互动对话中鼓励幼儿间、师幼间分享彼此的兴趣、问题、感悟和经验，发现原有发展水平与幼儿需要获得的经验之间的关系，在协同规划、共建共享中助推幼儿的深层次学习。通过师幼对话，教师和幼儿一起确定活动展开的主要路径和具体展开方式。在活动中，教师与幼儿即时交流彼此的经验和发现，教师在支持、分享的基础上，适时引领、提升幼儿的经验。在这样的

---

① 爱泼斯坦. 学前教育中的主动学习精要——认识高瞻课程模式（第2版）[M]. 霍力岩，等译. 北京：教育科学出版社，2019: 81-87.

过程中，教师为活动、为幼儿的学习和发展提供源源不断的动力支持。

（六）师幼共同"生产"充满动力的活动空间

理想状态下，班级活动空间应能同时关照到幼儿和教师的主动作用，是师幼共同"生产"的。"空间生产"的概念来自社会空间理论的创始人列斐伏尔。在他的《空间的生产》一书中说到："如果未曾生产一个合适的空间，那么'改变生活方式''改变社会'等都是空话。"[①] 同样，任何一种学校制度或教育理念的实行，都需要有与之相对应的学校空间。每一种教育理念、课程理念的产生和实现，都伴随着新空间的生产和变革。纵观学前教育的变革历史，从蒙台梭利到高瞻课程，从主题墙饰布置到区角活动空间的研究，每一次幼儿教育改革之下都必然涌动着幼儿活动空间的变革。或者可以说，只有幼儿活动空间发生了根本性的改变，我们对儿童、教育、课程的认识才真正发生了改变。在幼儿园中，"空间的生产"是人（各因子）动力作用的过程，在班级层面上体现在班级环境的创设上，在园级层面上体现在幼儿园公共环境的创设上。理想状态下，班级活动空间的生产需要关注以下几点：

1. 关注幼儿的心理场和对空间的感受

人类发展生态学对物质环境和社会环境的描述是交织在一起的。实际上，幼儿园不仅是一个有形的物理空间，是师幼共同生活的活动室，更是一种心理上的空间。在日常教育活动中，幼儿对活动环境的感受和体会，并不仅仅与物质材料的新颖丰富成正比。"和谁一起玩""怎么玩"等对空间的支配往往决定着幼儿对某一活动空间的感受。幼儿的心理感受还受所处情境的影响，情境是联结儿童身体和心理生活空间的纽带。

优化幼儿的空间体验能为幼儿积极投入活动提供动力作用。这需要教师以儿童本位的视角来评判活动空间创设的好坏。分享空间权力，减少不必要的"空间控制"，让幼儿可以自由活动并个性化使用空间（包括取用空间中的材料）。同时，需要关注情境赋予空间的意义。教师有意识地创设和干涉情境，通过情境化的空间营造为空间赋予意义（如为喜欢的游戏区角命名），让物理空间具有心理

[①] LEFEBVRE H. "Space: Social Product and Use Value"[J]. Freiberg J W.Critical Sociology: European Perspective. John Wiley & Sons Inc. 1979: 285-295.

功能，经过一段时间人、事、物的交融互动对话，酝酿空间故事，让区角拥有独特的儿童意义。

2. 呼应和支持幼儿对物理空间的主动作用

我们应将幼儿视为能动的活动空间场域的开发者和使用者，信任幼儿的空间创设能力。在教师的"退位"和"放权"下，幼儿才有机会表现出更多的游戏创意和学习需求。具体的策略包括：

灵活的空间分割和家具陈设。一个可供教师和幼儿弹性创生活动的空间，应该不是一个"功能单一、割裂、僵化""正式、分隔清晰、固定"的空间，而应该是"多功能、复合、统整""非正式、边界模糊、创生"的。与相对固定的传统布局不同，它应具有可移动的家具或有自由度的室内陈设和隔断，可根据需要将教室分割成或改造成动态的游戏和学习空间，或通过增添主题角落、打造游戏区角、增设小型展厅等方式打造临时的多元空间，以此满足不同的活动需求。在这样一个开放的环境中，孩子们需要发挥想象力和创造力来"生产"他们期望的活动情境。

鼓励幼儿积极参与活动环境的设计和布置。通过调查江苏省幼儿园课程状况发现，江苏省在推行"课程游戏化"项目后，教师在环境创设过程中，会鼓励幼儿广泛参与多种内容的环境创设，具体比例为：参与本班主题环境的创设（90.51%）、参与活动区域环境的创设（87.97%）、参与本班生活环境的创设（79.05%）、参与幼儿园公共空间的创设（57.54%）、不参加（0.77%）。以幼儿参与主题环境创设为例，91.94%的教师表示会让幼儿参与一些辅助性工作（如收集、制作材料）；55.40%的教师表示会让幼儿参与主题环境内容的选择；42.09%的教师表示会与幼儿一起确定所创设的主题。[①]可见，教师们已经从一定程度上认识到幼儿深度参与环境创设对支持幼儿高度投入活动的重要意义，并开始在实际行动中鼓励幼儿不同程度地参与其中。

支持幼儿个性化的使用空间。学习是一种高度个性化的活动，幼儿作为天生的学习者，有着一定的学习能力差异和不同的学习需求，为了"创造适合每个儿童的教育"，不仅活动设计需要从集体活动逐渐向个体活动倾斜，更应在空间上

---

① 蔡菡."课程游戏化项目"背景下江苏省幼儿园课程建设的效果与启示——基于教师评价的视角[J].学前教育研究，2018（12）：39-51.

关照个体的学习需求。个性化的幼儿空间使用，包括幼儿有权力个性化选择区角，以及自主创设有个人意义的小空间，这两者都有助于幼儿获得个性化的学习经历。

关注"留白"的教育艺术。在越来越强调"生成课程观"的当下，空间的灵活可变和适度"留白"能更好地支持课程的创生。这样的空间不是一个填满了等待幼儿活动的场地，而是一个需要儿童来"填满"的空间。班级空间的划分应从固定走向半固定、不固定，并充分预留"留白空间""自由区域"。事实上，幼儿在这些"空白空间"留下自己活动痕迹的过程，就是自主投入的学习过程，教师应把更多机会、空间留给幼儿来创造，这样才是开放的空间、开放的课程。

3. 将空间的设计和建构作为活动设计与组织的重要部分

我们不能脱离具体的活动本身来评价一个静态的、固定不变的活动空间创设是否合理。幼儿的活动是一个动态的过程，因此，活动空间也应该是动态发展的，应该随着活动展开的需要进行空间的调整与转换。幼儿的活动空间不是凝固、静止的，而应该是流动、变化的，是在活动展开过程中，由教师和幼儿共同逐渐丰富和完成的，创设环境本身就是教育活动的必要部分。如，在主题活动"我们毕业了"中，毕业典礼无疑是其中的高潮阶段。以往幼儿园都把"毕业典礼"活动定位为"让孩子有一次自我展示的机会"，强调典礼的隆重，满足家长看表演的愿望，进而选择在大礼堂或在大厅、以全年级参与的方式共同举行这一隆重的活动。随着活动定位的变化，幼儿园从体验感的角度反思"毕业典礼"活动，将"毕业典礼"活动定义为"感恩""告别""成长"，进而将毕业典礼调整安排在每天共同生活的班级里举行。这样，当孩子们在跟同伴、老师告别的时候，也在跟自己生活了三年的这个空间告别，自然地带入了那种离别的情绪，体会到了各种复杂的情感。下一届则在此基础上，进一步引入家长参与，体现幼儿个性需求，将毕业典礼定位为"举办班级个性化毕业典礼"，让幼儿用自己觉得有意义的方式度过人生第一个毕业季，从而开展了"个性化的班级空间布置""成长海报制作——成长海报长廊布置""家长志愿者资源运用——家长参与活动审议""家长参与活动空间个性化布置"等空间设计子活动。

物质环境影响着班级课程的生成和展开，课程的展开过程又反过来改变着物质环境。我们应根据课程生成的需要，用"动态化"的思维模式来考量活动空间的创设,把活动空间的设计作为活动设计的重要部分,将活动空间的建构看作活动实施的重要部分,让活动空间的生产过程与课程设计、活动实施过程相呼应。可以说,"空间的生产"是对原有空间的"再空间化"塑造。它要求教师和幼儿一起,追随活动展开的需要而"生产空间"、"定制空间"和"开发空间",而不是"削足适履"。

第三章

园级层面：
园长与教师团队的动力作用分析

第一节　园长协同内外因子推动本园课程建设

有研究者在反思上海市幼儿园二期课程改革中的问题时，着重分析了建设真正的教研共同体和"专业引领人"对幼儿园课程建设的重要性，即改革的深入推进需要建设真正的教研共同体，并找到园本教研的问题聚焦点。[1]幼儿园的课程管理者们（包括园长、业务园长、教研主任等）承担着日常教学管理、组织团队开发课程、活动质量评估等重要职责。她们对班级各类活动的研发和实际开展产生着重要的影响，既包括直接影响（即通过日常指导、业务培训、评估管理等方式影响教师开展活动），也包括间接影响（即通过组织教师团队合作开展园本课程建设，利用集体的力量来支持班级教师开展或创生新活动）。

不少研究者用"课程领导力"理论来分析园长在推动幼儿园课程建设中的作用，如：从教育领导的角度，将园长课程领导力划分为课程专业技术领导力、课程组织结构领导力、课程师资力量领导力、课程组织文化领导力和课程公共关系领导力五个维度；[2][3]从变革型领导理论的角度，将园长课程领导力划分为愿景激励、领导魅力、智力激发、个性化关怀四个维度；[4]从课程构成要素的角度，将园长课程领导力分为课程决策力、课程规划力、课程设计力、课程实施力、课程评价力等，或分为课程思想力、课程设计力、课程执行力和课程评价力等

---

[1] 王雁，朱家雄.课程—教师—课程——对上海市幼儿园课程改革的反思[J].幼儿教育，2007（09）：17-18.
[2] 王段霞.园长课程领导的现状与策略研究[D].华东师范大学，2008：21-28.
[3] 邹鲁峰.幼儿园园长课程领导力的个案研究[D].南京师范大学，2011：24-30.
[4] 张运超，袁娇.幼儿园园长课程领导力的结构与测量[J].教师教育学报，2018，5（6）：67-74.

要素①。

从生态角度来说，园长对课程建设的动力影响，可以分为对内（影响教师个体、教师群体）和对外（从专家和上级部门获取资源、吸引家长和社区成员支持）这两个方面。本节按影响对象分别探讨园长是如何通过与内外因子互动，在本园课程建设中发挥动力作用的。

一、通过直接干预为教师开展活动提供支持

（一）为教师开展活动提供直接的技术指导

课程专业技术领导力是课程领导力的重要部分。园长一般都具有较高的职称或较丰富的教学经验，在教师们开展班级活动的过程中，幼儿园管理者们无时无刻不在贡献着自己的智慧，在实践中引领（或转变）教师的观念、提供着具体的策略指导。

案例："推门课"引发的活动调整

大A班正在开展"引蚂蚁"主题活动，业务园长在听了启动活动"策划引蚂蚁"之后，针对原有活动方案中的"分组调查"环节提出了4点疑问：①本主题是一个偏科学领域的主题，要不要设立组长等角色？主题的核心经验在于激发幼儿探究周围世界的兴趣，帮助幼儿获得探索事物的简单技能以及一些解决问题的方法。原方案在分组的过程中，设立了组员、记录员的角色，本意是想让孩子们的活动更加有序。但这样设置后孩子们的关注重点转向了争当记录员、抢着当组长，在讨论引蚁计划时孩子们有一半以上的时间都在为谁当组长、谁来记录而争执不休。相反，带哪些食物、引蚁地点、观察工具等主题关键内容则没有时间进行充分讨论。虽然有的老师主张这样也可以为孩子提供学习承担角色的机会，但实际上却削弱了主题所指向的核心经验——探究。②是限制小组人数，还是自由结伴？在之前的分组中，教师规定了6人一组，本意是担心小组数量太多老师会指导不过来，但实际观察发现，孩子们由于之前都有过亲子调查和集体交流的经验，加之对幼儿园环境非常熟悉，因此对食物、工具、地点等内容少有求助。需

---

① 贺蓉. 幼儿园课程领导力评价指标体系的构建[J]. 上海课程教学研究，2019（Z1）：105-109.

要老师指导的更多的是：竞选组长的纠纷，小组人数太多导致的矛盾，引蚁计划表太过复杂（既有引蚁内容，又有组长、记录员等分工）导致错填、漏填等。而且能力强的孩子总是能够成为组长或记录员，能力较弱的孩子的学习过程则往往被"替代"和"压缩"，在活动中处于游离状态。③在开放的引蚁环境中，观察记录表的设计缺乏弹性。每组幼儿想要投喂的食物、地点都不同，引蚁活动的结果记录也应该是开放的，但原有的记录表只有记录员负责记录，很多孩子的观察发现都得不到记录，而且原来的记录表没有"留白"让孩子能个性化地记录发现。④集体活动形式能否满足幼儿多次反复探究的愿望，教师能否有机会给予足够的指导？在小组策划活动中，需要幼儿同时掌握的新经验包括：蚂蚁的食物、观察工具；小组讨论、分工合作；看表格，记录等。孩子们的阅读经验和书写经验有所欠缺，在制订计划书的过程中有的看不懂文字，有的看不懂二维表格。老师只开展集体讲解，这对于9月份的大班幼儿来说力度是不够的。在实地引蚁环节，因为各组引蚁地点和投放食物不同，引来蚂蚁的时间和观察地点无法统一。如果教师受制于集体的组织方式，势必会打扰幼儿的连续观察和记录。

业务园长这几个"切中要害"的问题引发了大A班和大班组其他老师们的讨论。"教师指导的比较多，真的是因为孩子能力不足情况下的必须吗？""主题活动需要达到的核心经验充分突出了吗？""从集体交流中可以看出，幼儿在亲子引蚁的过程中，已经有过跟父母一起引蚂蚁并记录的经历。那么在幼儿园的引蚁活动中，老师是否应该更加信任孩子、适当放手？"最后得出结论：与蚂蚁相关的科学经验是幼儿需要获得的"核心经验"，所以应该弱化分工合作的要求，强调探究、记录和发现。因此，活动展开路径调整成：①自由结伴：减少人数，不分组长和记录员，让每个孩子都有事可干。由于是自由结伴，两三个"志同道合"的小伙伴合作效率更高。②在区域游戏中分组进行，教师个别指导。为了能给幼儿学习新经验提供足够的支持，实地引蚂蚁的活动安排在区域游戏时间分组进行，过程中共性的与活动核心经验相关的内容由教师开展集体小结，其余内容在分组指导中解决。③修改引蚁记录表。用图文取代都是文字的栏目，同时将观察结果一栏变大，变为更开放的"蚂蚁是怎样活动的？"鼓励幼儿记录下所观察到的各种有趣发现，而不只是原来只需要记录的"引到蚂蚁了没有，蚂蚁多不多"。④在区域游戏后的集中点评环节，组织集体交流分享经验。集体交流时除了用投影展示孩子们的记录表外，教师的照片和视频都是必要的补充。分组方式调整后，无所事事的情况几乎没有了，每个孩子都积极投入、少有争吵，教师的指导更多围绕着科学探究进行。同时，区域分组活动的方式，让老师每次只与10个左右的孩子一起活动，个性化指导更多。此外，自由结伴后，每组人数变少，使得每个孩子的观察发现都有机会被记录下来，集体交流时内容更为丰富，孩子们发现食物的大小、含糖量的高低都会影响蚂蚁的聚集，蚂蚁搬运的方式、蚂蚁洞的位置都进入了孩子们观察探究的视野。

可见，在指导教师的过程中，管理人员在发现问题、澄清活动价值、探索活动策略等方面发挥着重要作用。甚至当大家都陷入"迷思"时，课程管理者们需要"力挽狂澜"式地从根本上帮助教师澄清观念。实际上，如果没有领导和其他教师的智慧和经验碰撞，教师"闭门造车"式的班级活动开发会不可避免地遇到诸如理念把握、关键经验确定、主题网络建构、教学策略选择等方面的困难，导致教师的独自摸索不仅难有重大突破，而且会有"走偏"的可能。而一个优秀的课程管理者，能够同时影响多个班级，改变若干班级中活动的展开路径，进而通过教师间接影响更多幼儿的活动。

（二）通过评价对班级活动进行监督和管理

课程评价是课程领导的重要方面。笔者对江苏省幼儿园课程建设的调查也发现：73.14%的幼儿园采用"园长（教科室主任等）定期检查"的评价方式；72.1%的幼儿园采用"幼儿园管理人员和骨干教师一起讨论进行"的评价方式；64.19%的幼儿园采用"上级领导检查或评估"的评价方式。评价内容包括对文案的评价和对教育现场的评价。其中，对教师的文案工作评价所占比例最高，主要包括："对教师撰写的教案、活动反思（或观察记录、学习故事）等进行评价"（92.49%）和"对教师制订的周计划或月计划进行评价"（86.96%）。其次是现场评价，主要包括"对教室环境布置进行定期考评"（83.62%）、"对教师日常活动的实施过程进行随机现场考评"（83.43%）以及"在期中、期末等阶段进行班级整体状况的考评"（63.74%），也有9.11%的幼儿园教师表示幼儿园"无定期评价"。

通常情况下，幼儿园除了教师为主的反思性评价和家长以问卷等形式参与的评估之外，由课程管理人员主要负责的评估方式有许多，如：年度园部课程方案评估、班级一周活动计划评估、现场教学活动组织的评估（即"推门课"）、班级环境的每月评估（包括主题墙面布置、区域空间创设、区域投放材料的评估）等。由课程管理者主导的评价贯穿了各类教育活动开发和运行的全过程，使教育活动、园本课程在评价的过程中不断地得到修正和完善。

（三）通过多途径的培训提升教师专业水平

从发展性双人关系的角度看，园管理者为促进教师专业发展所做的一切努力，都会对班级活动的展开过程产生间接的动力影响。这也是许多知名课程模式都注重促进教师发展的原因之一。研训一体、形式多样是幼儿园教师培训的特点。

"研训一体"指的是将教师的培训与具体的活动研究、日常教学、活动研发融为一体，这样不仅能将培训渗透到日常工作中，更有利于教师将培训所得在日常教学中及时进行转化。其中，园长参与或组织的定期及不定期、不同层面的课程审议也是幼儿园将活动研发和教师培训相结合的重要途径。

"形式多样"包括内容分层和途径丰富。不同层级教师在开发课程的过程中会有不同的困境，如：职初教师经验不足、成长型教师"摸石过河"、骨干教师缺乏标准等。[1] 因此，幼儿园会根据教师职业发展的不同需求，对教师进行分层培训，确保培训在教师的"最近发展区"。园部组织的培训形式也有很多，有组织园内的现场观摩、安排教师外出培训、邀请专家来园讲座等。在参与园部组织的多种培训中，教师接触到了前沿理念、学习借鉴先进经验、更新了自己的教育观念，提升了自己开发和组织活动的能力。

二、通过建设团队利用群体力量支持班级活动

课程组织结构领导力和课程组织文化领导力是衡量园长在利用团队力量推动本园课程建设和实施的重要维度，这在下一节对团队的讨论中会详细展开。就内容而言，园长通过建设课程开发团队，能够调动起集体的力量，为班级课程的实施提供"课程蓝本"、具体的实施指导以及活动空间。

---

[1] 陈红，曾静，姚航.在园本课程创生中发挥不同层级教师的作用［J］.早期教育，2021（35）：20-22.

（一）通过开发园本课程为教师提供课程"蓝本"

园本课程是指在幼儿园现实的根基上生长起来的、与幼儿园的资源、师资等条件相一致的课程，与普适性课程相对。① 一个幼儿园的课程如果还停留在购买外部教材照搬实施的阶段，那么课程贴合班级幼儿需求、激发幼儿个体动力特征的可能性就会较低。相反，如果一个幼儿园有较为成熟的园本课程，是园长和教师们一起根据相关文件和本园幼儿的发展需要，在开发利用本园课程资源的基础上，边实践边建构而成的，那么这样的课程就会更适宜本园幼儿且具有不断生长的生命力。

因此，课程管理者的重要动力作用之一，就是通过组织团队不断开发更适合本园实际情况的课程，进而为教师开展班级活动提供"蓝本"和实施建议。2017 年对江苏省幼儿园课程建设的调查发现，多数幼儿园已开始了一定程度的园本课程建设。其中有 25.55% 的教师表示自己幼儿园的课程是"全体教师（园长）边实践边建构的"；26.38% 的幼儿园"在采用外来课程的基础上开始了对某一领域或某一类活动（如主题活动）的自主研发"；27.87% 的幼儿园处于"把购买来的课程进行园本化改造后再使用的阶段"；仅有 7.72% 的幼儿园还处于"把购买来的或引进的课程直接使用的阶段"；另有 12.48% 的幼儿园选择了"其他情况"。可见，江苏省大多数幼儿园都已经开始了不同程度的幼儿园园本课程建设，以此来逐步摆脱对外来课程、外来教材的依赖。②

（二）通过集体审议为教师高质量实施活动提供持续支持

虽然有了"蓝本"，但在具体活动实施中，园管理者们仍然会通过正式的、不同层级的课程审议，利用群体的力量为教师继续提供经验、资源方面的动力支持，避免教师"单兵作战"。例如：由骨干教师和管理人员组成的园本课程审议小组，负责定期审议、整理本学年新增活动；由实验班组成的课题研究小组，每学期围绕研究目标开发、审议活动；由年级组群体教师组成的年级组团队，定期

---

① 虞永平.试论园本课程的建设［J］.早期教育，2001（8）：4-6.
② 蔡菡."课程游戏化项目"背景下江苏省幼儿园课程建设的效果与启示——基于教师评价的视角［J］.学前教育研究，2018（12）：39-51.

审议、共同筹备本年级的重要活动；等等。

对江苏省幼儿园课程现状的调查也发现，课程审议已成为教师集体进行活动研发的基本途径。从参与对象来看，79.85%的幼儿园会组织"同一年级全体教师参与"的正式审议，67.61%的幼儿园会组织"园教研室或骨干教师参与"的正式审议。从审议开展的频次来看，有56.63%的幼儿园已将课程审议作为课程设计的常态活动，每1—2周进行一次；26.78%的幼儿园表示每月会进行例行审议。从审议内容上看，幼儿园课程审议的内容较为全面，包括：审议课程理念和目标（79.96%）、审议活动计划或活动内容（85.17%）、审议课程实施过程或途径（78.09%）、审议课程实施过程中的问题或案例（68.12%）、审议课程资源（63.95%）。[①]

（三）通过变革公共空间，将"生产空间"作为课程变革的动力

与班级空间不同，幼儿园的公共空间常常是园长带领下教师们团队合作的结果，体现的是园长的教育理念和空间领导力，并且广泛地影响着生活在幼儿园空间中的全体教师、幼儿以及进入幼儿园的各类来访人员。

根据空间的"再生产"理论，一方面，幼儿园的公共空间创设同样决定着幼儿园课程理念的实现程度；另一方面，幼儿园课程面貌的改变也会在幼儿园公共空间的变化中得到体现，甚至"先行一步"的幼儿园空间创设能够成为引领教师变革活动的推动力量。在幼儿园中，园长作为超越教师、影响幼儿园整体空间建构的重要因子，能够通过创设环境来间接但又根本性地改变多个班级幼儿的活动。如下文中案例所示：

案例：W园指向"灵活、开放、多功能"的公共空间开发

W园原有的幼儿园整体空间分割成各个固定的活动室、活动区、公共空间等，管理者们觉得每个活动空间一旦设立，其功能也就相对固定和单一，这样割裂、固定的活动空间创设模式，不仅造成了空间的"隐形浪费"，也让课程变得刻板、缺乏生命力。因此，园部力图对幼儿园公共空间进行进一步的"资源开发"，通过"功能拓展"打造出"灵活、开放、多功能"的空间支持幼儿的活动。

---

① 蔡菡."课程游戏化项目"背景下江苏省幼儿园课程建设的效果与启示——基于教师评价的视角[J].学前教育研究，2018（12）：39-51.

过程中，园部负责人带着骨干教师们从以下几个方面入手：

创设专用活动室（区），弥补班级资源的不足。 创设了益智、生活、建构、美术、户外沙水区等专用活动室（区）并由专人负责管理，以补充班级空间、材料资源的不足。一些在班级中无法开展的活动（如木工活动、玩颜料等）被放置在这些区中开展。

变革户外运动区域，创新户外运动方式。 为了改变以往户外活动中教师集体组织为主的传统方式所带来的幼儿自主性较低、等待时间长、运动不充分等问题，管理者们带着擅长体育活动开发的骨干教师们一起整体设计、规划幼儿园的户外运动区域。充分利用幼儿园现有操场和器械，围绕幼儿体能的五个维度（力量、速度、耐力、柔韧、敏捷）设计区域游戏。在充分挖掘下，连原有的"种植园地"在添上了各种行车标记后也成了"自行车公园"。这样，之前的班级集体户外运动，就变为了自主式的混班区域活动。幼儿可以自选区域开展晨间锻炼，也可自选游戏材料，在教师指导下创设体育游戏情境，开展体育游戏。

走廊、大厅等公共空间的多功能使用。 为了满足幼儿不断出现的新的活动需求，W园的管理者们和教师一起将活动空间延展到班级之外，结合走廊、操场、大厅、小花园等地理环境的特点，给这些原有功能单一的公共空间赋予更多教育功能，将其改造成适用于多种动态活动的、固定或不固定的多功能空间，进而为幼儿的活动"生成"更多特别的场所。例如：大厅根据活动需要变身成为某个班级的主题展厅，从而将主题活动推向高潮；室内体育馆会临时成为某个主题活动的混班游戏区域；操场可以在毕业主题活动中成为大班幼儿自创个性化毕业照的空间；天气晴好时，班级门口的户外场地就变成户外自主游戏区，幼儿创造性地使用班级游戏材料和户外自然材料，开创自己喜欢的游戏；宽敞的走廊在游戏时段被用于开展相邻班级的混班区域游戏，让两个班的幼儿有更多机会互相交往、共享资源。

总之，W园在立足原有空间拓展性使用的基础上，发掘每个活动空间的多重教育价值，促进幼儿活动空间的复合化和多功能性，在此基础上追随活动的展开，教师与幼儿一起变革活动空间的布局和设置，体现空间的丰富性、适宜性和针对性，力图使幼儿园成为"一个让孩子可以从后院玩到屋顶的地方"。

从上述案例可见，园长应提升自己的空间领导力，这包括策划设计、开发利用、评估改进幼儿园空间的能力，以及借由空间变革推动全园教师转变原有教育观、环境观的能力。在机制上，园长需要以明晰的建构理念、原则、内容和实践路径为基础，建立教育空间的开发利用机制、评估调整机制等，以使空间的建构过程具有持续的推动力。在实施过程中，园长需要帮助教师建立相应的活动空间观，引导教师将空间设计作为教学设计的一部分，活动中关注空间的利用和构建，甚至通过建立具有个性的班级空间、活动空间，开展"因班级而异"的教育活动。此外，园长还肩负着如何协调园外人员参与空间创设的责任，从而让幼儿园这个教育空间吸纳多种园外教育资源，以丰富的物质和人力资源支持幼儿活动。

三、通过转化园外力量支持本园课程建设

课程公共关系领导①是指：为了维护幼儿园课程发展，在园长的课程领导下，幼儿园与各类公众之间建立起互惠互利的关系。

（一）建立公共关系的对象

与幼儿园课程发展相关的"公众"包括：上级政府管理部门、幼儿家长、社区、其他幼儿园、领域内专家等，这些都是处于园外环境层面的因子。面对上级，园长需要主动寻求上级的课程支持和帮助，并需要对上级不适宜的决策提出异议；对领域内的专家，园长可以通过他们了解新的课程理论和课程研究趋势，吸收新的观念和做法；对其他园所、家长和社区，园长需要争取与之开展课程合作以获取支持。有研究者从园内、上级、专家、家长、社区、同行等六个方面分析了园长课程资源领导力，发现园长在获取、协调专家资源方面的能力和从上级领导部门获得课程资源的能力都相对最低，且园长之间的差异在这两方面也都较大。② 专家、主管部门、家长、社区成员的课程参与将在第四章专题论述。

---

① 王段霞. 园长课程领导的现状与策略研究［D］. 上海：华东师范大学，2008：28.
② 刘霞，戴双翔. 幼儿园园长课程领导力：现状、影响因素与提升策略［J］. 教师发展研究，2023，7（3）：56-66.

（二）建立公共关系的内容

1. 主动吸纳外部积极影响，推动本园变革

幼儿园的管理者们通过参加主管部门安排的各级各类培训、研讨会议、课题活动，有机会聆听不同专家的指导，接触到各种前沿理念。在面对这些"外来"的理念和经验时，管理者们不能"盲从""逐新"。访谈中发现，有幼儿园借鉴安吉游戏却学外形而没学到精髓，进而为"我们也给孩子们提供了油桶和竹子，可是孩子们不喜欢啊，根本不玩"而苦恼。管理者应立足本园实际，思考这些前沿理论和经验如何"为我所用"，进而促进本园课程的建设和改革。

案例：S 园 STEM 课题研究中的"借外力"

当时，STEM 作为前沿的研究趋势之一，省教研室也从幼儿园到高中开展了 STEM 教育试点，并组织各市以参加培训、申报课题、申报项目校、申报示范校等方式共同推进研究。S 园的管理者们在参与过程中并没有选择放弃自我、全盘接受，而是在借助省级平台深入学习的同时进行了反思："STEM 理念与我园原有的课程理念有什么共同或不同？STEM 理念中有哪些是特别值得我们借鉴的？STEM 理念的引入能否解决我们原有课程中科学领域较为薄弱的问题？我们原有的科学、数学活动，如何用 STEM 理念来进一步革新？STEM 活动的组织形式如何与现有的课程实施途径相融合？其他幼儿园、小学的经典 STEM 活动如何进行园本化借鉴和改良？"在充分反思的基础上，S 园的 STEM 研究目标和推进路径为：借鉴 STEM 理念补充原有课程中科学和数学活动的不足。STEM 教育代表着一种全新的理念，所以幼儿园的引入应从理念学习入手，组织团队边培训边研究。研究中以活动内容研发为主，组织策略的反思提炼为辅，在追求创新的同时也要保证质量。以主题式、项目式的活动组织方式推进对 STEM 活动的研究，这样教师的活动组织可以灵活采用原有课程中的集体教学和区域游戏两种方式进行。

在这样的"借力"过程中，幼儿园不断更新着自己的课程理念，打磨着自己的园本课程，让自己的教研始终保持着不断自新的态势。用"他山之石"解决自己实践中的问题，才是幼儿园借鉴前沿理念和实践的立场和出发点。

2. 主动屏蔽或改变外部的消极影响，为教师"松绑"

有一定声望的幼儿园不可避免地承担着上级下达的各种示范引领、展示培训任务，以及自身发展需要的汇报开放、阶段性评比任务。甚至有的幼儿园，几乎

每月都有一到两次大型的面向专家同行的开放展示活动，加上其他的家长开放活动、接待参观活动、实习培训活动、上级检查、教师幼儿参加比赛等，几乎贯穿了整个学期。每次展示时不可避免地有着"完美呈现"的压力。但教师的时间和精力是有限的，因此，园管理者的"额外任务"之一，就是减少外界不必要的任务或限制，让教师的动力作用更多地聚焦到开展班级活动的过程中，也尽可能地不让"过于频繁"的教学之外的事件干扰、打乱班级的活动。

访谈中，一位幼儿园领导说："不合理的比赛、活动我们不参加，没必要参加，能推脱的比赛和活动我们也不参加。尽量让老师们把精力集中在班级里，把心思放在活动上。"该园开展国庆节主题活动时，教师们在大厅精心布置了节庆活动的相关内容及幼儿的作品，效果非常好，来往家长也纷纷驻足观赏、拍照。在国庆后主题展示刚撤下大厅空置时，该园突然接到了上级领导的走访安排，园长当即决定："算了，我们不会因为临时的检查，让老师们再摆出来折腾的，收了就收了。虽然这次布展真的不错，但下次还有展示的机会。"走访中领导也提出了大厅空置的问题，当时陪同的幼儿园负责人也作了解释。事后管理者们表示："能帮老师挡的任务，我们就尽量帮老师挡了，让老师尽可能地不受太多干扰。"

四、从管理者转变为领导者，激励教师参与课程建设

（一）课程领导的目标在于激发教师的参与度和响应度

幼儿园的课程建设是园长带领下的多因子共同发挥作用的过程，课程领导的目标在于通过园长的专业引领，提高教师的参与度和响应度，使得推动课程建设的动力不只源于管理者，而且源于所有决策参与者的创造力以及自我驱动。然而，传统的管理者角色更倾向于权力"掌控"观，主张由管理者作决策从上而下推行课程，角色行为更多是任务导向的。在这样的管理模式下教师更多在扮演"实施者"角色，进而在课程建设过程中会导致各种问题。例如：

任务驱动而非问题驱动。在开发过程中，管理者更多采用任务型管理，围绕着如何完成各项任务（如展示开放、协助培训、完成课题材料等）而展开研讨。教研的目标在于完成任务中的"完美呈现"，而不在于帮助教师解决教学实际问题或提升能力，导致教师觉得参与教研就是"去领任务""对自己没啥用"。

在要求与支持之间缺乏平衡。在"无指导"的情况下,要求老师开发活动、设计材料,让老师在"试误"和"盲行"中探索。用老师的话说就是:"到底要我们干什么、怎么干,领导自己也说不清。""弄得我们心里没底也要跟着干。"

指导和管理中出现"超限效应"。管理者们对老师的任务安排多、倾听讨论少,进而出现管理者忽视班级微观系统现状,将"理想的"或"园本的"课程"塞入班级现场中",引发教师和管理者之间的矛盾。用访谈中教师的话说,就是领导者在活动研发和实施过程中"规定动作太多",导致没法尝试自己感兴趣的内容。

决策权和评价权的过度集中。权力"掌控"观下,教师是活动实施过程中的"权威",却在日常安排、活动设计、内容选择与活动评价等方面缺乏自主权。"有责无权"常常导致"有实无名"或"被动、懈怠",一定程度上阻碍了教师深度参与幼儿园课程建设。有教师在访谈中提到:"领导说是让我们说的,但说了之后还是听领导的。"一位老教师曾经给笔者打了一个"踢足球"的比方:"课程审议或者私下跟领导交换意见,就像足球射门一样,我们一通踢、跑、传,想着把球弄进球门,结果这个来拦截、那个不同意,裁判也不见得帮咱们,还能怎么样?"不少幼儿园虽然有一系列的课程评价制度,但真正与教师奖金和考核相关的评价权力都掌握在几位管理者手中。访谈中一位老教师说道:"为什么(班级环境)好不好看、有没有童趣,领导说了算?不喜欢我的教室环境布置硬要我改,却又不说怎么改,前前后后让我改了3次才通过。"另一位老师诉苦:"我们班做水墨画字,我利用自己的周末时间一张张裱好了布置墙面,我真是太喜欢孩子们稚拙的笔触了。结果领导周一路过脱口而出'不好看'!真是气死我了,以后再也不搞什么创新了。"

传统的课程管理模式下,整个团队进行课程建设(或研发教育活动)的动力源于拥有决策权的管理者,是通过外部监控来驱动教师的。这不利于教师动力作用的激发,也不适合教师创设角色和管理人员领导角色的转型。课程领导与课程管理有着本质的区别,课程领导过程中体现的是权力的分享,课程相关人员参与民主决策并进行课程实施,教师被认为是有创造力和决策能力的,强调纵向的沟通和交流。[1]用生态和动力的视角来看,课程领导的最终目标在于激发教师的动力作用。

---

[1] 黄显华,等.课程领导与校本课程发展[M].北京:教育科学出版社,2005:10-11.

"课程领导者必须超越传统领导概念赋予领导者'发号施令'的角色和责任,而课程领导本身也将被重新概念化为一种合作探究、发现、学习和质疑的过程。"① 瑞吉欧教育强调教师的参与和共同决策,从而让教师在参与的过程中分享责任,形成一致的目标。如果每位教师都能在园长的带领下积极参与本园课程变革,愿意尝试创生更适宜班级幼儿的教育活动,那么教师的动力作用就能得到充分的发挥,也更容易产生获得共同拥护的决策,幼儿园的课程质量也会得到提高。

(二)专业能力是提升领导者专业影响力的基础

课程领导者的影响力是建立在专业知识和能力上的,而不是依靠行政的职权或地位。瑞吉欧的每个学校最多有一个领导人物,而这位大家公认的领导是由于他或她在教学上的价值所得到的认可,而不是他或她的职位。② 因此,促进园长的自主学习与持续发展是提升园长领导力作用的重要途径。③ 课程领导者所具有的课程开发的技能(包括对开发任务的规划、对开发方向的把握、对现状问题的敏感察觉和反思等),会创造一种环境氛围,以保证教师在课程规划和实施时有积极的参与度和响应度,让教师明智地选择课程内容。可见,课程领导者要从影响力的角度切入工作,用专业性为教师开发和实施课程提供支持,而不是从权力或权威入手发挥动力作用。④

(三)共享权力是激励教师主动参与的关键

在传统权力观指导下的控制性课程中,教师是忠实的课程实施者,管理者是变革课程、推动教师的主要动力源。但这样的控制性课程违背了有效课程设计的所有原则⑤,也无法充分且合理地发挥教师的动力作用。教师的课程参

---

① 黄显华,等.课程领导与校本课程发展[M].北京:教育科学出版社,2005:13.
② 里纳尔迪.对话瑞吉欧·艾米利亚——倾听、研究与学习[M].周菁,译.南京:南京师范大学出版社,2014:113.
③ 刘霞,戴双翔.幼儿园园长课程领导力:现状、影响因素与提升策略[J].教师发展研究,2023,7(3):56-66.
④ BRADLEY L.课程领导——超越统一的课程标准[M].吕立杰,等译.北京:中国轻工业出版社,2007:译者序,3-4.
⑤ BRADLEY L.课程领导——超越统一的课程标准[M].吕立杰,等译.北京:中国轻工业出版社,2007:23.

与(应)是有意识有主见的参与,而不是被动的参与;教师(需要)拥有课程开发的权力,他能够提出自己的意见并与其他课程设计者一起分享课程决策的权力。①

课程领导者与教师共享权利,即权力对等(power equalization),是激励教师参与的重要因素,因为"教师的自我实现、动机和成就感是与课程决策联系在一起的"②。幼儿园领导应该主动提升教师参与地位,与教师共同分享课程决策、课程评价等课程权力,在协商、对话过程中,解决教师在活动设计和实施中的困惑,满足教师提升自身专业能力的需求,让教师对"教什么""什么时候教""以什么方式教"等有更多的发言权。甚至管理者应该适当承担决策失误的责任,允许教师一定范围内的"尝试"甚至"试误",保护教师"勇于创新的一颗心"。事实上,幼儿教师在具体的活动展开过程中需要依据具体的情境作出大量决策,及时调整原有计划或生成活动。如果教师没有课程决策权、自主权,教师就无法发挥自己的主动作用来积极思考与探索,无法主动地参与到课程开发过程中。

当然,教师的权力获得总是伴随着对教师活动开发能力的质疑,然而"赋权增能"并不是一个先后关系,而是互相促进的关系。教师是在使用各种权力的过程中锻炼相关能力的。团队领导者需要思考的不是如何阻止权力下移,而是如何在权力下移的过程中支持教师用好决策权等权力,这包括引入专家培训等支持力量,帮助教师更新理念,以及提升活动设计、活动组织、活动评价的相应能力等。同时,赋权增能的过程需要打破教师"孤军奋战"的局面,通过团队建设和合理的组织制度,让教师能更好地借助群体力量,共同探讨实践中的问题,开展协同反思、互动、交流和协商,推进教师专业成长和专业发展。一个不断"增能赋权"的团队将是一个不断完善的相互支持系统。此外,为教师的课程领导赋权也被认为是应对园长领导力不足的重要途径③,下一节将探讨教师团队中的分布式领导和教师的领导者角色。

---

① 郑三元,姜勇.论幼儿教师的课程参与——兼议园本课程的开发[J].学前教育研究,2002(4):16-18.
② 杨明全.革新的课程实践者——教师参与课程变革的研究[M].上海:上海科技教育出版社,2003:131.
③ 王春燕,戴昊.分布式领导理论视角下的课程领导力探讨[J].上海托幼,2023(Z1):44-45.

（四）关注教师的个体特征是激发动力的根本

教师作为主动的课程开发者角色，一方面与自身的能力、经验、资源、特长等个体特征相关。教师会"照本宣科""机械执行"自己不太擅长或不甚了解的园部课程，但不太可能热情高涨地开发自己完全不擅长或者不甚了了的活动并取得良好效果。另一方面，教师的课程开发行为也与其所处的"场"是否能够激发教师的主动性、促进教师主动发挥动力作用有关。

实践中，教师在参与活动研发或课程研究的过程中往往缺乏选择权，处于"根据园部需要被安排的地位"，这往往会造成教师个人资源的浪费。当幼儿园管理者的安排与教师个人的研究兴趣、特长爱好相左时，教师的需求就只能"让路"了。在访谈中，一位教师说道："不适合也没办法。我们园长想搞艺术特色，好是也蛮好的，但我音乐和美术方面都很一般，日常带班肯定没有问题，但是要参与研究、承担开放任务什么的肯定不行。我比较擅长和喜欢的是科学和数学，但没办法，只能跟着园里的要求走，喜欢的内容就只能算了。"可以想见，在"举全园之力"统一研究某项内容的同时，虽然会正合某些老师的兴趣特长，她们往往会借由全园的研究过程脱颖而出，感受到自我提升的过程，但一定也会有某些教师只是被"裹挟"其中，处于被动、不得不接纳的状态，而这部分老师的主动性就难以发挥。用这位老师的话说："开发出来的艺术类课程，好是好，但我们这样艺术方面不太擅长的老师日常根本操作不了，最后只能就这么上上了，完成任务而已。"如果说偏向某一领域的特色园不利于幼儿的全面发展，那么也一定无法满足全体教师的发展需要。具有适宜性的班级课程，不仅是要适宜于班级幼儿，也需要关注到教师的兴趣和水平。当园部统一的研究太多，安排的指定活动太满，研究力量向某一方面过度倾斜，教师就没有时间和精力去探索"自己感兴趣"的班级课程，也就剥夺了教师在探索中自我成长的机会。一位教师在访谈中无奈地对笔者感慨："我心里看得像白月光一样的东西，我为之付出业余时间在不断完善、想做到尽善尽美的东西，被领导看得一文不值。因为领导不要你做这个，要你做她的课题！"

如果幼儿园能够赋予教师选择权，让教师自选参与不同的研发内容；允许一定资历的教师申请个人课题，对自己擅长或感兴趣的方面进行深入研究；同时建立激励机制，满足教师个人的成长需求；并为教师赋权增能，用良好的活动效果提升教师的自我效能感。那么，教师就能有机会开展自己感兴趣和擅长、愿意付出和投入的研究，这是对教师个体动力特征最好的呼应。

第二节　教师在团队影响下发挥动力作用

根据勒温的"动力论"，当个体感受到的驱力大于阻力时，会诱发个体某个行为的产生；相反，当环境中的阻力大于驱力时，个体将不会产生某个行为，甚至会倒退。"橘生淮南则为橘，生于淮北则为枳。"教师个体具有的兴趣和能力等并不必然会引发教师主动积极地提升自身的课程实施水平、创新班本活动、参与园本课程建设。教师所处环境中的"场力"对教师的课程参与行为和在课程建设中的贡献起着重要的强烈影响。不同管理者和教师团队就是不同的"场"，同样一名教师换一个课程开发团队或换一个园区工作时，可能会呈现截然不同的工作状态，如：从积极主动参与研讨变成沉默的大多数；从乐于尝试新的活动内容或组织方式变得墨守成规、止步不前。

勒温提出的群体动力学是一个考察群体内部成员相互作用形成的群体心理对个体心理和行为发生影响的研究领域。幼儿教师是以群体的方式，通过合作性的参与课程开发，来实现其对课程的贡献的。[①] 对教师产生动力作用的各因子对教师角色的共同期待"形塑"着教师实际上扮演的角色。因此，我们可以借鉴勒温的"群体动力学"来分析幼儿园课程建设中，管理者与班级教师以及教师间的相互动力影响。

一、基于群体动力学研究课程建设团队的运作

（一）影响教师的群体可以分为正式群体和非正式群体

群体（group）作为社会心理学体系中的一个范畴，是指那些成员间相互依赖、彼此间存在互动的集合体。[②] 成员之间以影响别人同时又被影响的方式相互

[①] 郑三元，姜勇.论幼儿教师的课程参与——兼议园本课程的开发[J].学前教育研究，2002（4）：16-18.
[②] 全国13所高等院校《社会心理学》编写组编.社会心理学[M].天津：南开大学出版社，2008：314.

作用。①1939年，勒温在《社会空间实验》一文中首次提出了"群体动力学"，旨在探索群体发展的规律，群体的内在动力，群体与个体、与其他群体以及整个社会的关系等。②后人通过进一步研究，认为群体功能的发挥受群体的角色与规范、交流模式、地位与权力、凝聚力、性别、群体中的决策制定等因素的影响。③不同的社会心理学家对群体的构成要素有不同的定义，"交流、影响、互动、相互依赖、人际关系、心理重要性、共享认同、结构"是群体的主要特点。④

群体可以分为正式群体和非正式群体。对于班级教师而言，她们是在各种正式或非正式的教师群体中开展日常工作的。正式群体是指那些有明确规章，成员地位和角色、权利和义务都很清楚，并具有稳定正式编制的群体，如因园部安排而形成的保教三人班组、小中大年级组、园区教工组等都属于正式群体，课程开发正是以这样的正式群体为依托展开的。各类活动的开发设计需要依托不同层级的集体审议，活动的组织实施需要班级两位教师的合作，大型活动的筹备离不开年级组教师间的合作，过程中还受到管理者的监督或评估……在正式的各种教师群体中，管理人员（如业务园长、教科研主任）是正式群体中的"首席"，起着主导性的推动作用。

而非正式群体是指那些自发产生的、无明确规章的，成员的地位与角色、权利与义务都不确定的群体。非正式群体往往以共同的利益、观点为基础，以感情为纽带，有较强的内聚力和较高的行为一致性。⑤其中，某种利益或观点的相似、共同的价值观及共同的兴趣爱好、经历或背景相仿等因素都能促使非正式群体的形成，但与正式群体的相对稳定状态不同，非正式群体是不断变化、不断重新组合的。⑥教师们自发组成的非正式群体也会对教师开展班级活动产生着正面或负面的动力作用。在非正式的群体中，教师间的支持更多是互补互助。

---

① 沃切尔，等.社会心理学[M].金盛华，等译.南京：江苏教育出版社，2008：474.
② 周晓虹.现代西方社会心理学流派[M].南京：南京大学出版社，1990：91.
③ 阿什福德，等.人类行为与社会环境——生物学、心理学与社会学视角（第二版）[M].王宏亮，等译.北京：中国人民大学出版社，2005：137-138，140.
④ 阿什福德，雷克劳尔，洛蒂.人类行为与社会环境——生物学、心理学与社会学视角（第二版）[M].王宏亮，李艳红，林虹，译.北京：中国人民大学出版社，2005：137-138.
⑤ 全国13所高等院校《社会心理学》编写组.社会心理学[M].天津：南开大学出版社，2016：319.
⑥ 屠文淑.社会心理学理论与应用[M].北京：人民出版社，2002：160-161.

（二）群体环境会对教师产生正面或负面的动力作用

教师是否主动参与幼儿园课程建设或本班活动的创生，扮演什么样的角色（活动实施者还是设计者），在活动实施中抱有怎样的心态，采取什么样的行为……也与环境中的动力影响有关。这些影响有正面的，也有负面的。

1. 正面作用：支持高质量的创新

教师呼应幼儿个体特征进行活动创新或将"蓝本"课程进行班本化实施，都属于教学创新。教师的这一行为需要所在团队（群体）的支持。如，教师创新创优的需求与团队的协作机制、激励机制、审批机制等系列机制相关。教师所用来开展活动的个人资源（能力、技术、经验）等与幼儿园的教师培训状况、教师间的经验分享程度相关，开展活动的物质资源更是与幼儿园课程资源库的建设密切相关。教师在创新过程中带来的成就感或挫败感体验则会影响其之后的课程决策，而集体审议能极大地提高活动的成效，提升教师的自我效能感。一个会互相肯定、目标一致、互相倾听、研讨氛围浓厚的教师团队更容易熏陶出乐于与家长、幼儿协商互动的教师。有研究表明，创造型领导的园长会通过组织创新支持和建立创新型组织文化，来支持教师的教学创新。组织创新支持的表现包括："即使新的教学计划没有达到预期的效果，学校主管仍然会支持教师执行新的想法"等。创新型组织文化包括："所在学校会营造出有利于教学创新的氛围"和"学校能根据外部环境的变化而作出相应的改变"等。[1]

2. 负面作用：社会惰化与组织沉默

群体惰性，又称社会惰化（social loafing），是指许多人在一起工作会降低个人活动积极性的现象，即群体一起完成一件事情时个人所付出的努力比单独完成时偏少的现象[2]。而组织沉默概念最早由 Morrison 和 Milliken 提出[3]，指的是员工在组织问题上选择保留自己的想法、观点和建议的行为，是组织中普遍存在的一种现象。不少研究者关注到了幼儿园教师在教研活动中在本可以提出个人想法观

---

[1] 徐艳贞，黄茂勇. 园长创造型领导对幼儿园教师创新教学表现的影响：组织创新支持和创新型组织文化的链式中介作用［J］. 学前教育研究，2023（9）：65-78.

[2] 俞国良. 社会心理学［M］. 北京：北京师范大学出版社，2006：558.

[3] MORRISON E W, MILLIKEN F J. Organizational Silence: A Barrier to Change and Development in a Pluralistic World［J］. Academy of Management Review, 2000, 25（4）: 706-725.

点及建议时，却选择提炼、过滤自己的真实观点，或者直接保留自己的想法意见的现象，并从教育社会心理学的视角围绕影响因素、建议对策等方面进行研究。①②③

从社会心理学的角度来看，课程开发是一个创造性很强的任务情境，而创造性任务情境本身就存在着社会惰化效应④，即"不愿做"。同时，我国幼儿园中组织沉默（即"不愿说"的现象）也很普遍，对组织决策、组织创新、组织内部氛围都产生了不良影响⑤，这种组织沉默也会影响课程创生、课程自新等具有创造性、复杂性、难度挑战的任务的完成。

由于体制机制的原因，教师职称晋升通道较为狭窄。同时，由于课程建设工作大多是全园（或一批教师）参与的活动，过程中个别教师的参与和贡献难以被识别，积极性自然难以得到调动。对江苏省幼儿园课程状况的调查也发现，20.28%的教师认为"教师激励机制、参与机制不完善"是本园课程开发的主要障碍。⑥

（三）教师动力作用的发挥需要团队支持

勒温认为是群体赋予了个体的性质，而不是个体赋予了群体的性质。⑦群体特质对个体的课程参与行为有着重要而持续的动力影响。一个民主、融洽、互相信任、积极开展园本课程建设的教师团体，会自然地激发教师积极参与活动设计、审议、评价等过程，孕育愿意在活动实施过程中积极发挥动力影响的教师。而一个消极、被动、彼此敌对的教师群体，不仅无法为教师开展班级活动提供更多支持，还可能给渴望创新的教师带来阻力。因此，团队建设是园管理者保障课程开发得以不断持续高质量进行的重要途径。

---

① 尹一林. 幼儿园教研活动中教师"组织沉默"现象研究［D］. 沈阳师范大学，2020.
② 王海霞. 幼儿园园本教研中教师组织沉默现象探析［D］. 福建师范大学，2018.
③ 秦旭芳，尹一林. 动力学理论下幼儿教师教研组织沉默的追本溯源［J］. 教育导刊，2019（6）：62-67.
④ 李晓丽，阎力. 创造性任务情境下社会惰化影响因素研究［J］. 心理科学，2011，34（1）：160-165.
⑤ 江文，张敏强，刘江南，申荷永. 幼儿教师组织沉默归因研究——基于东莞市1700位幼儿教师的调查［J］. 教育导刊，2022（2）：82-89.
⑥ 蔡菡. "课程游戏化项目"背景下江苏省幼儿园课程建设的效果与启示——基于教师评价的视角［J］. 学前教育研究，2018（12）：39-51.
⑦ 周晓虹. 现代社会心理学史［M］. 北京：中国人民大学出版社，1993：205.

二、遵循群体动力学规律，建设高效运作的课程开发团队

课程经常涉及两个或更多的人，许多人需要一起设计、实施课程。[①] 教师缺乏支持、"孤独"地开发活动，不仅使课程在质量方面缺少保障，还会因资源不足产生操作上的诸多困难。因此，幼儿园的课程建设或园本课程开发需要领导者和全体教工一起积极合作解决问题。积极参与的教师越多、参与质量越高，开发出的活动质量往往越高，开发成果的转化效果也越好。

为了让每位教师发挥动力作用，作为主体积极、主动地参与到幼儿园课程建设中，我们可以借鉴群体动力学，从群体形成、领导方式、群体结构、群体氛围、群体凝聚力、群体公约、群体决策等群体动力因素入手，分析课程建设团队的高效运作策略。

（一）群体的形成和角色分工：自选、自主

1. 正式群体的形成方式

常见的课程研发团队，是由幼儿园按照园区、年级组、班组等现有组织形式，为教师"一刀切"地指派研究团队。如果教师能够基于自身的研究兴趣和幼儿园课程建设需要，以同伴自主邀约的方式，构建多元化的合作共同体，随后通过团队自主申报微课题、子项目等方式，深度参与课程建设，那么就能在关照教师个体特征的基础上，让教师更好地借助团队力量参与课程研究，并逐步形成自己的专业优势。

2. 鼓励自主承担角色和任务分工

在一个课程研究团队中，每位教师都在扮演着一定的角色，如：指导者、活动设计者、实施者、资源提供者、总结提升者等。PPCT 模型分析了个人特征的四个内容分类及其动力作用。也有研究表明，当自己的特质与担任的角色相一致时，人们可以感觉到他们的行为反映了他们真实的自我，产生出更多积极的情绪，他们在任务中比那些自我特质和角色不一致的人更能享受工作。[②] 当教师能

[①] BRADLEY L. 课程领导——超越统一的课程标准 [M]. 吕立杰，等译. 北京：中国轻工业出版社，2007：61.

[②] BARON R, BRANSCOMBE N, BYRNE D. 社会心理学 [M]. 邹智敏，张玉玲，等译. 北京：机械工业出版社，2011：303.

够承担与自己特长特质、兴趣爱好相对应的角色或任务时，教师就会感觉到他们的行为反映了真实的自我，从而产生出更多积极的情绪，教师的个体特征也能更好地发挥动力作用。如果团队中的角色是预先设定并分配好的，那么教师就会因为职务、组织方式、团队文化等原因而被默认扮演或指派扮演某个角色，教师就难以自己选择扮演的角色及参与的内容。当角色和任务与自己的个体动力特征不符时（如，在自己不感兴趣的课题研究中担任某个角色时），教师的动力作用就无法充分发挥。

为了让不同地位的教师在团队中能够最大限度地承担与自身特质相契合的角色，进而调动其参与的积极性，建议采用"自然生成"而非"预设指派"的方式让教师承担角色，即通过非正式的指派，由教师个体逐渐获得特定的角色。比如，幼儿园可以用群体推选的方式产生某个开发项目的负责人，鼓励新教师担任联络员、信息收集者和记录员，安排群体成员轮流当发言人和主持人，邀请专家或有特长的教师扮演"向导"角色，鼓励更多教师充当"评价者"等。当然，角色不是一成不变的，而是根据需要灵活转化，如某个教师可以在某个阶段、某个活动中既是"设计者"也是"实施者"，而另一个活动中则成为"评价者"。

（二）领导方式：变革型、分布式

1. 园长的领导特质

对群体的研究发现，领导者需要兼具任务型领导者和关系型领导者两个角色。[①] 任务型领导者提出建议和意见，通过为群体提供信息，控制、发展、协调和组织群体完成特定的任务。关系领导关注的是群体互动中情感和人际方面，力图保持群体平稳和谐地工作，努力提高群体的凝聚力。园长作为课程领导者需要兼具任务和关系两个方面，既要关注课程开发和设置，又要组织合作的教师团队，形成制度化的工作模式；同时采取民主型的参与式领导，增强成员的主人翁感，共同解决本园课程建设过程中的问题。民主的领导方式，能够提高团体的凝聚力，受到成员拥护和爱戴的领导会自然地成为团队的核心，因此团队推选出的课程研发负责人往往会比指派的负责人更能调动教师的热情。

---

① TAYLOR S, PEPLAU L, SEARS D. 社会心理学 [M]. 谢晓非, 谢冬梅, 张怡玲, 等译. 北京：北京大学出版社, 2004: 339.

2. 园长的锐意变革

不仅锐意创新变革的园长更容易引发教师的创新教学表现[①]，而且变革型领导与教师的组织沉默呈负相关，即学校领导的风格越是趋近于变革型，教师的组织沉默程度越低[②]。因为变革型领导能营造出一种互相信任的氛围，提升教师的组织信任，从而让教师敢于谏言。可见，当幼儿园管理者有较高的业务水平、表现出不断变革本园课程、鼓励创新时，教师会更愿意参与各类研讨，并积极表达观点、分享自己的经验。

3. 赋权教师的分布式领导

为了让更多教师主动参与到推动课程建设的过程中，课程领导力研究从一开始的关注园长，逐渐转向关注教师。其中，"分布式领导"这一概念被不少研究者提及。分布式领导理论主张分配教育领导权，将学校领导定义为学校所有人的责任，支持教师参与课程领导。分布式课程领导有助于充分发挥教师个体的专业影响力和提高整个教师团队的专业影响力[③]，且能通过教师合作的中介作用对教师工作满意度产生影响[④]。目前，不少幼儿园会根据课程开发需要，设立不同层级的课程开发团队，在这些团队中的年级组长、班组长、某个领域的经验型教师都被赋权轮流担任某类活动开发任务的负责人，进而让更多教师作为领导者发挥主动作用。

（三）群体结构：兼顾同质与互补

群体动力学认为，团体一旦形成，也就会拥有其自身的结构，团体结构包括团体角色、团体地位、团体内外环境等因素[⑤]。合理的群体结构是课程团队顺畅、高效运转的关键。在组建课程研发群体时，需要兼顾同质性和互补性。相似的经历（同质性）让彼此吸引，产生群体并巩固群体；而互补性能让每位成员觉得自

[①] 徐艳贞，黄茂勇.园长创造型领导对幼儿园教师创新教学表现的影响：组织创新支持和创新型组织文化的链式中介作用[J].学前教育研究，2023（9）：65-78.

[②] 江文，张敏强，刘江南，申荷永.幼儿教师组织沉默归因研究——基于东莞市1700位幼儿教师的调查[J].教育导刊，2022（2）：82-89.

[③] 崔丽.分布式领导理论视角的高中教师课程领导研究[D].首都师范大学，2013：68，71.

[④] 龚婧.分布式领导对教师工作满意度的影响：教师合作与教师自我效能感的中介作用——基于TALIS 2018上海教师数据[J].全球教育展望，2023，52（5）：105-118.

[⑤] 申荷永.充满张力的生活空间——勒温的动力心理学[M].武汉：湖北教育出版社，1999：103.

己不可或缺，从而更好地通力合作。

以往在组成课程开发群体时，管理者更多从同质性的角度出发来选择成员，如美术特长的教师会被编入美术研讨组，小班组的老师会自然地组成小班课程的审议团队。然而，在一个课程开发群体中，如果群体成员是优势互补的，那么每个人在合作中就更能充分发挥自己的特长和优势，分享各自的信息和想法，彼此间更能相互弥补，从而使得群体在课程建设过程中更好地发挥作用。对于人数较少的课程开发群体而言，这一点尤为重要。因此，团队在形成之初就需要兼顾成员间的同质性和互补性，进行结构微调，围绕课程建设的团队目标，选择各有所长的教师，避免出现一个课程开发团队中都是年轻教师，或都只擅长某类（某个领域）活动的设计，抑或成员都只善于操作而不善于归纳总结等情况。

（四）群体氛围及沟通方式：灵活、高效、全参与

课程的开发离不开相关的审议和研讨，定期、频繁的沟通交流有助于团队间的理念认同、问题解决、集体决策等，而组织沉默则会让团队丧失这一功能。对群体行为的研究也发现，成员之间的沟通程度是影响合作的重要因素之一："要构成一个群体，首先是有频繁的互动，即成员间有生活、学习和工作上的交往，有信息、思想、感情上的交流。"[1] 而沟通程度受组织氛围和沟通机会的影响。

首先，民主的群体气氛能够为团体成员带来安全感、自信心，以及良好的人际关系、积极的社会支持，[2] 根据群体动力学规律，群体成员的身份越平等，成员的满意度就越高，紧张的人际关系会削弱群体的吸引力，可以说成员间平等、民主的关系是课程研发团队的润滑剂。当交流的问题较为复杂时，平等化的交流模式比中心化的交流模式更为有效。[3] 因此，平等化的集体审议模式比中心化的

---

[1] 全国13所高等院校《社会心理学》编写组.社会心理学[M].天津：南开大学出版社，2016：318.
[2] 申荷永.充满张力的生活空间——勒温的动力心理学[M].武汉：湖北教育出版社，1999：103.
[3] 阿什福德，雷克劳尔，洛蒂.人类行为与社会环境——生物学、心理学与社会学视角（第二版）[M].王宏亮，李艳红，林虹，译.北京：中国人民大学出版社，2005：143.

交流模式更利于教师们围绕复杂的课程问题进行有效的沟通和协商。将集体的正式审议和网络平台式的非正式审议相结合,有助于鼓励不同学历、不同职务、不同职称的教师在一个充分被赋权、被信任、被支持的情境下,轮流发言、各抒己见,从而避免课程研讨成为管理人员或某些骨干教师的"发言专场"。

其次,沟通的机会越多,合作的可能性越大。① 但正式组织的各类课程研讨活动或教研活动往往发言机会有限。为了加强沟通,除了原有的年级组定期的(每周、每月)集体备课、课题组定期审议等当面交流方式,一方面可以通过QQ、微信、校园内网平台等辅助手段,让教师利用碎片化的时间沟通;另一方面,应适当控制团体人数,当同一内容需要参与的教师人数过多时,可以拆分成若干小组灵活开展日常的研讨活动,再定期开展整个团队的汇总交流。及时交流和共同活动不仅能让教师即时地发表自己的研究感悟、分享自己的研究进展或成果,也能融洽人际关系,促进深度合作。

(五)群体凝聚力:从情感依恋到共同愿景

群体凝聚力也称内聚力,是一种将成员维持在群体内部的力量。② 高凝聚力的团体成员间情感亲近、彼此忠诚、彼此喜爱,他们的个人目标与群体的目标高度一致,能朝着群体共同的目标努力。③ 群体凝聚力有助于增强群体的稳定性、提升群体的工作效率等。④ 可见,高凝聚力能让课程建设团队中的每位教师更加认同目标、顺畅合作,进而提升开发效率,更好地实现目标。

群体动力学认为一个团队凝聚力的形成过程有三个基本层次:第一层(低层或表层)是团队成员彼此的感情依恋;第二层(中层)是价值取向的统一;第三层(深层)是群体活动的目标统一。⑤ 显然,要满足上文中支持性联系的要求,

---

① 全国13所高等院校《社会心理学》编写组.社会心理学[M].天津:南开大学出版社,2008:324.
② 阿什福德,雷克劳尔,洛蒂.人类行为与社会环境——生物学、心理学与社会学视角(第二版)[M].王宏亮,李艳红,林虹,译.北京:中国人民大学出版社,2005:143.
③ BARON R, BRANSCOMBE N, BYRNE D. 社会心理学[M].邹智敏,张玉玲,等译.北京:机械工业出版社,2011:305.
④ 俞国良.社会心理学[M].北京:北京师范大学出版社,2006:539.
⑤ 全国13所高等院校《社会心理学》编写组.社会心理学[M].天津:南开大学出版社,2008:331.

教师团队应力求达到互相肯定、目标一致的第三层次。从这三个层次来看，提升课程研发团队凝聚力需要：

首先，情感依恋，互相支持。情感是人际吸引的支点，因此，重视"情感投资"有助于提高团体对团体成员的吸引力。① 而成员被群体吸引，群体凝聚力就会增加。情感激励既发生在领导与成员间，也发生在成员与成员之间。领导者如果作风民主、有组织能力、热爱集体，那么有助于集体形成高凝聚力。② 团队教师间如果能彼此支持、互相成就、共同成长，那么群体就会更具凝聚力。

其次，形成相对一致的理念共识。共识是指两个或更多的人在他们支持的观点上达成一致。一起行动、一起解决问题的人需要共识。课程开发过程中，共识既包括理念层面，也包括实践层面。第一，在教育理念、价值取向上保持一致。为了避免教师陷入"领导说什么就是什么""到底革新了没有也没个数"的被动参与状态，在课程团队建立之初，就需要加强教师的培训，让教师对即将开发的课程的理念、目标有一定的共同认识后再开发课程。第二，在实施层面，共识建立在合作的基础上，在取得共识的过程中，每个人都需要调节关注点，共同探索有创意的想法，进而共同开展课程的实施。③ 理念的一致，让教师在团队合作中能"行我所信""信我所行"。

再次，树立共同的目标期待。愿景激励是园长课程领导力的重要部分。集体目标与个人目标一致是影响凝聚力的首要因素。④ 如果集体一致的共同目标同时又具有个人意义，即集体和个人的目标方向是一致的情况下，集体的内聚力就会增强。在团队建立之初，除了要确保每位教师都明确课程研发的总体目标，还要帮助每位教师了解课程研发和教师发展之间的关系，尽可能使得个人发展目标与群体目标相一致，让教师在研发过程中获得自我成长。因此，以自愿选择的方式鼓励教师加入与自己的兴趣和发展期望相符合的研究团队，能激励教师更加积极

---

① 申荷永.社会心理学：原理与应用［M］.广州：暨南大学出版社，2008：254.
② 教育大辞典编纂委员会.教育大辞典（第5卷）：教育心理学［M］.上海：上海教育出版社，1990：454-455.
③ BRADLEY L.课程领导——超越统一的课程标准［M］.吕立杰，等译.中国轻工业出版社，2007：62.
④ 全国13所高等院校《社会心理学》编写组.社会心理学［M］.天津：南开大学出版社，2008：317.

地参与团队活动。有些研究者用"共同愿景"一词来指代"共同目标",认为团队有了共同愿景而非只有共同任务,课程管理才会变成课程领导。群体动力学指出,当任务具有挑战性、吸引力、引人入胜的特点时,群体成员的懈怠程度会减弱。① 此外,通过向教师们介绍所开发课程的价值,并鼓励教师自主申报自己认为有价值的内容,也有助于实现"通过提高任务的重要性和价值,减少社会懈怠行为(Karau & Williams,1993)"② 的目的。

(六)群体公约:建立激励机制和合作机制

机制的缺失或不完善会助长群体惰性,但机制也可以用来克服群体惰性。因此,在园本课程建设过程中,幼儿园可建立相应机制来推动教师主动参与和相互支持。包括:

每个团队(或个人)的单独评价机制。让每个参与者的结果或者努力很轻易地被识别(Williams,Harkins & Latane,1981)是克服群体惰性最有效的方法之一。③ 在课程研发的阶段性节点,不仅公布整个园所的成绩,而且公布每个团队(或个人)的成绩,从而让每个团队、每个人的努力和成果都得到及时肯定和凸显。一些园所设置的"创新奖""最佳活动奖""骨干教师考评"等就是如此。

建立合作奖励机制。设立团队奖而不只是单人的贡献奖,进而鼓励教师在正式和非正式的课程研发群体中积极合作,例如"最佳班组"评比等。建立此类机制有助于在激励教师个体的同时保障互动关系,将原来偶发的、非正式的教师合作支持,变成努力维护的"惯例",进而实现高度合作。

建立资源支持机制。为积极参与课程建设的教师提供园内外培训、重点帮扶指导、材料经费补助等有助于教师个人发展的支持措施,同时以建立物质或电子资源库的方式,支持教师间物质资源和专业资源的共享,以此将教师的个人发展与团队成就相结合,通过机制让个体成长与团队合作之间形成互惠

---

① 全国13所高等院校《社会心理学》编写组.社会心理学[M].天津:南开大学出版社,2008:317.
② BARON R, BRANSCOMBE N, BYRNE D. 社会心理学[M].邹智敏,张玉玲,等译.北京:机械工业出版社,2011:314.
③ 同②.

螺旋。

（七）群体决策：审议研讨的动力作用

勒温认为，群体决策具有动力作用①，可改变群体成员的行为。在其著名的"改变食物习惯"行动研究中，发现实验组以团体决策方式表决后在行为上改变食物习惯的比例为70%，而对照组的行为改变只有30%。② 课程研究的成果有没有及时转化为教师的实践行为，体现出一个幼儿园的变革是否在实践层面上得以落实。因此，我们可以利用群体的力量推动教师在实践层面上改变原有的教育行为。通过群体决策过程（如集体审议）来催生集体课程决策，提升教师对决策内容的价值认同。

从参与对象来看：为了更好地发挥群体决策的动力作用，应让所有与某项课程决策相关的教师都能参与到课程决策的过程中来。例如，针对中班种植园地系列活动的讨论，应该邀请所有中班组教师参加，每位教师都可以发表自己的想法和观点。通过集体审议产生课程决策的这一过程，能够帮助群体成员了解决策的依据和意义，进而推动群体成员（即研发团队中的教师）改变自己的教育教学行为，主动执行群体决策。如果教师没有深入参与具体活动的决策过程，而只是拿到了园部的某份"课程蓝本"，那么有可能对活动的价值理解发生偏差。在开展预设活动时，不但无法举一反三地班本化革新既有活动，还会出现理念走偏、主题指向的关键经验把握不准、主题网络被缩减、活动质量下降等问题。

从审议范围来看：在确定课程目标、制订课程计划、设计和研发活动、开发利用课程资源、课程实施、课程评价的整个课程开发过程中，每个重要的节点都尽可能地通过集体讨论和群体决策的方式形成共识性的研究成果。这不仅可以减少偏见，加强成员间信息的沟通，及时交流问题和经验，提高针对复杂问题的决策准确性，还能改善群体内人际关系，让每个群体成员感到肩负的责任。

从决策方式来看：在讨论前必须向全体成员阐明要做什么决策，为什么做

---

① 高觉敷．西方社会心理学发展史［M］．北京：人民教育出版社，1991：157．
② 申荷永．充满张力的生活空间——勒温的动力心理学［M］．武汉：湖北教育出版社，1999：87-89，103．

决策以及怎样做决策。① 决策不是争输赢对错，也不能通过投票的方式来决定，而是达成共识。具体的促进群体决策的方法包括：头脑风暴法、德尔菲法（也称反馈匿名函询法，通过无记名纸质或电子问卷向每位成员征询建议，经开发式、评价式、重审式等多轮调研聚焦得出群体决策）、具名群体技术（每位成员在不交流的情况下具名提出自己的意见，最后汇总讨论）、阶梯技术（经由2—3人讨论、小组讨论、大组讨论、全园讨论的分级讨论过程，汇总形成一致意见）。② 这些群体动力技术的运用，让每个成员都在贡献智慧的过程中感受到自己的重要性，增加了责任感，一致的理解和决议将有助于后续决策的推行。

（八）发挥非正式群体的积极作用

除了正式团队中的相互影响，工作中教师间自发产生的动力影响也不可忽视。在日常交往共事中，教师间会分享自己的教学困惑，讨论彼此的成功经验，热心地提供自己的智慧和建议，彼此合作开发活动，分享活动材料、数字资源等课程资源。有时这种分享还能作为中介力量，让不同班级幼儿的经验、兴趣为其他班级的活动开展提供借鉴。在这样的互动过程中，幼儿园教师会因各种原因组成非正式的小团体。

非正式群体存在于正式群体中，是不能禁止也无法禁止的客观存在。③ 当正式群体的目标与其成员的需求和愿望不一致，正式群体不能发挥正常的功能，缺乏合理的领导时，非正式群体更容易产生，非正式群体在一定程度上会影响正式群体。④ 当前针对课程开发团队的研究主要以正式群体为对象，但教师是在幼儿园的人际群落中开展一日工作的，教师的行为不仅受到幼儿园显性文化和正式群体的影响，也受到非正式的群体（所处的人际小群落）的影响。来自所处小群体中同伴的积极影响或压力（负面阻力），都会对教师的课程参与、活动组织、专业发展产生重要的动力影响。因此，打造良好的教师团队需要关注到非正式

---

① 布拉德利.课程领导——超越统一的课程标准［M］.吕立杰，等译.北京：中国轻工业出版社，2007：52.
② 侯玉波.社会心理学（第二版）［M］.北京：北京大学出版社，2002：222-225.
③ 屠文淑.社会心理学理论与应用［M］.北京：人民出版社，2002：160-161.
④ 俞国良.社会心理学［M］.北京：北京师范大学出版社，2006：533.

群体:

1. 用机制支持非正式群体的积极作用

非正式群体与正式群体不同,正式群体随组织的存在而自然产生,但非正式群体的产生是教师自主选择的结果。群体动力学认为相似的经历会让彼此吸引,产生群体。教师之间会因为是现任(或曾经)的搭班、同在一个年级组、同一年入职(或调入)、有共同的兴趣爱好等等原因发生交集和互动。在交往中共同的职业发展经历或相似的教育理念,让一些老师自然走到了一起,成为相互之间有着密切关系的群体。

这样由教师们自发组成的非正式群体具有非正式群体的一些共同特征,包括:成员间有强烈的情感纽带,互相肯定认同,群体有较强的凝聚力;此外,成员之间互动频繁,交流顺畅,信息传递迅速。[①] 而且,相比起正式的课程开发群体,教师自发组成的非正式群体一旦进行活动开发,那么过程中往往少有"组长""组员"这样的角色区分,群体里的每位教师都有发言权和决策权,每位教师也需要承担相应的任务和责任。平等的协商决策过程,不仅能最大限度地调动每位成员的智慧,避免偏见,也让每位成员都感受到了自己的重要性,增加了责任感,推动每个人动力作用的充分发挥。协商所得的一致性理解和决议也有助于彼此的分工合作。此外,由于非正式群体中的交流更为灵活,因此,教师间可以得到更多互助,相互间的动力支持就更充分。在访谈中,有老师提到:"我们上班时间都挺忙,下了班又都要照顾家庭,所以都是见缝插针地交流想法。""我们组了一个微信群,谁有想法就发到群里,别人空了就回复。这样一来,幼儿的作品、照片也能及时让大家看到。"还有老师提到:"中午工作餐我们就尽量凑在一起吃,这样能及时交流,很多好主意都是边吃边聊时想到的。""很难说讨论的频率有多高,反正有需要就讨论,基本上隔几天就会讨论一下,时间可长可短。""重要的时候,比如前段时间我们的成果要去参加学校评比,我们就连着讨论了两三周,面对面或者微信交流,一直讨论到方案出炉才结束。"

可见,非正式群体所具备的一些特征正是一个高效运作的课程研发团队需要具备的特征。因此,幼儿园需要充分利用教师原有的非正式群体中的动力关系,

---

① 屠文淑.社会心理学理论与应用[M].北京:人民出版社,2002:166.

通过管理留白、机制激励等方式，鼓励教师寻找"兴趣相投的同行者"。例如：采用自愿结合、任务认领、自主申报等灵活的方式，鼓励教师在原有非正式群体的基础上、在原有人际关系的影响下组建课程研究小组，从而让每个课程研究团队都能在研究之初就拥有较为良好的情感基础、灵活密切的互动模式以及对彼此的认同感，这样的课程团队在建成之初就具有高凝聚力，团队运作起来也会事半功倍。同时，也利用了原有的非正式群体促进正式群体的巩固，将教师间非正式的相互动力影响制度化。

2. 避免非正式群体的消极作用

非正式群体对正式群体的影响可以是积极的，也可以是消极的。"如果正式群体的目标和规范与其成员的个人需要不一致时，非正式群体就会与正式群体发生冲突，阻碍正式群体发挥作用。"[1] 当非正式群体产生抵制、不配合等负面动力作用时，正式群体对课程改革的积极作用也会受到阻碍和消解。正如一位在S园观摩的老师对笔者所说的："S园的老师真认真，我们园如果有老师这么认真备课、写案例、做教具，整天琢磨着怎么开发新活动，估计其他老师都会觉得她有点怪。这么吃力干嘛啊，搞不好多做多错！"

一个幼儿园原有的人际群落以及群落中存在的人际关系，会对课程研发团队的形成以及形成后的运作效果产生积极或消极的影响，进而影响课程研发的质量。因此，一个幼儿园在建设本园课程时，应同时考虑正式群体的力量和非正式群体的影响。尽可能地让本园教师队伍中存在的非正式群体发挥积极的课程建设作用，避免非正式群体对园本课程建设的抵制、干扰作用。如避免僵化地按照年级组、班组、园区等现有划分方式，为教师"一刀切"地摊派、指派研究团队，尤其不应将原本缺乏互动、关系疏离或理念风格相左的老师们硬性安排在同一团队中。

第三节　理想的相互作用：团队协作下的园本课程共建

本章重点分析课程管理者在正式群体中的动力影响，探究如何通过建设一个能吸引教师自愿、自主、有效地参与课程研究的团队，用群体的力量为班级开展

---

[1] 俞国良. 社会心理学 [M]. 北京：北京师范大学出版社，2006：533.

的各类活动提供支持。同时，通过分析教师在正式群体和非正式群体中的相互作用，来探究教师间的相互动力影响。对于幼儿的发展而言，园级层面的动力作用都是间接作用的，园长推动着本园的课程建设，通过让更多教师参与本园的课程变革和自新，让课程更适宜于幼儿，更好地推动幼儿发展。

一、园级层面中各因子的相互作用关系（见图 3-1）

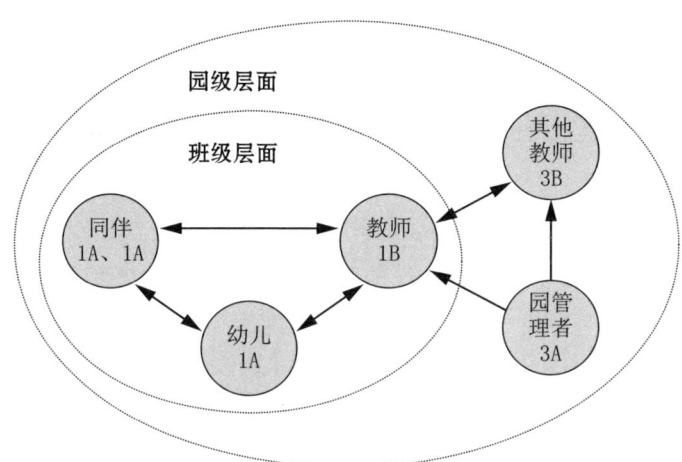

图 3-1 园级层面中动力因子作用关系图

动力关系说明：

关系（6）：3A→1B。课程管理者通过直接干预（评价、管理、技术指导等），为各班教师开展活动提供支持。

关系（7）：3A→3B⟷1B。园长通过建设团队开发园本课程、集体审议班级活动、创设幼儿园公共环境等，利用群体力量支持每位教师开展或创生班级活动。

关系（8）：3B⟷1B。在积极的、支持性的园所文化和管理机制下，教师在正式和非正式的群体中，为彼此提供动力支持。

（一）园长为班级活动提供全方位支持

1. 通过促进教师的专业发展影响班级活动

良好的专业能力是教师参与课程开发和实施的基础。斯坦豪斯也提出"没有教师发展就没有课程发展"的观点，倡导"教师作为研究者"。而根据人类发展生态学提出的二级效应规律，园长、教师都是对师幼关系产生影响的第三者。根据协同进化规律，双人关系中的一方（如教师）获得发展，那么幼儿也将获得发展。因此，教师的专业能力（包括活动设计与组织能力等）在管理者的引领下获得提升，那么师幼双人关系自身的动量就会增加，幼儿就会获得更加高质量的发展。

2. 利用群体力量为班级活动提供支持

园管理人员作为领导的主要责任就是让更多教师参与和响应课程建设。她们需要建设一个能吸引教师自愿、自主参与的有效团队，为教师提供课程"蓝本"。同时在具体实施过中，组织团队通过集体审议、共建资源库等方式为教师提供经验、资源等方面的持续动力支持。过程中，园管理者作为群体中的"首席"起着主导作用。园长需要通过提升自身的课程领导力，转变传统管理者角色，用专业影响力提升教师研究团队的响应度，让研究围绕着帮助教师解决教学实际问题展开，同时通过与教师共享课程的权力，在权责共担中激励教师发挥自己的主动作用来积极参与。最终，推动整个群体的动力将源于所有决策参与者的创造力以及自我驱动，而不是只有园长自己成为推动团队运作的唯一"动力源"。

符合群体动力学规律的高效运作团队，能够很好地完成园本课程开发的任务，并能通过集体审议等方式为班级开展具体活动提供支持。建设这样的团队需要做到：群体结构兼顾同质性和互补性，鼓励自主承担角色和任务分工，从而有利于个体动力作用的发挥；理念趋同、目标一致，提升课程研发团队的凝聚力；通过参与式的领导以及平等灵活的交流方式营造民主的群体氛围；此外，还需建立激励机制和合作机制，克服群体惰性、固化动力作用；注重发挥群体决策的动力作用，加强课程研究成果的转化。

3. 形成激励全体教师参与的团队文化

通过文化来鼓励更多教师参与课程建设是园长发挥动力作用的关键，管理者有责任把塑造积极向上、彼此融合的文化作为一种任务，通过文化来激励老师。然而，在中国幼儿园教师赋权增能的调查中，研究者发现教师年龄越长赋权增能总分越高。研究者将这一现象归因于"长者崇拜"文化的作用。年长者常意味着在幼儿园内拥有更高的地位和威望。这样的差异阻碍了年轻教师参与幼儿园决策、获得专业发展机会和在幼儿园中发挥影响力的可能性。① 在江苏省幼儿园课程状况调查中也发现，仅有 49.41% 的教师表示会通过正式审议表达自己的意见和想法，40.27% 的教师主要选择通过与同事进行非正式审议的方式私下沟通、表达想法，还有 8.66% 的教师则选择"与领导层私下沟通"。相对于高学历、高职称、高职务的教师而言，低学历、低职称、低职务的教师更倾向于选择在非正式审议中私下沟通或询问。②

显然，如果只有部分教师深度参与课程决策或拥有课程权力，不利于整个教师群体动力作用的发挥，不仅年轻教师在群体中的动力作用受限，也会间接使得"被边缘化"的教师在开展班级活动过程中脱离园部力量的支持，进而影响教育活动的质量。因此，幼儿园应着力打破性别、年龄、职位和"论资排辈"等文化传统为教师参与课程建设带来的壁垒，努力营造平等协商、和谐、互相信赖的教师合作氛围，建立相互开放、信赖、支持和平等的同事关系。

4. 联合园内外资源为教师提供发展平台

除了在物质层面建设幼儿园课程资源库、打造幼儿园公共空间推动幼儿园的课程变革之外，不少园长还会充分开发利用园外的多种资源为教师提供多种专业成长经历。这些有价值的经历机会可涉及多个方面，涵盖教师成长的各个阶段，并以"按需自选"的方式推行。例如：

与专家对话的经历，让老师"想清楚再做"。在阅读文献的基础上，让每一位教师获得与专家直接交流对话的机会。通过聆听专家的针对性指导，拓宽研究视野，打破惯有的教育思维，在前沿理念的引领下研究日常教学。

创生经典班本活动的经历，让老师"自己研究着做"。通过具体的班本活动设计、活动组织、课程审议及活动评析，鼓励教师从"小微研究""班本研究"入手，逐步让前沿理念成为教师内化于心的教学感悟和外化于行的自觉教育行为。

现场展示的经历，让老师"在展示交流中完善做法"。鼓励教师向专家、园内外同行展示交流研究成果，以研促学、以展促评，敦促教师进一步反思、完善

---

① 郑楚楚，姜勇.幼儿园教师赋权增能发展现状与影响因素[J].学前教育研究，2019（1）：62-73.
② 蔡菡."课程游戏化项目"背景下江苏省幼儿园课程建设的效果与启示——基于教师评价的视角[J].学前教育研究，2018（12）：39-51.

自己的班本活动研究。

组织分享沙龙的经历，让老师"做得好、说得出"。幼儿教师的研究以实践操作为主，常疏于提炼总结，专业发展容易锢于"做得好、说不出"的瓶颈。针对这样的现象，应为团队核心成员、骨干教师提供组织沙龙、讲座分享的经历，以此锻炼教师的理性思维和总结表述的专业能力。

做小组负责人的经历，让老师"带领别人做"。通过支持教师成为项目小组的组织者，帮助教师转变角色，在从"自己做"到"领着别人做"的挑战中获得组织、指导他人的经验，进而进一步反思、凝练自己的想法和观点。

多样化的学习经历，让老师们"充实底蕴再做"。为教师提供省内外不同级别幼儿园跟岗学习的经历，开拓思路，吸纳学习新的教育教学经验。同时通过开展读书分享沙龙、邀请专家讲座，鼓励教师"跳出教育看教育"，在提升教师的人文素养和学科底蕴的基础上，为新一轮的研究积蓄"再出发"的力量。

（二）教师参与课程开发的多因子支持

道尔（Doyle）和潘德（Ponder）以"教师决策行动的实用性伦理"为题对教育中的创新变革进行了分析。[1] 研究发现影响教师是否积极参与某项改革有三大标准：首先是一致性，即这一改革与教师当时正在进行的实践是否一致。如果改革意味着否定之前的一切，则教师可能会选择放弃。其次，当教师面临革新的压力时，能否获得足够的资源，即要求教师进行变革（例如新的活动开发、新的课程建设）的管理人员是否会给教师提供必要的、可行和可操作的资源（如时间、空间、材料、人力等）。最后，是"投入与回报的关系"，即是否会引起儿童的兴趣、热情和合作并得到家长的支持和欣赏以及管理者的赞许？当教师有足够理由来肯定儿童和相关人员对新做法的反应是积极的话，自然可以接受变革所需要付出的努力。道尔的模型其实从另一个侧面证明了，教师主动作用的发挥需要获得园长、团队、家长、幼儿等因子的动力支持。

---

[1] HENDRICK J. 学习瑞吉欧方法的第一步［M］.李季湄，施煜文，刘晓燕，译.北京：北京师范大学出版社，2002：93-94.

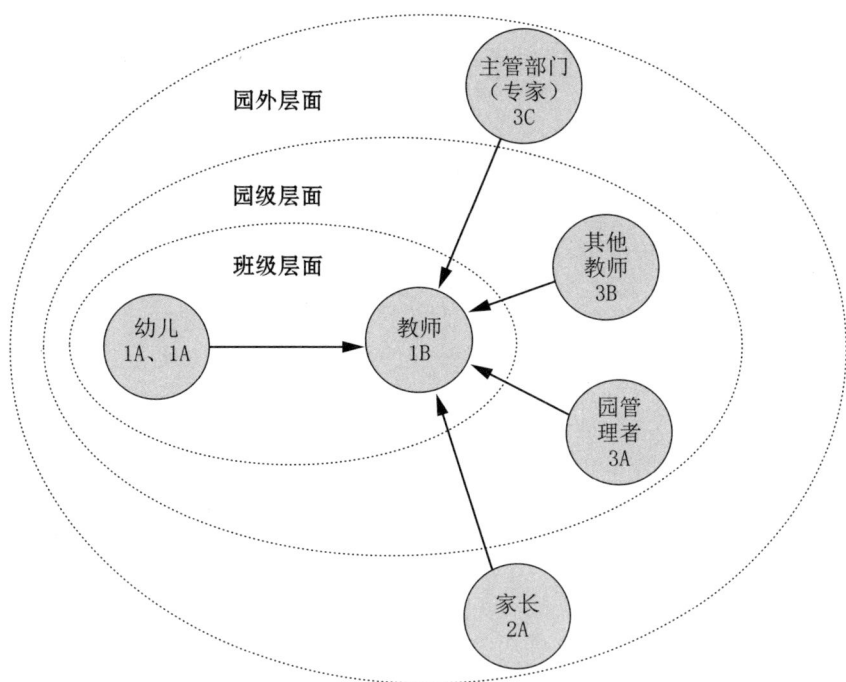

图 3-2　理想的教师动力支持关系图

从图 3-2 可以发现，教师的积极参与行为与多因子支持有关。幼儿的热情、兴趣、配合以及收获成长会推动教师；家长的肯定能够激励教师；园管理者和教师团队能够为教师提供专业指导和资源，帮助教师在创新过程中获得成功体验。

贴合班级幼儿个体特征的课程一定是创生取向而不是机械实施的。而满足课程创生之"需"、解决教师课程创生之"难"，不能仅靠教师个体的力量，应将教师的课程创生过程视为在外部多因子支持下，教师主动与幼儿、家长、同事、园长一起开展课程研究行动，并获得个人专业发展的过程。借鉴群体动力学来分析教师在团队中参与幼儿园课程开发的过程，聚焦于"团队"而不是"个体"，探索如何摆脱组织沉默（"不愿说"）、社会惰化（"不愿做"）等社会抑制现象，从而更好地发挥群体对个体的社会促进作用，用团队的力量提高教师课程开发的响应度和参与度。

二、生态的课程开发：园本课程的顶层设计与实践推进策略

园本课程开发是园长和教师一起共同协作的过程。在开发过程中，不少幼儿园往往存在着顶层设计不清晰、教师在不了解开发意图的情况下盲目设计实施具体活动、推进过程与解决实践问题的过程相脱离、实验班获得的阶段性成果难以全园推广、初具雏形的园本课程无法不断自新等问题，从而导致推进过程虽然"轰轰烈烈"但实际开发效果并不理想，课程开发的阶段性成果因缺乏生命力而被"逐渐遗忘"。在园本课程开发的每个阶段，园管理者、骨干教师、教师团队应有侧重地贡献自己的力量，从而不断推动本园课程建设。

（一）顶层设计：基于园情和需求，教师参与架构共同愿景

不论是哪种类型的园本课程开发，在课程建设的前期，幼儿园会进行包括课程理念确立、课程目标制定、课程资源的大致梳理规划、课程内容的计划组织和实施途径选择等在内的"顶层设计"。科学合理的"顶层设计"犹如可行性较高的"图纸"，决定着后续开发过程的实效。在顶层设计阶段，园管理者需要围绕几个问题进行思考：

1. "为什么做？"——原有课程问题分析和建设需求分析

"园本"即"以园为本"，原有课程中的问题（或优势）、幼儿家长的需求、园内外现有的资源优势等，都可以是幼儿园开发某类课程的动因。因此，现状（背景）分析是顶层设计的第一步。实践中，也有不少幼儿园的园本课程建设是以原有课程基础中的优势方面为基础，即从之前做过的、效果比较好的特色活动进行梳理发掘入手。通过反思"（之前的活动）好在哪里，为什么效果好？可以顺着这些经验复制或者开发新的活动吗？"或者是"原来的活动有缺憾吗？接下来可以从哪里改进？"等等，寻找到园本课程开发的切入点或"需求点"。

2. "依据什么做？"——基于什么样的新理念、新认识来进行课程开发

借鉴适宜的理论开展课程建设，有助于幼儿园从理性层面分析思考实践问题、探索建设思路。但简单套用或粘贴理论，不仅不能指导实践，甚至会因误解误读而导致误用理论。因此，结合园所需求选择指导理念的过程，也是一个深入学习、咀嚼理念，并形成新认识、新思想的过程。

3. "想达到什么结果?"——制定开发目标、确定重点推进内容

在理清了课程开发的理念和基本方向之后,幼儿园需要着重思考园本课程开发的目标和侧重点。例如:期待所开发出的课程能够培养幼儿哪些方面的能力或经验?或者,拟以某类资源为切入点,重点开发哪些方面的内容?抑或期待课程开发是要转变教师观念,还是提升教师的活动创生能力?切实的目标定位和"抓手",能有力地推动后续的课程开发过程。这样的目标定位过程不是园长的"理想创作"过程,而是园长与骨干教师们一起聚焦需求、进行可行性分析、共同绘制愿景规划的过程。不少幼儿园在这一阶段会邀请骨干教师们全程参与这一阶段的顶层设计。基于上一步的理念定位,确定课程研发侧重推进的内容,如是"活动内容开发",还是"多种活动类型实施方式的探索",还是"资源开发及活动环境创设"等。

4. "如何做?"——在前情分析的基础上选择合理的推进方式

园本课程的开发是一个动态过程,往往会横跨几年的周期,因而需要在理清开发重点的基础上,设计明确的阶段性推进措施和相应的支持机制,从而提高教师的参与度,保障开发效果。例如:启动即"卷入"的机制。在背景分析、问题查找、理论学习、课程定位等顶层设计阶段,幼儿园就鼓励骨干教师或全园教师不同程度地参与课程开发。这样从顶层设计阶段就"逐步卷入"的方式,让老师们能够从启动阶段就深度参与,避免教师在对课程开发的顶层设计缺乏整体了解的情况下,"任务式"地盲目创生活动。又如,建立核心团队,提出合作机制。通过确定实验班、建立线上分享 QQ 群、定期实验班活动审议、现场相互观摩等方式,即时交流、确立和澄清课程理念和价值导向、审议具体活动的核心经验和实施方法、分享园内外成功案例。

在实践中,不少幼儿园课程开发之初的顶层设计并不完善,缺少上述的某个方面,或即便四个方面都有涉及但却分析不到位。在顶层设计阶段,幼儿园需要反复考量的问题包括:原有课程中有哪些问题?我们借鉴的某个理念是否能有助于解决这些问题,即理念与问题的适配度如何?对理念的园本化解读是否能有效地引领后续的课程开发?开发目标只是为了完成任务、彰显"特色",还是考虑到今后的实施效果?推进切入点和推进机制是否贴合课程建设的实际情况,具有可操作性?课程开发方案是否条理清晰、重难点突出,抑或不够聚焦、指导性不强等等。

(二)实践建构:在"发现—解决"问题的过程中推动研发

幼儿园的园本课程开发过程遵循"行动研究、实践变革"的逻辑,作为蓝图的顶层设计需要在实践推进中逐步落实和不断修正。在课程开发过程中,作为研发核心成员的实验班教师们在理念接受、内容开发、活动设计、组织指导、行动反思的过程中,会遇到各种各样的问题。幼儿园管理者和教师们需要在"发现问题—解决问题"的循环中,摸索、推动开发进程。

1. 教师的相关素养储备

大多数幼儿园的课程开发针对的是上文所说的第二种园本课程,即部分的、小的园本课程。期望集中园部力量,对现有课程中的某一方面进行深入研究,以期利用原有资源、形成自己的特色。因此,一些幼儿园会从地方文化、乡土资源入手,开发诸如基于"种养资源"或"地方戏剧文化"的园本课程;一些幼儿园会选择从某一领域入手,开发诸如"全语言·全阅读"课程、"原生态艺术"课程、"挑战性运动"课程等;还有一些幼儿园则会从"家长参与""社区共育"等途径入手。显然,不论选择哪一方面进行深入研究,都需要教师储备相应的学科知识和专业素养,这包括相关基本常识、该领域前沿理念及热点趋势等。

双人关系中一方的发展将促进另一方发展。因此,教师的专业能力在管理者的引领下能够获得提升,幼儿就会获得更加高质量的发展。管理者们(园长、专家、主管部门)一方面要主动引进园外的先进理念和经验,推动本园变革;另一方面要通过各种培训活动,依靠团队的力量推进教师专业成长和专业发展。一个能够共同探讨教育问题,开展互动、协同反思、协商的学习型组织,将是一个不断完善的相互支持系统。

2. 课程内容的开发和活动库的编制

根据课程目标发现并组织适宜的课程内容,是课程开发的重要部分,也是教师们参与最多但又最为苦恼的部分。以往,作为课程实施者的教师们更多会从"完美实施"的角度去思考问题,力图通过"活动难度分解""扫除学习困难""指向正确答案"等方式,做到将园部安排的课程内容在班级里顺畅地实施。而课程开发则需要教师转变角色,从实施者变成设计者。教师的关注重点变为如何基于园部顶层设计中提出的课程理念,去"发现值得探究的好问题(内容)"及"如何引导幼儿获得新经验"。

在这一过程中，幼儿园管理者需要为教师开展活动提供专业的具体指导和现场评价引导。管理者们基于自身的专业影响力，在深入活动现场的过程中帮助教师解决理念把握、关键经验确定、主题网络建构、教学策略选择等方面的困难，发挥发现问题、澄清活动价值、探索活动策略等重要的作用，避免教师在独自摸索的过程中损耗自身动力，出现活动"走偏"的失误。

随着研发的深入，幼儿园会逐渐积累不少原创活动案例。这时，就需要管理者们将原有单一、零散的活动进行有序组织，形成初步的内容体系。在梳理过程中，园部需要与开发团队一起进一步反思现有内容的不足，确定新的"生长点"。例如，在某园学年度课程梳理回顾例会上，骨干教师们反映："原有课程中主题活动更多偏向语言社会艺术领域，侧重科学领域的主题较为欠缺，每学年只有两个。""原有语言和艺术表现类的活动大多更符合女孩子们的兴趣和学习特点，男孩子们的兴趣需要没有得到很好的呼应。""我们的课程需要更多开发补充科学类、动手操作类的活动。"基于这些需求，该园在咨询专家的基础上选择了当前科学领域中的研究热点"STEM 教育"。

3. 课程实施途径拓展与资源支持

除了教学活动、生活活动、游戏活动这三种常见的课程实施途径之外，越来越多的幼儿园会根据园本课程特点，有选择地使用社会实践、亲子活动、区域活动等其他课程实施途径，以期用多样化的活动满足幼儿的学习需求，同时更好地实现课程目标，达到理想的课程实施效果。甚至对于某些园本课程而言，课程理念和内容并不是其研究重点，实施层面的突破创新才是价值所在。例如，有了美术集体教学活动、美工区，还需要设置美术工作坊吗？工作坊的定位是什么，是集体教学的补充还是美工区的延伸？对于幼儿习得美术核心经验的过程来说，这三类活动可以彼此替代吗？或者什么样的内容更适合以什么形式来开展？

不同的课程实施途径对资源的要求也不相同。一些活动还可延伸至家庭中，通过家庭亲子活动、"爸爸老师"来园活动等方式进行。一些基于户外、社区资源的活动也会追随幼儿探究的需要，以实践活动的方式灵活展开。

在实践建构阶段，管理者和教师们需要一起在"发现—诊断—解决"具体问题的过程中推进课程研发，在实践中进一步明晰课程理念和目标，拓展实施途径和资源，提炼活动操作要点，确保活动实施质量。

（三）全园推广：在常态化运作中推动课程不断自新

伴随着课程开发中各类问题的解决，园本课程大多已经初具"雏形"，所开发的小中大各年龄段系列活动也已在实验班得到过实施，这时就进入了前期成果全园推广实施及后续深化研究环节。为了在推广过程中确保课程实施的"忠实度"，需要凝练实施操作要点，帮助全园教师充分理解和领悟课程理念、了解整体课程框架、明晰每个活动的设计意图和组织要点。

1. 落实操作要点，帮助全园教师在理解的基础上"忠实实施"

不少幼儿园在全园推广实施由核心团队开发的园本课程时，出现因教师的曲解误读及随意化使用导致的课程实施质量低下，最终使得只有参与过开发的骨干教师们能够"原汁原味"地实施活动。要解决这一问题，一方面需要在推广前期，帮助全园教师充分理解和领悟课程理念、了解整体课程框架、明晰每个活动的设计意图和组织要点；另一方面需要课程开发者们在推广阶段提炼出实施要点（即对应课程理念和课程目标，能够保障课程"理念落地""忠实实施"的具体操作要点）。这些要点是教师实施课程的操作指南。不同的园本课程对课程的实施要点有不同的归纳方式，有些幼儿园以实施原则的方式来列出，有的则以实施理念的方式来表述。操作要点的归纳，有助于教师从实操层面贯通理解园本课程的理念。教师带着理性认识和实操指南，在班级具体活动情境中灵活运用操作原则，才能避免推广过程中的"目标流失"、"实施走样"和"效果不佳"。

2. 依托评价，推动全体教师基于"共识"不断创新

能够在实践中不断自新的园本课程，才是有生命力的课程。这里的"自新"包含内容层面的拓展创新和理念层面的丰富提升。

其中，内容创新是指教师们在实施的过程中根据班级情况调整改编以及创生新的活动，以丰富原有活动库。为了让教师们的创新"有据可寻"，幼儿园需要及时总结前期开发过程中的开发立场、开发流程、开发要点，让教师在达成"共识"的基础上高效创生活动，以形成不断丰富的课程库。

同时，在课程的推广应用过程中，随着所研发的课程被多轮、全面地实施，以及园课程库的不断丰富、教师设计和组织活动经验的增加，园部需要与全园教师一起定期梳理具体活动、拓展丰富原有的课程理念、修正原有课程目标、完善

实施原则，进而用新的"理性共识"指导后续的课程开发和实施。这样形成的理性共识和操作共识，可作为评价创新活动质量的标准。通过管理者和教师们一起不断提炼理念、开发新活动、完善活动评价，园本课程在实践研究、反思性评价运作中不断自新。

第四章

YUANWAI JI HONGGUAN CENGMIAN:
JIAZHANG、ZHUGUAN BUMEN DENG
YINZI DE DONGLI FENXI

园外及宏观层面：家长、主管部门等因子的动力分析

第一节　家长、社区成员的影响及课程参与

家庭是影响幼儿发展的重要微观环境，根据中间系统的定义，家园关系是影响幼儿发展的中间系统。社区也是幼儿经常出入、生活的场所，幼儿在还未开始幼儿园生活之前就已经开始了丰富的社区生活，并伴随到入园后。儿童的很多"第一手信息或经验"都来自社区。[①] 对幼儿来说，在园生活是与家庭生活、社区生活交织在一起的。社区是一所供幼儿学习的大学校，在社区中，幼儿有很多认识社会的机会，积累了关于社会的最初的知识和经验。

将家长和社区成员放在一节共同讨论，不仅是因为这两个因子所处的生态层级相同，都是园外因子，还因为家长和社区成员都直接影响着幼儿的园外生活，也会通过直接或间接的方式影响着幼儿园中课程的展开，甚至家长和社区成员间会相互影响。这种影响既有正面的，也有负面的。例如：家长为班级提供资源；家长为幼儿园推荐活动场地；家长帮助幼儿园邀请社会人士入园参与活动；家长受机构老师影响，让幼儿请假外出提前"学拼音""学练字"；等等。

由于中间系统是由环境间的关系所组成的，因而在讨论家长和社区成员这两个动力因子的作用方式时，本质上是在讨论教师与家长间、幼儿园与社区之间的相互动力关系是如何影响幼儿发展的。

一、家长的动力作用内容及影响因素

（一）家长在课程参与中的动力作用内容

在班级活动展开的过程中，在教师的引导下，家长会作为审议者、支持者、

[①] 李燕，张惠敏. 学前儿童家庭与社区教育［M］.北京：高等教育出版社，2017：导论，3.

各类资源提供者的角色发挥作用。家长对班级活动的认可、配合也会直接影响幼儿的活动状态。目前，家园沟通渠道非常多样化，除了园部统一要求建立的QQ群、家长会、每月家长开放日、家长志愿者活动、公示栏、家访之外，教师还会通过班级群、个别约谈、电话交流等方式与家长进行个别化的交流。教师通过这些渠道向家长介绍每个学期的教育目标、主要开展的活动，发布通知和沟通需要家长配合的内容，与家长交流反馈孩子的活动情况，为有需要的孩子制订个别教育计划等。在教师的持续影响下，大部分家长在理念认同的基础上发挥着积极作用。包括：

1. 在教师支持下为自己的孩子提供动力支持

在教师、孩子的影响下，家长通过亲子准备等方式支持孩子参与班级活动。例如，在班级开展的主题活动"引蚂蚁"中，启动阶段的活动是"亲子引蚁调查"，需要家长和孩子一起体验引蚁过程、记录发现、了解关于蚂蚁习性的知识，并准备好来班级交流的内容和记录表。活动前，教师就在QQ群里介绍了亲子调查的目的、任务内容以及需要家长配合的要点，如："让孩子自己记录，加深印象，家长包办代替的文字记录不利于孩子们来园交流""引蚁过程中孩子有了新发现可以一起查查资料，周一带来介绍"。家长在教师的建议下，利用周末时间与孩子一起观察蚂蚁、鼓励孩子记录发现、准备发言内容。孩子们带着自己精心准备的调查表来参与集体讨论时都会非常投入，小组介绍时也能完整讲述，后续的小组策划、集体引蚁等活动中更是会有积极的表现。孩子们会说："老师，我们在家用的是棒棒糖，妈妈说要把棒棒糖先舔舔再引蚂蚁，就会成功。""要先找找蚂蚁在哪里，把好吃的放在蚂蚁经过的地方才能引来好多。"可见，通过和孩子一起完成亲子任务单，家长为孩子参加班级活动储备了相关经验。随着活动的展开，家长们还需要为孩子准备引蚁活动的食材、放大镜等。在主题活动的尾声，有的家长带来了关于蚂蚁的绘本，有的家长帮孩子准备了"蚂蚁的秘密"介绍，鼓励孩子来园分享。

类似案例还有很多，如大班"幼小衔接"主题活动中帮助孩子完成每天"回家任务本"上的任务，配合幼儿园培养幼儿的任务意识；在中班"成长开口秀"主题活动中为自己的孩子准备PPT和演讲内容，积极参与类似的亲子准备活动等。在家园一致的理念下，家长以"亲子关系"这一主要双人关系为基础，通过家庭中的亲子互动发挥动力影响。此外，亲子间的双人关系还会跨情境地发挥作用。当父母要求幼儿积极参与幼儿园的某项活动时，幼儿更可能会具有积极参与某项活动的动机，进而开展该项活动时表现得更主动专注而投入。例如，如果家长和老师都非常注重早期阅读，孩子在家庭中经常和父母一起积极参与亲子阅读，那么他在幼儿园的绘本阅读活动中也会表现良好。家长们的积极配合，不仅为自己孩子参与活动提供了强大的动力，还让班级活动得到顺利有效地开展。

2. 在教师支持下通过提供资源影响班级幼儿

在教师的影响下，家长会通过提供物质资源、专业资源、人力资源等方式参与班级活动，影响更多幼儿。目前，不少幼儿园在课程开发的过程中都关注到了家长资源的开发利用，普遍的做法是请家长配合班级的某个主题活动，为班级提供某个资源、某些材料或帮助自己孩子准备某些作品、完成一些任务等。这一层次的家园合力，更多是指教师与某个家长或家庭合作一起为了某个孩子的成长努力。家长的教育力量、教育资源还更多地停留在配合教师、只影响自己孩子的状态。在这样的模式中，家园合作是一种单线合作的方式，教师个体承载着与全班所有家长的联系工作，家长与家长之间、家长与其他幼儿之间没有更多联系，家长的教育资源并没有得到充分的发掘和利用。在这样的合作模式下，虽然教师常与家长针对幼儿个体进行积极的沟通、配合，但即便教师竭尽所能，每个家庭或每个幼儿所能共享到的教育资源还是非常有限的。

从人类发展生态学所强调的"多重联系""间接联系"的观点来看，如果家长与家长之间、家长与其他幼儿之间能够建立相互联系，那么就能突破"教师—幼儿—家长"这种单线影响模式，将家长间零散的育儿力量凝聚起来，演变成"一群家长合力影响一群孩子"。如，家长以志愿者身份来园指导种植园地的种植、管理、收获、晾晒、腌制等活动。这样，在教师指导下，家长通过来园担任活动志愿者、提供物质材料等方式深度参与课程展开过程，影响班级其他幼儿的活动。

案例：STEM 主题活动——好玩的大纸箱中的"爸爸老师"

STEM 是科学、技术、工程、数学这些学科类别的统称，要求活动开发和组织过程中打破科目的界限让彼此融会贯通。但正如老师们所言："工作那么多年，对幼儿科学、数学领域的关键经验我们还是比较熟悉的，也有着组织科学活动和数学活动的经验。但工程和技术我们是非常陌生的，在上师范之前学的也是文科,这方面一点都不擅长,也不知道怎么去指导孩子。"而孩子们在设计军事基地时,提出"要大""要可以进去玩",这对于作品的支撑、固定、结构提出一定的挑战,教师觉得凭借以往制作教玩具的经验似乎难以胜任。访谈中老师提到:"虽然已经了解了 STEM 教育的理念,但真要开展 STEM 活动,我们心里是没底的,如果没有后来爸爸老师的帮助,可能我们会选择做简单的小型模型就算了,这样起码能做得出来。"当时班级里一位有着工程技术与制造专业背景的爸爸,主动提出来园担任"爸爸老师"。

在老师引导下,首先,"爸爸老师"参与了活动审议,给老师"科普"了工程技术知识。之前制作各种教玩具时,班级老师更多关注的是美观、好玩,而不是结构、支撑、加固等工程概念。"爸爸老师"结合"坦克组"的制作过程和老师们一起分析可以给孩子传递的经验。例如:"可以让孩子们理解一些能量(弹性)方面的知识,知道如何增加弹性(发射得更远)。通过结构拆解(例如坦克车有三部分)进行空间构图,并跟孩子们一起根据材料来设计结构,同时鼓励孩子们思考如何提高稳定性和安全性。""在工具和材料的使用方面,重点关注刀具、尺、铜丝、胶带等的应用,让孩子知道如何有效利用工具来制作一个稳定的结构。""根据草图中的尺寸比例关系进行设计勾勒非常关键,同时要考虑三角稳定支撑及加固等。""爸爸老师"的专业分析,无疑弥补了教师技术上的不足。

其次,"爸爸老师"来园开展亲子活动,和教师一起指导幼儿制作。过程中教师与"爸爸老师"进行多次沟通,介绍了 STEM 主题活动的相关理念和本次的主题内容,并给他看了孩子们的设计图。活动当天,专业出身的"爸爸老师"先带孩子们认识了各种工具,并进行安全知识培训。随后根据幼儿的设计稿现场演示了结构拆解图,跟孩子们一起根据材料设计结构。在制作过程中,"爸爸老师"介绍了"仿型"概念、三角稳定支撑、联结处的加固方法等工程技术难点。最后为了满足孩子们制作"弹射大炮"的愿望,"爸爸老师"介绍了"弹性势能"以及自己设计的弹力发射装置,并跟孩子们合作完成了"弹射大炮"。"爸爸老师"的加入,对孩子们的活动产生了根本性的影响,不仅改变了活动的脉络走向,孩子们在后续制作过程中也积极运用着"爸爸老师"传递的各种经验。例如:根据"仿形"概念,孩子们会根据外形寻找长纸芯筒做炮筒、用饼干罐当轮子、用薯片罐制作瞄准镜、找短竹竿来当无线天线、用手电筒来改造探照灯、用绳子来当电线或防护网、想画长线又没有那么长的尺时就找根长棍子当尺等。又如:女生组搭的马车棚子一直倒塌，孩子们跑去军车组观察，发现军车组的顶棚下面是有支撑物的，联想到"爸爸老师"教过的"结构稳定"知识，于是想到用结实的棍子来支撑。再如：孩子们做好了大炮想固定到军车侧面，结果透明胶粘不牢，一个孩子提议："我们也来拉根绳吊着吧，就跟'爸爸老师'用铁丝固定一样。"

像这样拓展家长的"个体资源"来推动全班幼儿活动的过程中，家长们为班级教育活动提供各种支持，孩子们得以共享"中间系统"带来的动力，这与基于"亲子关系"的动力作用方式不同。当家长作为教师的"合作伙伴"参与到活动中之后，家长的动力作用范围更广，对幼儿活动的影响也更为深入，中间系统的动力作用从"单线"拓展成"共享"。

3. 家长直接影响教师的课程决策

家长也会直接影响教师的课程决策。一方面，家长会通过参与活动审议影响教师的活动设计和组织，如上文"爸爸老师"的参与案例；另一方面，家长也会在日常沟通中通过向教师表达自己的育儿需求（包括让孩子当一次组长、上台发言等合理需求，也包括提前教拼音等不合理要求）和提供评价反馈（包括向教师描述孩子参与活动前后的表现和进步，肯定教师开展的活动）等方式，影响教师的活动组织。当然，家长也会有不合理的育儿需求，如要求教师超前学习、开展提前教拼音等所谓的"幼小衔接教育"。

（二）影响家长动力作用发挥的因素分析

家长会以直接或间接的方式影响着幼儿在班级里的活动状态，其中既有正面影响，也有负面影响。家长会基于认同，与教师目标一致地支持班级活动，从而对班级活动产生正面作用。同时，家长也会因缺乏认同，不支持班级活动或对班级活动产生负面影响。与教师等其他因子一样，家长的动力作用也同样受多种因素的影响。这些因素包括：家长自身的因素、家园间关系所赋予家长的角色、家园间的支持性联系等。

1. 家长动力作用的发挥受个体特征的影响

影响幼儿的重要他人（如教师、家长）所具有的个体特征，会影响着他们对幼儿的动力作用过程。因此，家长作用的发挥不是教师"要求""宣传""安排"下的必然结果，而是家长在教师的支持（外因）激发下，在自身的个体特征（内因）的推动下，主动调动自身各种资源，积极参与班级活动的结果。家长的个人需求（育儿需求）、个人资源（专业知识、技术、能力）、个人动力倾向、个人体验（育儿体验）等因素会影响家长动力作用的内容和方式。家长的育儿需求需要得到教师的关照，个人资源需要得到教师的引导开发，家长的育儿经验和体验需要得到倾听和尊重，育儿能力（亲子互动质量）需要在教师的支持下获得提升。因此，教师需要在关注家长个体特征的基础上激发、支持家长的动力作用发挥，避免不一致的观念和目标需求所导致的家长对班级活动干扰、消解作用。

2."伙伴"角色有助于家长的课程参与

经济合作与发展组织（OECD）在《强壮开端Ⅲ》中提出，教育者应："吸引主要的利益相关者和相关专家参与到课程的修订过程中。"[1] 家长作为学前教育的主要利益相关者，与教师之间天生有一种"共育的关系性"。家长的育儿需求应在幼儿园开展的各类活动中获得一定的满足，这样家长就更愿意自觉成为幼儿园课程建设的重要伙伴和支持力量。

然而，在对江苏省幼儿园课程建设的现状调查中发现：首先，课程目标的制定对家长育儿需求关照不足。在问及"本园课程目标确定依据"时，教师所选比例最高的前三位选项分别是：《指南》的目标和要求（93.48%）、儿童发展特点与发展需求（88.13%）和本园的课程理念（68.68%）。其中"家长的需求"所占比例最小，仅为29.8%。其次，家长更多的是以资源提供者角色而非"合作伙伴"的角色参与到幼儿园的课程中。在园外资源开发的调查中，教师反映园外资源的开发中涉及"幼儿家长资源"的比例为66.94%，涉及"幼儿家庭提供的物质材料"资源的为63.76%。而在评价过程中，课程评价主体以教师、管理人员为主，其中教师自评比例最高（82.07%），管理人员次之（73.14%），仅有59.83%的幼儿园会由本园或本班家长通过问卷或家委会定期反馈对课程的意见。也就是说，有四成的幼儿园并未将家长纳入课程评价的过程中。与"家长育儿需求关照不足"相对应的，是有21.86%的教师认为"家长和社会不支持"是阻碍本园课程建设的主要因素。[2]

角色定位决定了个体的角色行为及个体间的互动，进而确定了彼此之间的人

---

[1] 经济合作与发展组织（OECD）教育团队编.强壮开端Ⅲ：儿童早期教育与保育质量工具箱[M].陈学锋，等译.北京：北京师范大学出版社，2015：129.
[2] 蔡菡."课程游戏化项目"背景下江苏省幼儿园课程建设的效果与启示——基于教师评价的视角[J].学前教育研究，2018（12）：39–51.

际互动关系。如果家园互动中教师总是在扮演"专家"的角色，家长把教师作为信息发布者，只需要听从配合、提供资源即可，家长很少介入到活动设计和评价的具体过程中，这样的家园沟通（互动）本质上是单向的。这样的关系带来了权利的分配不均衡，教师将家长视为"不懂教育""需要老师指导"的人，或者待开发的"资源提供者"，教师成了主导和安排者。作为配合者的家长需要听从教师的安排，家长的育儿需求如调查所显示的那样并未在活动设计之初得到充分的关照。教师要求家长参与活动的目的只是为了展现自己的教学成果（如家长开放日）或是利用家长资源（物质资源、专业资源、人力资源）。这样的家园互动中，教师成为唯一的动力源，家长成为"被动"等待教师开发利用的资源，家长的动力作用难以充分发挥。

家长主动作用的发挥是与其在家园关系中的主体性角色相对应的。教师不应仅将家长视为"资源提供者"或"需要教师指导的配合者"，而应将家长视为"重要而平等的伙伴"，在课程设计阶段就充分关注家长的育儿需求，让家长与幼儿园管理者、教师、幼儿一样，作为主体参与园本课程的开发、实施和评价过程。作为平等的合作伙伴，家长在参与的同时能与教师共享权利与责任，教师与家长在互相倾听、分享知识经验、相互尊重彼此的专业、共同探讨育儿问题的过程中，建立起共同学习与成长的关系。

3. 家长动力作用的发挥受家园关系质量的影响

根据环境间支持性联系的定义，如果家长与教师教育观念、目标一致，家长和教师互相信任、彼此支持、互动中能量向幼儿转移，那么满足这些条件的家园关系就是一种支持性联系。这种联系有助于家长作用的充分发挥。相反，如果家长和教师理念冲突、目标相违背，这样的关系就是非支持性的。

家长群体是一个复杂的群体，不同家长有着不同的教育背景和人生经历，也有着不同的价值观、教育理念和育儿需求。实践中，当家长作为影响幼儿活动的重要动力时，发挥负面动力作用的案例也不少见。例如：家长觉得教师布置的亲子任务"没劲""费事"，于是敷衍了事；认为春游徒步会"累着孩子、有危险"，所以"没必要"；还有不少家长没有意识到游戏的价值，认为"大班了就别老想着玩了，要收收心了"，于是下午的游戏活动给孩子请假送去机构上"幼小衔接班"，认为这样可以让孩子"写写字、学点东西、练练坐"，争取做个"坐得住的好孩子，这样小学老师喜欢"。家园不一致的育儿理念会对班级正常的教学活动造成干扰。如果家长对班级教师开展的活动或进行的教育不理解、不认同，不仅会导致家长没有为幼儿参与活动提供支持，甚至还会消解教师的作用，令幼儿的活动过程因家园不一致而受到干扰。

二、社区成员的动力作用内容及影响因素

（一）社区成员在课程参与过程中的动力作用内容

1. 决定社区资源开发利用的是"社区成员"

进入社区，幼儿有机会接触更多的社会角色，在与他们的互动中了解更多的社会规范并尝试接受和遵守。而人类发展生态学认为接触多种角色、与不同角色交往，能促进发展。社区有着丰富的课程资源，许多幼儿园都会以"走出去""请进来"的方式加以开发利用。江苏省幼儿园课程建设现状调查显示，62.91%的幼儿园在课程建设过程中会关注"社区资源"的开发利用。在园部的组织下，教师们会一起对社区资源进行调查、分类整理、评估和筛选，将筛选后的资源与具体的教育活动相结合，改造社区资源为教育所用。

然而，这样的视角将社区视为一种等待幼儿园发现利用的"客体"。从生态的视角来看，社区中的各种物质资源、自然资源是由专人负责管理的，社区中的人力资源、专业资源更是作为"主动的个体"而存在。社区中许多资源需要通过"人"与"人"的互动，才能得以进入幼儿园的课程。比如，参观小学、调查小公园、超市购物这些"走出去"的教育活动，不仅需要教师对物质环境有所了解，更重要的是要获得相关负责人的认可、参与和积极配合。一些"请进来"的社区资源则更是如此，没有相关人员的配合是无法将社区资源引入幼儿园的。因此，从动力的视角来看，社区中影响幼儿发展、能给予幼儿园各类活动支持的是扮演着各种社会角色的人。社区成员所产生的动力影响有正面的，也有负面的，有直接影响幼儿的，也有间接影响的。

2. 社区成员会在一致的理念下配合幼儿园

许多幼儿园的课程开发都伴随着幼儿园周边社区成员的加入，有些以聘用、建立合作基地的方式每年固定开展活动，也有些则根据需要临时加以开发利用。其中，以"走出去"的方式开展的活动有秋游、春游、超市购物、参观消防站、参观小学等；以"请进来"的方式开展的活动有传统节日民俗体验活动、小学教

师来园开展家长讲座活动、消防宣传活动等。没有社区成员的配合，这些主题活动的展开路径会发生重要变化，甚至一些主题根本无法开展。

如果社区成员与幼儿园建立起相互信任、互相支持、目标一致的支持性联系，那么幼儿园开展活动的过程中就能获得社区成员的更多支持。因此，在这些社会成员参与活动之前，需要与园部、与班级教师进行理念和操作上的沟通，在共同目标的指引下支持活动的开展。例如，在超市购物活动中，超市增派保安、理货员等人手，根据孩子的身高调整了部分商品的位置；参观小学活动中，小学老师为迎接大班幼儿的参观变更活动安排，设计了"与小学生哥哥姐姐面对面"的问答环节。

3. 社区成员会出于不同立场而"消解"幼儿园的作用

如果社区各环境间缺乏了解与认同，甚至一些社区成员因为与幼儿园立场不同而消解、破坏幼儿园的教育力量，那么就会产生一定程度的负面作用。以"幼小衔接"为例：

首先，社区中的部分小学从自身立场出发，组织筛选性的入学测试。[1] 义务教育法规定，义务教育阶段各中小学按学区采取就近免试入学的方式，但随着办学制度和招生制度的放开，不少拥有自主招生权的小学（或民办小学）会组织笔试或面试等筛选性的考试。虽然后续有关部门明令禁止组织选择性的入学测试，仍有小学在"顶风而行"，采取各种变相手段或明或暗地继续举行测试挑选幼儿。其中，利益是小学组织入学测试的动因。为了小学的声望，拥有自主招生权的各小学通过入学测试，主动出击抢夺生源，挑选适合应试教育的"好苗子"，为将来"小升初"考试做准备。基于这样的目的，此类测试的目标在于筛选适合"应试教育"的幼儿。

其次，社会力量办学的校外辅导机构，用超前学习的"卖点"引发"劣币驱逐良币"。[2] 当家长们看到机构"超前学习"的宣传和短期效果时，就会纷纷追随跟风，让自己的孩子进入这些机构接受所谓的"幼小衔接"教育。这不仅导致幼儿园中符合幼儿身心发展规律和特点的幼小衔接教育得不到认可和有效实施，而

---

[1] 粟怡，刘云艳.选择性小学入学测试中的利益相关者及其博弈与引导规范[J].学前教育研究，2011（4）：48-52.
[2] 陈红梅.警惕幼小衔接"劣币驱逐良币"[N].中国教育报，2017-5-7（2）.

且会干扰幼儿园中其他教育活动的有效开展。社会力量办学的背后是资本的运作模式，资本的本质是"趋利"，这与幼儿园的"公益性质""福利性质"相矛盾。以"幼小衔接"为卖点的市场化培优机构出于自身利益，"诱人宣传""抢跑教育""贩卖焦虑"等营销手段就成了必然。2018年《抢跑蔓延！幼儿园"退学"频发，大班成"空班"》①的文章中就指出，作者所调查的河北省石家庄市近10家公立幼儿园中，中班下学期结束后，陆续有超过50%的孩子办理了退园手续，有的幼儿园大班生源流失达2/3。社会力量办学如果得不到政府的约束和监管，放任其肆意追逐自身利益，幼儿身心健康就不免会受到不同程度的伤害。

再次，还有不少对幼儿身心发展规律不了解的小学教师也会成为压力转嫁者。人类发展生态学所提出的人与环境相互作用的观点说明，入学准备是学校与儿童的双向适应。然而，小学教师并未真正做到"零起点"教学。不少一年级的新生和家长们表示，一入学便不同程度地遭遇到了小学老师的"迎头暴击"。比如，在学习难度方面，对刚入学的新生，汉字书写要求"出笔锋、有间架结构"，识字量要求达到500以上，"识字300左右的孩子在班级里是垫底的，需要家长针对性的帮助"。在班级常规和遵守纪律方面，要求幼儿"尽快改掉幼儿园里坐不住的坏毛病""要像个小学生"，通过"代币制"等行为训练的方法训练孩子们的常规习惯。在评价方面，照搬小学的考评机制，用统一标准衡量幼儿。进学第一个月，孩子们就遇到了"当堂默写""拼音过关""口算百题过关""每月抽测"等考试制度的"袭击"，"98分以下重新过关""默写错满2个重默"也是必然存在的"规则"。这些没有考虑幼儿入学适应需要、一味追求尽快符合小学要求的做法，在让幼儿、家长倍感压力的同时，也在无形中印证了某些机构的"卖点"，成为他们的"帮凶"。

实际上，社区中存在着各种各样的角色和利益群体，他们并不天然就与幼儿园有着共同的理念和出发点，并与幼儿园拥有一致的教育立场。不同的立场和出发点必然会引发"环境间缺乏认识""观念冲突"，甚至因"目标不一致"而出现"力量消解"的现象。社区成员的消极作用还会通过影响家长进而扩大负面作用，即便在不同的文化背景下这种情形仍然普遍存在："家长常常被一些华丽的宣传

---

① 任丽颖.抢跑蔓延！幼儿园"退学"频发，大班成"空班"[N/OL].人民日报半月谈微信公众号.2018-10-12.新华网 http://www.xinhuanet.com//2018/10/12/c_1123550051.htm.

所迷惑，追求看得见的、立竿见影的结果，与教师对幼儿的期待有一定的分歧。当然，教师也许会迫于种种压力而随波逐流。"① 这些现象在"幼小衔接""超前教育"等问题上比较典型。

（二）影响社区成员动力作用发挥的因素分析

1. 支持性联系有助于更多社区成员参与课程

社区中各类资源的开发利用不能脱离"人"的因素而客观存在。根据支持性联系的定义，社区中各种人员对幼儿教育的理解（即环境间认知）、对幼儿园教育的认同（即环境间的目标一致），以及全社会是否形成一种呵护儿童、支持儿童发展的文化与价值观（即环境间的互相支持），都会影响社区成员对幼儿发展的支持作用。教师需要从积极宣传、合作共建等角度来重新思考彼此的关系。在"请进来""走出去"的各类活动中，与社区中各种人员交流沟通，在达成相互理解、目标一致的基础上共同开展社区活动。

2. 园-社关系需要外部因子的支持

要促进更多的社会力量与幼儿园一起支持幼儿发展，一方面需要园长、教师的主动开发规划，另一方面也与园外其他因子的作用密切相关，包括外系统中相关政策的支持、政府对社区机构的监管、为幼儿园与社区提供补充性联系和间接联系等。目前，我国制定的《幼儿园工作规程》《幼儿园教育指导纲要》《3—6 岁儿童学习与发展指南》，都为社区与幼儿园的合作共育提供了相关的政策指引。但这些指引不能只停留在宏观层面，地方管理部门需要进行一些具体规定来提供实际上的支持，如外出审批制度合理化，将向公众开放纳入对社区机构的评估，对社区中各种机构进行监管等，以及通过行政干预为幼儿园与社区提供额外的补充性联系和间接联系（如教研员牵头开展幼儿园与小学的共同教研等）。

三、建立支持性联系，促进家长、社区成员作用的充分发挥

家长、社区成员的课程参与不是指家长和社区成员以资源的方式被幼儿园开

---

① 高杉自子.与孩子们共同生活：幼儿教育的原点［M］.王小英，译.上海：华东师范大学出版社，2009：164.

发利用，而是家庭、社区与幼儿园建立一种密切联系的关系，即支持性联系。环境间的支持性联系影响着家长、社区成员的动力作用方式。根据支持性联系的定义，建立支持性的环境间联系需要环境间成员相互肯定，并达到目标一致。而环境间的了解是产生认同的前提，认同是目标一致的基础。过程中不仅需要机制的保障和支持，额外的补充性联系对家园间、社园间的合作也起着重要作用。

（一）在交流中提高环境间认知和认同

人类发展生态学强调不同微观系统之间通过多种途径的双向交流，提升"环境间认知"，进而使得两个环境中参与的角色、活动和双人关系都鼓励环境间的相互信任、目标一致，这是形成促进发展的支持性联系的必备条件。

1. 家-园间的"双向"交流

沟通一定是双向的，如果教师把自己当作专家，将家长作为灌输和指导的对象，那么本该是双向的交流就变成了单向的输出。家长的育儿需求、专业知识、价值观和经验就无法被教师"倾听"到。因此，我们从两方面讨论家园间基于平等的双向交流模式：

（1）教师增进对家长个体特征的了解和呼应

上文提到家长的个体特征（个体动力倾向、个体需求、个人资源、个人体验）是家长动力作用的来源。教师可以在了解家长这些个体特征的基础上，呼应或激发这些个体特征的动力作用，从而让家长更好地参与班级活动，为幼儿提供动力支持。

了解家长的育儿需求：教师在课程设计之初就要关注到本班家长的育儿需求，并给出积极回应。例如，大班教师感受到家长的"入学准备焦虑"，就利用家长会、个别交流、QQ群宣传等方式向家长普及正确的入学准备教育观，并进行具体的做法指导。此外，在组织一些需要家长配合度较高的活动（如亲子活动、毕业典礼等）时，教师会提前邀请部分家长来园参与活动审议，确保了解家长对活动的看法和期待。在能够满足育儿需求的活动中，家长容易与教师形成一致的目标，家长的参与度、配合度会更高。

尊重家长的育儿经验和育儿模式：教师常常觉得自己是专业工作者，自己拥有的育儿经验和专业知识比家长要多得多，因此会自然地将家长视为"被指导"的对象。然而，家长并不是毫无育儿理念的、需要教师"描绘"的白纸，恰恰相反,家长是带着自己的人生经历和前几年的育儿经验踏入幼儿园的。在入园之前,家长在与孩子朝夕相处的几年中积累了对自己孩子的很多细节的了解,也形成了适合自己个性理念或自己家庭的育儿方式。现代生活的复杂性也使得教师和家长之间的相互理解比指导更加重要,教师并没有"绝对正确"的育儿模式需要"灌输"或"传递"给家长。有的家庭,祖辈时间充裕又有耐心,以祖辈抚养为主也非常适宜;有的父母一方因工作原因不得不在孩子成长中缺席;有的家庭因孩子体弱而引发各种焦虑,育儿观念也以保护为重。教师需要通过家访、沟通等方式,了解家长的养育模式及相应的育儿理念,随后提出适宜的、便于家长操作的育儿建议。"当专业教育工作者认为家庭教育出现错误或被误导了,即便有研究依据的支撑,也要沉得住气,不要过早地作出判断性的结论。"[1]例如,有教师在进行园部关于"爸爸亲子陪伴"的系列活动时,发现本班有一半孩子的爸爸在外地上班,他们有的周末回家,有的月末才回家。于是,教师及时调整了活动路径,采用了"日常、网络、周末自选打卡"的弹性化亲子陪伴方式开展活动,也取得了家长的积极配合。

关注家长的专业知识等个人资源:有些家长拥有着教师所没有的专业知识,比如医生家长的儿童保健知识、有摄影特长的家长所拥有的照片拍摄与视频剪辑知识、工程技术专业家长的 STEM 知识等。家长来园审议的过程中,家长和教师之间是一种知识分享而不是知识传授的过程。教师作为专业教育工作者,既要引导家长,也要向家长学习。

(2)帮助家长增进对教育活动和幼儿活动表现的了解

从增进了解的内容来看:主要分为对教育活动及幼儿活动表现两方面的了解。通过让家长了解幼儿园的教育理念、班级开展各类活动的目标和内容等,让家长在认同的基础上配合、支持幼儿园的各项活动。同时,通过帮助父母们了解自己孩子的学习过程、学习方式,吸引家长关注孩子的学习过程,帮助家长更好地支持孩子参与活动。"大多数时候,家长不太了解自己的孩子在学校学了什么,孩子学习能力的发展如何得到保障,孩子在学习或社交上遇到困难时需要什么样的支持和帮助,以及作为家长如何最大限度地为孩子的校外学习提供帮助。家长

---

[1] GONZALEZ M. 儿童、家庭和社区——家庭中心的早期教育(第5版)[M]. 郑福明,等译. 北京:高等教育出版社,2012: 12.

们只有获得这些信息才能成为真正的合作者。"[1]

从增进了解的形式来看：主要包括私人化的交流及多途径的集体交流，也可以分为当面交流（正式与非正式、一对一约谈、家长会、小组研讨）和书面交流（私人的、公开的）。为了能够更好地"倾听"家长的需求，私人化的交流比"告知"式的集体交流更有针对性，也更有效，当面交流比书面交流沟通效果更好。具体包括：家长委员会、家长会、家长开放日、发放告家长书、班级QQ群等集体交流途径；家长小组沙龙、家长来园参与活动审议、家长志愿者参加学校的活动等小组式交流途径；以及个别约谈、家访、电话交流等私人化、个性化交流方式。

从增进了解的工具来看：除了传统的《成长档案》等家园沟通手册，数码媒介在当下越来越扮演着重要的作用。通过班级QQ群相册、微信小视频等手段，教师用数字视频讲述课程故事、孩子的学习故事，家长则参与相册上传和点评。有时，幼儿也能加入这个互动中。孩子们可以选择老师向父母展示哪些内容如要求老师给自己的建构作品拍照上传到群相册的作品栏，或者将和父母完成亲子活动的过程记录照片上传到指定班级群中或群相册中。通过班级QQ群和微信群即时分享班级各类活动，教师和家长间彼此的经验和创意得到了最大限度的分享，也让原本少有交集的家长们有了互动的氛围和内容。

虽然增进环境间认知的最终目标在于达成环境间的认同，但家园间的观念认同并不是教师将全班家长的观念和需求像"熔炉"那样统一成一种，而是像"拌沙拉"那样让家园和谐互动、相互倾听和关注彼此的需求。教师关注家长不同的育儿期望和育儿风格，在给予个别化支持的同时赢得家长的认同和支持。

2. 社—园间的宣传和影响

（1）幼儿园主动承担社区宣传

社区成员要更好地为幼儿园服务，首先需要在沟通中与幼儿园达成彼此认同，然后才能目标一致地参与幼儿园的教育活动。现实中，一些社会人士对幼儿教育的重视不够或有着各种误解，不愿意接待或配合幼儿园利用社区资源，更别提为幼儿教育提供支持。因此，瑞吉欧教育者们为了扭转公众对儿童的偏见，重

---

[1] 奥尔森.家校关系：与家长和家庭成功合作（第3版）[M].朱运致，等译.南京：南京师范大学出版社，2013：序言，1.

塑"有能力的"儿童形象，主张从社区宣传入手，在认同的基础上获得更多社区成员的支持。他们把协商性学习的原则用于获得社区支持，包括：将档案记录作为交流工具，向公众介绍幼儿园和幼儿作为学习者的能力和形象；不是侧重宣传自己的成绩，而是与社区成员共同讨论教育问题；在前两者的基础上，通过与社区成员以共享经验的方式引导社区成员的支持。①

（2）幼儿园提供社区服务

幼儿园还可以通过提供社区服务（如公益讲座、公益咨询、公益亲子课、入户指导等方式），在服务过程中增进社区成员对幼儿园的认知和了解，转变幼儿园所处社区的育儿文化和教育观，与社区一起更好地为幼儿发展创设支持性的环境。

（二）为家长、社区的课程参与提供园部的机制支持

1. 家—园合作的机制支持

除了教师需要为家长提供支持和指导之外，幼儿园层面也需要设立长效机制，鼓励家长以多种形式全程参与到课程建设的各个阶段中。园部层面的推动与教师层面的推动不同，虽然都有引入资源、满足家长需求、获得家长理解和认同的作用，但班级教师的影响更为"直接"和"个性化"，园本的影响更广泛、更"正式"。例如，同样是"促进环境间认知"，教师能做的包括通过直接联系给家庭提供信息和从家长那里获得幼儿及其家庭的信息，而园部则可以通过制作宣传册、搭建网络平台（网站或微信公众号），以及组织家长工作坊、家长资源室或家长学校、家长志愿者、家委会等机制来全园推进。又如，相比教师的动员，由园部推进家长志愿者的招募、培训和监督、表彰工作，并通过展板或网络的方式介绍家长所做的贡献、提供激励措施、宣传志愿者的工作经验等，能将志愿者的影响力扩大到全园甚至园外社区。园部推动的家—园合作机制包括多种形式：

家长学校制度。人类发展生态学认为，双人关系中一方的发展会为另一方的成长提供动力作用。当家长在园部力量的影响下更新育儿理念、提升育儿水平时，亲子关系将能更好地促进幼儿的发展。如果家庭中的亲子互动质量较低，家

---

① 爱德华兹,甘第尼,福尔曼.儿童的一百种语言（第3版）：转型时期的瑞吉欧·艾米利亚经验［M］.尹坚勤,王坚红,沈尹婧,译.南京：南京师范大学出版社,2014：277-278.

长对班级活动漠不关心，幼儿参与班级活动也会缺乏动力。因此，幼儿园可以建立"自选参与、按需培训"的家长学校制度，聘请园外专家和园内骨干教师一起为家长提供各种育儿培训，让家长在与幼儿园"理念趋同"的基础上深度参与幼儿园的各项活动，形成育儿合力。

参议参评制度。不少幼儿园会成立家园共育研究会，每班推选家长代表以定期例会、活动审议、家长问卷（家长评议制度）等方式，参与幼儿园课程的开发、实施和评价的全过程，让家长更直观、全面地了解幼儿园的课程理念，获得家长的理解和支持。

志愿服务制度。组建家长志愿者团队，通过定期开展志愿服务，让家长成为教育活动的资源提供者以及深度的参与者、支持者，与教师一起共创丰富的班级活动。同时，通过志愿者活动，园部在统一报名、组织志愿活动的过程中，利用讲座培训、园部网站、微信公众平台、实物展板等方式，推广志愿活动的经验，营造家长参与的积极氛围，向家长传递他们所需的育儿经验（如亲子阅读、自制玩具等）。有的幼儿园将"家长学校"与"家长志愿者活动"相结合，通过志愿者集中培训、教师的个别沟通，家长获得了直接的育儿指导。例如，在开展"阅读陪伴员"活动时，教师观察发现在陪伴过程中有些妈妈缺乏亲子阅读经验，只会看着图书一页一页地读文字，既不会引导幼儿观察图片，也很少与孩子对视。后来教师建立了"阅读陪伴员"微信群，定期发送一些相关的知识，包括：幼儿绘本推荐、亲子阅读技巧、怎样结合故事提问等具体的指导。老师还定期发送陪伴员活动现场照片，通过具体的话题交流，鼓励家长们畅所欲言自己的困惑、感悟和经验，分享与孩子阅读时的一些小故事。在教师的指导下，家长在参与活动的过程中获得自我成长，最终影响自己的育儿方式。

"家长不是被说服的，而是被感染的。"说教式或宣传式的传统指导方法应该被浸润式、分享式的双向、多向交流所取代。幼儿园通过组织分享沙龙、家长志愿活动、家长来园审议等方式，能让家长有多种机会真正感受园所一直贯彻的理念，进而与幼儿园"目标一致"。同时，家长在参加培训、深度参与审议、开展志愿者活动体验的过程中，促进了自身儿童观、教育观的转化更新，不断积累科学实用的育儿经验，从而提升育儿水平，获得育儿成就感。

2. 社—园合作的机制支持

园部主导的社—园合作机制有很多，包括：定期的社区宣传或社区活动机制、与固定的社区机构建立联系、聘请社区人员成为长期服务者、建立社区教育委员会等。过程中，园部承担着调查筛选、组织教师审议、与相关人员协商交涉、协调管理等工作。如积极与需要获得其支持的机构联系，介绍幼儿园的活动计划，阐述其支持的重要性，让其了解幼儿园的工作，进而支持和配合幼儿园的工作。

根据我国的实际情况，以幼儿园为基础建立社区教育委员会，也许是一个有效的举措。可以幼儿园为中心，聘请社区中关心幼儿教育工作、社区活动能力强的有识之士参加，也可以邀请每个班级选派家长代表参加，其职责在于统筹、协调社区内各种相关的组织和机构。通过社区教育委员会，加强与幼教机构和社区的联系，组织协调所涉及的机构或组织，向社区内各组织提出合作要求。同时幼儿园也有义务主动定期向社区教育委员会通报幼儿园的工作思路和教育教学的一些举措，提出幼儿园的需要，请社区教育委员会为幼儿园集思广益，提出意见。运作良好的社区教育委员会将成为一个多方力量沟通和交流的平台，使社区内的各种教育力量最大限度地发挥动力作用，服务于本社区的幼儿及其家长，为幼儿园开展活动提供各种支持。

第二节 主管部门（专家）的引领与管理

上级主管部门、园外专家都是重要的外系统因子，他们虽然不像园长和教师团体那样频繁地影响班级教师和直接地影响着班级里正在开展的各类活动，但其动力作用却是广泛而深刻的。那些"自上而下"推行的教育改革（课程改革）由他们引领或推动，幼儿园的教学质量考核、过程管理、督导都由他们负责。同时，他们往往比幼儿园更接近"权力中心"和"政策制定过程"，能够为幼儿园的良好教育生态争取更多的社会力量支持、资源支持、政策支持。概括而言，主管部门、专家作为园外的因子，发挥着引领指导作用和监督管理职能。

一、主管部门（专家）的引领和管理作用

（一）专业引领

坦纳夫妇（Tanner D., Tanner L.）认为，希望教师在课程开发的技能方面自己培训自己是不现实的，也是不公平的，因此，在课程开发过程中教师们需要专

家的帮助。① 江苏省幼儿园课程现状调研中也发现，幼儿园在课程建设的过程中，需要得到更多的专业引领，尤其是农村地区的园所。以专家参与幼儿园课程审议的现状为例，调查发现仅有 37.28% 的幼儿园教师反映在本园的幼儿园课程审议中有专家的参与，其中城市地区的"专家参与率"为 45.96%，明显高于乡镇中心地区（33.66%）以及农村地区（31.14%）。相应的，专家参与率不足使得"缺乏专家指导"成了幼儿园课程建设的主要困难之一。有 46.53% 的教师认为"缺乏专家指导"给自己所在园的课程建设带来了很大困难，其中农村地区的教师反映"缺乏专家指导"比例为 50.15%，明显高于乡镇中心地区（47.95%）和城市地区（41.74%）。② 可见，外部的专业引领对幼儿园课程开发具有重要的作用，专家需要深入幼儿园一线，与教师们"亲密接触"。

目前，不少地区会通过行政牵头、自上而下的方式推动区域内的教育变革，以更好地发挥主管部门（专家）的引领作用。如，江苏省的"课程游戏化建设项目"就是由政府主导的区域性幼儿园课程改革探索③，2014 年下半年江苏省教育厅、省财政厅下发了《关于开展幼儿园课程游戏化建设的通知》（苏教基〔2014〕17 号），正式启动了江苏省幼儿园课程游戏化建设，以引领幼儿园树立正确的儿童观、游戏观、课程观，推进幼儿园课程实施符合幼儿身心发展规律和学前教育规律，促进幼儿健康快乐成长为目标，④ 并最终从整体上提升幼儿园课程建设和实施的水平。

（二）监督管理

1. 发挥正面力量，为幼儿园创设良好的生态环境

专家或主管部门领导通过监督管理、舆论引导、政策执行等方式，为幼儿园创设良好的生态环境。如"幼小衔接"教育中，大班教师在开展入学准备教育

---

① TANNER D，TANNER L. Curriculum Development：Theory into Practice［M］. Macmillan Publishing Company. 1994：596.
② 蔡菡."课程游戏化项目"背景下江苏省幼儿园课程建设的效果与启示——基于教师评价的视角［J］.学前教育研究，2018（12）：39-51.
③ 纪秀君.课程游戏化：只为更贴近儿童心灵［N］.中国教育报，2015-6-28（1）.
④ 张晖.课程质量提升之路（上）——以江苏省课程游戏化项目推进为例［J］.学前教育，2017（1）：6-9.

时，由于家长和社区中的各种力量无法与幼儿园达成目标一致，使得班级开展的幼小衔接活动收效甚微，甚至正常的教学活动也受到了干扰。幼儿园虽然也在尽力地向家长、社区宣传正确的入学准备观，但显然难以左右园外大环境的趋势。在此类问题上，主管部门的力量介入就非常重要。针对小学入学测试现象的存在，以及催生出的具有愈演愈烈之势的"考前培训市场"，相关部门从多个方面入手进行监督管理：因地制宜地出台小学招生政策，规范小学招生；细化执行《国务院办公厅关于规范校外培训机构发展的意见》，开展市场机构监督；加强社会舆论引导，以专题报告、专家论坛、家长学校等方式，通过行政力量向社会宣传正确的"入学准备"观念和做法。

2. 减少负面干扰，给幼儿园和教师"松绑"

当然，专家和管理者们也并不总是扮演积极的动力作用。正如霍华德·加德纳曾指出的那样："作为一位美国的教育者，我也情不自禁地感受到某些事物的矛盾冲突……我们要求幼儿之间的合作性学习，却极少维持教师与行政人员之间的合作关系。"① 在日常教育教学过程中，也常常存在着管理部门因自身安排干扰幼儿园正常教学的现象。例如：突如其来的各种与教学无关的任务、一再改期的观摩开放、外行指导内行的评审等。当这些园外的负面作用与园领导的"完美呈现"压力相互加乘时，不免会干扰、打乱班级正常的教学活动。有调查发现，幼儿教师的赋权增能现状有着明显的区域特征：乡村幼儿园教师整体得分高于城市幼儿园教师；教办园教师在决策制定和自主权两个维度上却明显低于集体园和民办园教师；东部幼儿园教师多呈现"无权有能"状态，中部幼儿教师表现为"有权无能"，而东北部幼儿教师表现为"有权有能"。为此，研究者建议管理部门应转变权力观念，在权力"共享"观下从对幼儿园单纯的监督管理职能逐步转向服务支持职能。②

又如，社区中各类资源的开发利用离不开政府主管部门的支持，但很多地方政府对幼儿园利用社区资源提供的政策支持很少。社区内一些可供幼儿使用的资源，还没有对幼儿实行免费。一些图书馆、博物馆、艺术展览馆、公园等场所即

---

① 爱德华兹，甘第尼，福尔曼. 儿童的一百种语言（第3版）：转型时期的瑞吉欧·艾米利亚经验[M]. 尹坚勤，王坚红，沈尹婧，译. 南京：南京师范大学出版社，2014：前言.
② 郑楚楚，姜勇. 幼儿园教师赋权增能发展现状与影响因素[J]. 学前教育研究，2019（1）：62—73.

便能够向幼儿免费开放，也没有将配合社区幼儿园开展活动列入其服务任务进行考核。此外，有些教育主管部门出于安全考虑，对幼儿园利用周边社区资源设立了诸多限制。有的幼儿园组织一次幼儿外出活动，需要经过多个部门的审批，不但耗费教师很多精力，而且往往等审批通过，最好的教育时机已经错过了。

因此，基于权力"共享"的新型权力观，主管部门应尽可能对加诸于幼儿园和教师的种种限制给予解除和松绑。如，在外出审批方面，教育行政部门就可以放宽审批权，把教育决策权尽可能下放给幼儿园。在一定地区范围内开展活动可不需行政审批，幼儿园可自行决定，只需到教育主管部门备案。通过类似"放权"的方式尊重幼儿园在课程建设和实施中的核心主体地位，同时集中发挥在推进园所课程建设和幼儿园教师专业发展方面的服务、引导、咨询和支持功能。

二、建立理想的教研组织，区域推进课程改革

主管部门（专家）通过理念引领、督导评估、社会宣传等方式影响园长、教师们和社会人员。他们通过引领教育变革，为班级活动提供间接的正向驱动力，让活动更好地促进幼儿的发展。理想状态下，专家、主管部门需要建立起一个运作良好的教研共同体，用合理的组织架构和长效机制，汇聚专家、主管（如教研员）、辖区内的园长、骨干教师们的多重动力，一起推动和深化区域内的课程变革。这样"生态良好"的区域教研环境的营造，可以从四个方面入手：

（一）促进上下级之间的互动支持

强调教研一直是我国学前教育的传统，《国务院关于当前发展学前教育的若干意见》以及《江苏省教育厅关于加强学前教育教研工作的意见》等地方政策中都指出了建立教研网络、设立专业的教研队伍、建立教研机制的重要性和具体的操作方法。教研队伍需要衔接政府机构、高校专家、研究机构专家，同时也需要深入一线，在实践中发现问题、分析问题、解决问题，从而起到承上启下的作用。

（二）促进学校与学校之间的互动支持

如果说园长的职责是在幼儿园内部建立协作团队，那么教研管理者则要在幼

儿园间，甚至是幼儿园与专业团体（机构）间建立"桥梁"，鼓励更大的群体间的经验交流，实现共同的专业成长。在实践中，教研的片区责任制和教研的区域推进也是我国常见的幼儿园教育变革的推动力量。

（三）促进教师间的相互支持

根据我国国情，虞永平教授提出将教研审议作为教研队伍的主要工作机制之一。[①]通过教师、幼儿园管理人员、园外专家和教研人员共同进行现场研讨、阅读课程档案、审议保教活动等方式，围绕实践问题展开审议，借助团队的力量改进园本课程建设或具体的班级活动，最终达成共识，进而在具体的行动中共同协作以促进幼儿的学习与发展。如果说在班级里家长的课程参与是"用一群家长的力量支持一个班级幼儿的成长"，那么一个幼儿园里教师间的审议、协作则是"用一群教师的智慧和力量支持更多班级幼儿的成长"，一个区域在教研员带领下开展园内外专家同行的教研活动则是"用一群幼教工作者的力量支持更多幼儿园的成长"。

（四）在集体建构中促进教师的发展

教师的专业能力是教师个体特征的四要素之一，实践中教师的"赋权"也必须与教师的"增能"相呼应。如同幼儿的发展离不开社会建构一样，教师的专业发展也是在集体建构的过程中进行的。从这个角度来说，教研员的动力作用在于建立一个能够促进个体发展的专业团队。这样的团队是研究导向、问题导向的，而不是任务导向的，其目标是通过鼓励教师反思实践，吸纳先进理念，引发相互间思维碰撞、认知冲突，共享经验，最后形成共同的价值观。这样的教师协作和教师共同体能够促进教育经验在个体和群体之间的转换，具有促进教师专业水平提升和促进教师群体力量凝聚的双重作用。尤其是迫切需要提升专业能力的年轻教师，更需要团队的力量支持。团队研修的方式可以灵活多样，集体备课、互相观摩及观后集体研讨、信息共享、小组式合作、项目式研究都可以为教师提供互相学习和成长的机会。

[①] 虞永平.构建新型教研队伍，创新教研工作机制，提升教研活动成效[J].早期教育（教师版），2017（11）：17-19.

第三节　文化的背景性影响

人类学将文化界定为一群人所共有的集体表象和准则，文化的个体发生源于后天习得。[①]生态心理学家们对文化与个体发展之间关系的直接研究不是特别多，而同样持生态观的文化心理学家们关注得较多。文化发展心理学认为："人是生物的人，更是文化环境中的人。……当儿童走入学校，越来越多地接触社会，发展更多是在个人社会性实践和人际交往中展开，……人类的环境是文化组织的。"[②]可以说，儿童所处的文化决定着儿童如何学习、学习什么[③]，也自然地影响着儿童的发展。当然，儿童所处的、影响其发展的文化环境并不是一个超然的存在。文化是由人主动建设，经由人来承载和传递，并通过人的有意识或无意识行为起着作用。文化通过影响人（各种动力因子）的主动作用影响着个体发展。在幼儿园中，文化通过成人的判断、选择进入课程，课程是特殊的文化形态。[④]在家庭中，文化影响着家长的育儿观和育儿目标。

人类发展生态学认为，蕴含于宏观系统中的微观系统、中间系统和外系统受所处文化的影响，会呈现出文化一致性。学前教育是在一定的文化环境中开展的，文化也影响着学前教育的目标、教育内容、教育方法及手段。在同一文化中，幼儿园会呈现出一定的相似性。但学前教育对文化也产生着影响，它影响着文化的保存、传递、传播，以及文化的创造更新。[⑤]

一、文化对幼儿园课程的影响

文化与课程存在着这样的关系：（1）文化是课程的源泉，课程是一种经过选择和加工的文化形态。（2）文化观念影响着具体的课程理念，如教师的教育观、家长的育儿观等。（3）课程也能影响社会文化的进化。[⑥]从课程理念、内容选择、

[①] 虞永平.学前课程的多视角透视［M］.南京：江苏教育出版社，2009：62.
[②] 李晓文.投入理性的努力——代译者序［J］//瓦西纳.文化和人类发展［M］.孙晓玲，罗萌，等译.上海：华东师范大学出版社，2007：7-8.
[③] 霍尔.超越文化［M］.何道宽，译.北京：北京大学出版社，2010：189.
[④] 虞永平.学前课程的多视角透视［M］.南京：江苏教育出版社，2009：63.
[⑤] 朱宗顺，陈文华.学前教育学［M］.北京：北京师范大学出版社，2012：45-48.
[⑥] 虞永平.学前课程的多视角透视［M］.南京：江苏教育出版社，2009：65-66.

课程实施、课程评价这几个方面来说：

（一）文化影响着课程理念：以角色扮演为例

如前文所述，教师会通过扮演"实施者"或"设计者"的不同角色来为幼儿活动产生不同的动力影响，同时也会为幼儿设计不同角色，并鼓励幼儿扮演角色。家长也以"资源提供者"或"合作伙伴"的角色产生着不同的动力作用。教师团队、课程管理者们更是以多样化的支持角色发挥着对班级活动的动力作用。但教师、幼儿、家长、同事、管理者们扮演角色的过程受到社会期待和文化的影响。人类发展生态学提出：对角色的期待总体上是被亚文化或文化所规定的，因此作为微观系统三要素之一的角色实际上扎根于更高层次的宏观系统和与之相关的意识形态和约定俗成的结构。[1] 某种角色在社会制度结构中已被完善地建构起来，并且相关角色期待（既包括对某个角色应有行为的期待，也包括对与之相关的其他角色应有行为的期待）在文化或亚文化中也取得共识时，引起与角色期待一致的感觉、活动和人际关系模式的可能性就会提高。[2] 引发与某角色期待一致的行为的可能性受环境中其他角色的影响，如其他角色是引起还是妨碍与角色期待一致的行为。[3]

这引起进一步反思，在我们的文化或者某个幼儿园的课程文化（亚文化）中，是否真正支持教师扮演观察者、引导者、课程开发者等角色？教师在课程建设中缺乏自主权、选择权、评价权等权力，是不是因为我们的文化或者幼儿园的管理文化并不真正支持她们这么做？人类发展生态学指出：社会认可的角色权力的等级越高，角色承担者履行和使用权力的可能性越大，而居于附属地位的人越可能增加服从、依赖和缺乏主动。[4] 相对于瑞吉欧"参与"文化，我国的官本位政治文化传统使得在公共决策方面官员有强的影响力，而民众很难参与其中。在

---

[1] BRONFENBRENNER U. The Ecology of Human Development [M]. Cambridge: Harvard University Press, 1979: 86.
[2] BRONFENBRENNER U. The Ecology of Human Development [M]. Cambridge: Harvard University Press, 1979: 92.
[3] BRONFENBRENNER U. The Ecology of Human Development [M]. Cambridge: Harvard University Press, 1979: 94.
[4] 同[3].

这样的文化背景下，我们更多的是等待他人来为我们自己的权利与责任负责。[①]基于这样的文化背景，教师是否还是那么乐于扮演"开发者"的角色，去主动争取拥有对自己活动的决策权、评价权？

家庭和社区的参与者角色也同样深受文化的影响。家庭和社区所扮演的角色在世界各地大不相同。如婴儿—照顾者的依附关系，家庭和社群角色的专门化，儿童对成熟社群活动的参与或隔离，参与团体或是在两人成对中参与……这些议题在不同的文化都展现不同的样貌。在我们的社区参与文化中，是否真的支持家长以"合作者"的身份影响幼儿园的课程呢？一直以来，教师都是作为"专业人员"的形象出现，许多教师下意识地将家长视为"对教育知之甚少"因此需要教师"指导和帮助"的角色。当家长被视为"需要指导"的人群时，对等的合作、伙伴关系及相应的互助行为就无法建立和产生。

此外，在影响儿童发展最为密切的微观层面，成人对幼儿的角色期待也并不一致。当幼儿园教师想让幼儿扮演"独立自主""敢于尝试"的角色时，处于"考试文化"环境影响下的小学老师却期待孩子"听话""懂事""安静"。当教师想让幼儿学习"友爱""谦让"等行为时，家长却期望孩子"要争第一""别太好说话给人欺负了"。当社区成员、家庭和幼儿园对幼儿角色和行为的期待相左时，课程展开不仅无法得到家长支持，还会使得本应共同促进幼儿发展的动力作用互相抵消。人类发展生态学认为个体所参与的学校与家庭的文化相一致时，个体发展的可能性才会增强。

相同的课程理念，不同的人从不同的文化和经验出发获得的理解是不同的，相同的理念在不同文化经验之下形成的实践形态也是相异的。幼儿教育课程可谓是特定社会文化的适应性产物。[②]某种文化下孕育出的课程模式如果生搬硬套"移植"到另一种文化下，会因文化差异而导致失败。

（二）文化影响着课程内容选择：以传统节日为例

文化传承是课程的基本功能，因此，文化价值取向也影响着课程内容的选择。哪些内容能够进入幼儿园的课程，如何进入课程，进入课程以后处于什么样

[①] 潘月娟.课程与文化的关系：向瑞吉欧课程学习什么[J].学前教育研究，2006（11）：42-44.
[②] 同[①].

的地位，背后都受到文化的影响。例如，S园在进行课程内容的创新研究中，出于传承优良传统文化、培养传统美德的考虑，将传统节日、礼貌教育、感恩教育作为当年的重点内容进行了充分的研究。该园的领导者们要求各班级每年都必须设计并开展关于这些内容的主题活动，学期结束时每个班级都要整理上交活动方案和相关过程资料（包括照片等）。此外，该园还规定了"不过洋节"，即幼儿园不开展与圣诞节、万圣节等国外传统节日相关的活动。可见，课程内容的选择一方面会考虑幼儿发展规律，另一方面也会考虑文化因素。有研究者指出："官方为学前教育阶段的儿童所颁定的课程纲要，体现了特定社会文化背景下的儿童观和这一社会文化背景下为儿童学习所制定的结构性计划之间的相互作用。因此，官方颁定的课程纲要作为儿童发展的一个蓝图，是具有文化相关性的。"①

（三）文化影响着课程实施：以"入学准备"为例

虽然国家颁布的《规程》和《指南》等政策文件规定了幼儿园应以游戏为主要活动形式，幼儿园的课程内容在设计安排中也努力杜绝"超前学习"和"幼儿园小学化"。但在实际的课程实施过程中，"知识本位"文化却像一只无形的大手，产生着实际影响。家庭、社会对不同知识的地位有着自己的判断，学历崇拜、考试崇拜等观念看似离幼儿很遥远，其实都在潜移默化地影响着幼儿成长的微观环境。家长认为小学里的学习内容比幼儿园里的学习内容"高级"，认为别的孩子提前学了那么多知识，而自己的孩子却还在幼儿园里跟着老师"瞎玩"是浪费时间。有的家长直言："中国就是应试教育，从上到下都是这样，（考试、刷题）都是没办法的。不提前练起来，到了小学拼音过关、计算过关怎么办？"还有家长认为，小学处于学制链的下一阶段，因此有权力评价幼儿园的教育质量："幼儿园老师说你好不算数的，关键看到了小学能考几分。"

"知识本位"文化和"考试文化"深刻影响着家长的入学准备观，教师开展的符合幼儿年龄特点的"入学准备"活动家长们应者寥寥，而社会机构的各种"幼小衔接班"、小学组织的"选择性入学测试"则是家长们热议、关心的话题。

---

① 李召存.追寻课程政策背后的教育意义——基于学前课程纲要的国际比较研究[M].上海：华东师范大学出版社，2012：101.

这样不仅使得幼儿园的"入学准备"活动流于形式，还会影响到幼儿园其他活动的正常开展。事实上，家长并不只是在大班阶段才开始表现出对学业知识的关注，访谈中有教师谈到："从小班开始，数学、识字、语言表达、阅读都是家长们关心的话题，而社会交往、自理能力、游戏水平则少有家长关心。"

（四）文化影响着课程评价：以幼儿园管理文化为例

在"领导本位""管理者为尊"的文化下，在幼儿园内部，管理者掌握着与考核相关的课程评价的权力；在幼儿园外部，上级主管部门掌握着与考核相关的幼儿园教学质量评价的权力。一些园长会倾向于"防教师"的课程管理逻辑，正如她们所言："人都是有惰性的嘛。"而老师则甘愿放弃课程的选择权和参与权："好吧，领导要怎样（喜欢怎样）就怎样吧！"这样的管理者在面对上级时，会成为外界压力的妥协者和转嫁者，为了"完美呈现"而干扰教学节奏。在教师被要求、被指派时，无形中也将"完美呈现"的压力传递给了幼儿。幼儿园的"领导本位"文化会进一步孕育班级中的"成人本位"文化。教师成了师幼互动关系的中心，活动的决策权、选择权属于教师，活动实施也是根据教师操作是否方便、是否会影响领导对班级活动的考核来安排，园领导布置的任务成了班级活动的"指挥棒"，教师在外界压力下催促、影响幼儿。一位老师对频繁的"迎评"提出微词："为什么我们要为了凑检查的时间，把课调来调去？把活动改来改去？还得跟家长打招呼？小朋友也一头雾水地被弄来弄去……"相反，鼓励创新的幼儿园则会在课程开发中逐渐形成一种组织创新文化，引导管理者和教师、家长一起围绕幼儿的发展来评价园所日常活动、创生活动的价值。

二、探寻适宜本土的、支持多因子作用发挥的文化

从动力系统运作的角度来说，一个支持幼儿成长的价值观和文化一定是能激发园内外各种动力因子相互肯定、目标一致，最终有利于动力向幼儿汇聚的文化。这包括从园部、到教师、到班级、再到园外的若干层面：

（一）形成有利于课程不断自新的幼儿园课程创新文化

幼儿园课程文化是指特定的团体在课程建设过程中形成的，为大多数成员认

同和践行的，能影响课程建设进程和水平的知识、理念、信仰及处事方式等精神特质。① 幼儿园的课程建设与其微观的文化背景不可分割，文化环境是课程建设的推动力量。② 不同幼儿园之间有着不同的课程文化，而不同的幼儿园课程文化会孕育出不同的教师间正式群体和非正式群体，它们在课程建设和具体实施中起着不同的作用。强调参与、倾听的瑞吉欧文化影响着整个课程体系的建设过程。它决定着在课程设计和实施的过程中，管理者和教师的立场、行为方式、基本价值理念等。因此，一个幼儿园的课程建设常伴随着自身的文化建设，只是这样的文化建设过程有些是无意识地在进行着，有些则是园长的有意为之。

什么样的课程建设文化是比较理想的呢？恐怕没有统一的标准，因为文化的适宜性是重要的建设目标之一。但幼儿园的课程是运动变化、需要不断自新的，这不仅是园所与时俱进的研究需要，也是为了让课程更具班级适宜性，更贴合幼儿个体特征，更好地发挥教师的个体动力特征。课程的不断自新需要激发教师专业成长的内部动力，需要园部和管理人员为教师的成长提供支持，需要教师间形成相互支持的研究共同体，这些都需要一个鼓励课程自新的幼儿园课程文化或鼓励创新的组织文化来支撑。

推动课程不断自新的文化，其主旋律应该是民主、创新、生长。它首先包含着正确的儿童观、关于儿童发展的知识、幼儿园课程知识，在实践中这些知识变成了大多数教师的信念和理念，形成了相对稳定、科学高效的课程行事方式，让老师能"信我所行，行我所信"。其次，这种自新的文化是强调共同学习的，在学习群体中，学习是在"反思—行动—反思"的循环过程中发生的，合作学习发生在各种工作场景中。课程管理者是"平等中的首席"，他在专业方面有着引领作用，同时也与教师们一起共同研讨、互相倾听。再次，支持自新的课程文化会在行为层面上得以体现并相互影响。这体现在对物质环境的塑造（开放的区角和丰富的材料意味着幼儿有选择的权力）、课程编制中的行为（如课程审议）、课程实施过程中的行为（如教师间的协作教学）上，而且园长与教师间、教师与教师间相互影响。园长要求老师阅读，自己就需要先阅读，然后和老师们分享阅读感悟。因为在教师团队中，人与人之间行为上的相互影响，比观念、语言的影响更

---

① 虞永平.生活化的幼儿园课程[M].北京：高等教育出版社，2010：205.
② 同①.

有效。此外，这种鼓励课程创新的课程文化肯定不是封闭静止的，而是能够伴随课程建设过程不断更新、不断超越、不断生长的。

（二）营造家园一致、共同支持幼儿活动的班级文化小生态

不仅幼儿园之间课程文化不同，甚至班级之间也存在课程文化的差异。① 班级课程文化体现在教师、幼儿、家长默认的一些价值观和行为方式中，通过影响各因子的动力作用方式影响班级活动的展开。营造一个能够推动教师、幼儿、家长共同开展活动的班级文化，需要做到以下几个方面：

首先，教师要与幼儿一起共同创造一种与课程目标相一致的稳定的、积极的行为方式。例如，班级老师觉得"礼貌和关爱"非常重要，不仅每日问早问好，在日常生活中还会自然地对孩子说"谢谢"和"对不起"。虽然没有特别要求孩子也这样，但幼儿会下意识地也这样对待同伴。又如，班级中平等、互相尊重的文化环境会塑造着班级幼儿的一些默认价值观，支持着师幼间、幼儿间的倾听和合作。在合作或集体讨论中，有的老师不会轻易否定某个孩子的提议，因为他们相信："每个想法都是有价值的。"因此，当孩子们表现出对别人想法的打扰、指责或不屑时，会被老师批评："不可以别人还没做，你就说别人的不好，你怎么知道人家做不出来？"班级课程文化就是在这样的教师与幼儿全方位的相互作用过程中形成的。

其次，家长也是班级课程文化的共同建构者。班级课程文化、课程观不只是教师和幼儿的，而是跟课程相关的所有人的。幼儿会把一些承载着班级课程文化的行为带到家庭中，也会把家庭中的行为带来班级。例如，孩子会要求家长来当志愿者，因为"别的爸爸都来过的"。孩子会请爸爸妈妈帮自己准备活动需要的材料，因为"这是大家要用的"。而教师也会在家园互动中向家长传递自己的课程理念和价值观，进而影响家长的教育行为。又如，在互相关心的集体氛围下，家长之间因共同活动、住得近或者幼儿间的友情等原因产生较为密切的互动。他们会聚在一起讨论共同关心的育儿问题、交流各自的育儿心得，也会因相约出游玩耍影响着幼儿间的交往。

再次，班级课程文化的形成需要园部的支持。班级的课程文化是教师、幼儿

---

① 虞永平. 生活化的幼儿园课程［M］. 北京：高等教育出版社，2010：219.

和家长在课程实践中共同形成的，体现班级个性的班本课程也对应着略有差异的班级文化。每一位教师拥有的课程理念不同，生活经历、人生信念不同，在课程实践中面对的幼儿不同，幼儿的家庭背景、家庭文化不同，家长的育儿需求、人生信念也有很大差异。而且不同班级的幼儿和教师在开展具体的课程实践中会面临不同的情境，形成不同的行为方式。因此，不同班级形成的班级课程文化也会有或多或少的差异。一个幼儿园的整体文化就是由这样一个个略有差异的班级文化所共同组成的。然而，管理中的民主意识、民主程度会影响着班级文化的形成。园部过多的一致性要求，教师缺乏课程自主权、决策权，会影响班级独特文化的形成。园长应对班级课程文化的形成产生积极、正面、引导性的影响。毕竟只有当每个班都有班级文化，而班级文化总体上是积极向上的，整个幼儿园的文化才可能是积极向上的。

（三）幼儿园通过文化输出，吸引更多力量共同支持幼儿发展

"马拉古奇在谈到学前学校时会称其为公共场所，以通过这个称呼来意指这些学校都是根源于社区及其社区文化的。"[①] 但幼儿园不仅能反映其所处的文化、辅助文化的持久传承，更是文化再生的重要场所。[②] 从动力作用的角度来说，幼儿园首先应该营造支持幼儿成长的价值观和文化。幼儿园是教师、管理者、家长等动力因子汇聚的地方，这些动力因子在相互作用的过程中将幼儿园变成一个各种观念交流汇聚的地方，同时也孕育着共同的价值观和文化，包括对儿童形象的新认识、共同支持幼儿发展的新观念等。其次，幼儿园应主动向外输出这种共同支持儿童成长的文化，主动地将这种文化扩散到周围社区中影响着更多的人，让更多的人参与到为幼儿的成长提供支持的过程中来。

第四节 政策法规的导向性和规定性影响

人类发展生态学认为：公共政策是宏观系统的一部分，它决定着外系统、中间系统与微观系统的具体特点，这些特点表现在日常生活中的各个方面，并会影

---

① 斯米特.马拉古奇导论[M].吴媛媛，译.南京：南京师范大学出版社，2020：175.
② 托宾，薛烨，唐泽真弓.重访三种文化中的幼儿园[M].朱家雄，薛烨，译.上海：华东师范大学出版社，2014：3-4，196.

响到人们的行为和发展。公共政策决定着人类生活的条件，因此有力量影响人类的福利和发展。布氏分析了一些与教育不直接相关的公共政策对教育的影响。公共政策影响儿童、父母、家庭以及在这一领域开展工作的职业人员的生活，[1]进而影响成人对儿童的抚育行为。而一些与教育直接相关的政策法规通过影响幼儿的受教育权进而影响幼儿的发展。受教育权是基本的人权，它包括了受教育机会权、受教育条件权和公正评价权三个方面。[2]幼儿的受教育机会与入园率、课程的年龄适宜性相关；幼儿的受教育条件则与师资水平、园舍和设备、活动材料等因素相关。

人类发展生态学指出，一个环境与所在权力环境之间存在直接联系和间接联系，通过这些联系，原环境的参与者能够影响资源分配和作出决策，以符合发展中个体的需要和为发展中的个体谋利益而努力，这时这个环境的发展潜力将能得到发挥。一个环境的发展潜力与联系此环境和权力环境的网链中的中介联系的数量成反比。[3]这一假设强调直接网络和间接网络对人类发展的重要性，这些网络将包含孩子在内的直接环境与当地社区及社区外的权力环境联系起来。联系很微弱的地方，外系统促进人类发展的效率也会相应地降低。这一假设可用于解释一些与儿童福利相关的政策、法规的制定，也可以解释政府主管部门在一些具体的管理文件、机制的建立过程中的影响作用。园外环境中间接的权力运作会影响到决策和资源是否向幼儿倾斜。但是对幼儿园而言，接近"权力环境"、争取更多支持不是通过自身努力就能达到的，而是需要专家、主管部门在监管过程中、在制定政策法规中主动深入一线、向下"倾听"。

在幼儿园内部，我们也可以看到这一规律在发挥着作用。在课程研发或课程决策的过程中，有些班级的老师是骨干教师，参与园本课程研发和决策。他们对活动的理解更为深入，能为班级幼儿争取到的外部决策支持、资源支持也更多。他们的班级因而有可能尝试更多的班本活动创新，比如作为实验班优先使用某些材料或空间、开展新教师不敢尝试的班级外出参观活动、筹办主题布展向全园展示幼儿的活动成果等。

---

[1] 莫里森.当今美国儿童早期教育[M].王全志,等译.北京：北京大学出版社,2004: 45.
[2] 杨成铭.受教育权的促进和保护[M].北京：中国法制出版社,2004: 17-20.
[3] BRONFENBRENNER U. The Ecology of Human Development [M]. Cambridge: Harvard University Press, 1979: 256.

一、政策、法规对幼儿园课程建设的影响

比起文化的潜移默化，法律法规作为强制执行的条例，对幼儿园课程的影响更为直接和彻底。这种影响既针对课程建设，也针对教师群体。

（一）政策对园本课程开发的影响：以"三级管理体制"为例

随着国务院《关于继续深化教育改革，全面推进素质教育的决定》和《地方和学校课程开发指南》等政策的颁布，"三级课程管理体制"的建立和实施使得原来属于国家的课程开发权力部分地下放给了学校和教师。全国各地的许多幼儿园出于传承园所传统、开发利用特有资源、打造园本特色等各种目的，开始了一定程度的园本课程开发。在这样的政策背景下，江苏省有一批幼儿园在"九五"期间就逐渐突破当时沿用已久的"统编教材"和分科教学，开始了园本课程的研究。

对江苏省幼儿园课程现状的调查发现，随着"课程游戏化项目"的逐步推进，江苏省多数幼儿园开始了不同程度的园本课程建设。有 25.55% 的教师表示自己幼儿园的课程是"全体教师（园长）边实践边建构的"；26.38% 的幼儿园"在采用外来课程的基础上开始了对某一领域或某一类活动（如主题活动）的自主研发"；27.87% 的幼儿园处于"把购买来的课程进行园本化改造后再使用的阶段"；仅有 7.72% 的幼儿园还处于"把购买来的或引进的课程直接使用的阶段"；另有 12.48% 的幼儿园选择了"其他情况"。调查还发现，作为班级课程的主要决策者和实施者，也有相当一部分教师开始摆脱对外来教材的依赖，努力让班级课程更贴合班级实际情况。有 91.31% 的教师表示会"为了借鉴和启发"购买或阅读课程用书，但其中已经有 46.85% 的教师表示会根据自己班级情况对课程用书进行"班级层面上的改造"。其中，公办幼儿园在班级层面上进行深入改造的比例为 53.40%，明显高于民办幼儿园教师的比例（33.39%）。可见，不论是幼儿园层面还是教师个体层面，江苏省大多数幼儿园都在努力逐渐摆脱对外来教材的惯性依赖，充分发掘本园特色资源，针对班级情况不同程度地开发更适宜的课程。[①]

[①] 蔡菡."课程游戏化项目"背景下江苏省幼儿园课程建设的效果与启示——基于教师评价的视角[J]. 学前教育研究, 2018（12）: 39-51.

（二）政策对课程建设团队的影响：以"扩园"为例

由于"规模经济理论"和"范围经济理论"的影响，为了降低教育成本、凸显教育显性投入的"集中优势"，超大规模学校在我国各地大量出现。一些农村地区也会因管理方便或适龄儿童减少等原因，通过"撤点并校"的方式扩大乡镇中心园的规模。而一些较为优质的"名园"在"名园办分园"的浪潮下，不可避免地面临着快速扩张的命运。分析访谈资料，我们会发现园所规模快速扩大带来的负面动力影响具体表现在以下几个方面：

1. 关系疏离，彼此倾听成为无法完成的任务

规模扩大带来了幼儿园内部组织结构、人际关系结构的变化。在访谈中，一位管理者说："我当老师的时候，我们幼儿园小小的，就十多个班级。老师之间、老师和园长之间都很近，关系也很好。老园长每次学期总结的时候，把每个老师都一个个夸过来，大家听得心里美滋滋的，下学期开学都很有干劲。等我做园长的时候，幼儿园已经扩到了四十多个班、三个园区，我一天跑一遍都不可能，更不可能对老师的情况有足够的了解。"一位老教师说："以前幼儿园小、人少，跟自己搭班或者一个年级组的都是熟悉的人，合作起来也很容易。现在扩大了，我每届甚至每年的搭班都是不太熟的（同事），磨合起来也要一段时间。小班开学1个月时年级组研讨，我居然好几次叫不出对面人的名字。"可见，规模过大导致领导与教师之间、教师与教师之间人际关系疏离，进而影响了彼此的倾听与合作，阻碍了相互间的动力支持。

2. 教师距离权力中心渐远，需求在层层传递中"消失"

人类发展生态学认为距离权力中心的远近影响着决策和资源的分配。有调查发现，园所规模越小，行政管理层次少，组织结构紧凑、扁平化，权力就更容易分散在组织内部，这使得教师的决策权和自主权越高。当园所规模超过4—6个班时，园所规模越大，教师赋权程度越低。当园所规模扩大到一定程度时，扁平化的分权效果就会受到"管理幅度"的限制而无法发挥更好的分权效果，教师赋权增能得分就偏低。[①]扩园后管理层级结构的增加使得教师距离学校决策核心

---

① 郑楚楚，姜勇．幼儿园教师赋权增能发展现状与影响因素［J］.学前教育研究，2019（1）：62-73.

的"权力距离"扩大,教师无法参与决策并影响资源分配的过程。教师和幼儿的需求在层层向上传递的过程中"消失"了,教师也无法为班级幼儿争取更多资源支持。有管理者坦言:"这次我从5月份就开始规划跟大班老师谈心,想听听她们三年一轮带下来的感受,问问有什么要调整的和需要我支持的,结果我忙里偷闲,谈到6月才谈到一大半,根本是个无法完成的任务。"而有的管理者则表示:"我负责的园区三个年级才7个班,加上我才15个人。有什么任务都是商量着一起做,吃饭也经常碰面。所以我一直跟老师们说,我们人人是主人,有什么想法意见尽管说。"

3. 管理者动力支持的削弱

幼儿园的管理应该发挥其专业影响力,为教师提供动力支持。但园所规模扩大后,削弱了这方面的作用。访谈中,有园长表示:"新教师培训我们一直重视的,之前每年进几个(新教师),几乎都是师徒手把手地教,我也经常听她们的课。让她们一开始就上正轨。但现在每年新老师那么多,我有时突然看见连名字都叫不出。什么培训都是批量的,想组织个小规模研讨根本不可能,我个别指导一下都有心无力。"还有园长表示:"做课题研究,我们一直鼓励全园参与,把研究过程作为教师培训的过程,但规模扩大后再要像以前那样围坐在一起研讨根本不可能,我只能挑选骨干老师参加。"教师专业发展缺乏引领和动力支持,会直接导致教师的动力不足,进而影响班级活动的质量。规模过大引发的管理人员的支持力量、教师间的协作力量被削弱,会直接威胁班级课程实施的质量。

对比图4-1、图4-2,我们可以看出,规模较小的幼儿园因为没有"中层管理人员"(如园区主管、年级组长等),园长与教师可以直接交流,同时教师之间也能够在日常共事中产生各种互动。扩园之后管理层级增多,教师距离权力中心"园长"的范围变大,且教师更多地只与自己年级组或园区教师有交往。这样的层级架构不利于管理者的动力支持和"向下倾听"。如果年级组间教师调动(如大班毕业后,大班组教师们需要形成新的班组),遇到陌生同事需要重新磨合关系的概率也会变大。而快速扩园又不可避免地会带来一定程度的教师队伍急速扩张、教师队伍快速年轻化、管理梯队不成熟等问题,缺乏彼此动力支持会让这些问题长期得不到改善。

越来越多的国内外政策制定者们已经意识到了这个问题,在考虑办学规模时把教师、幼儿的发展放在首位,然后才兼顾投入效率。有研究者提出,在确立幼

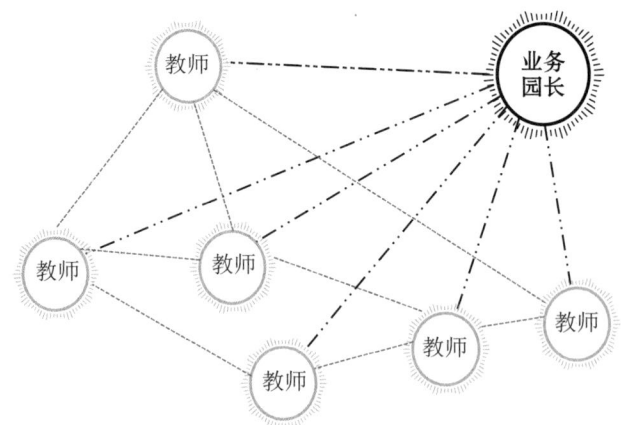

图 4-1 规模较小的幼儿园中的人际关系模拟图

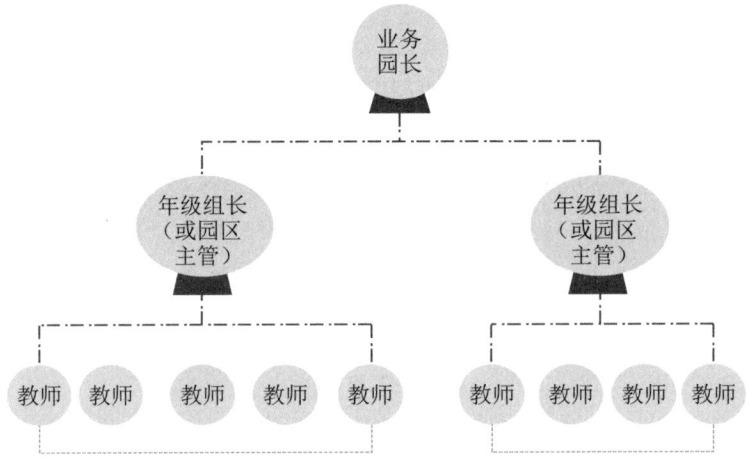

图 4-2 规模较大的幼儿园中的人际关系模拟图

儿园办园规模过程中,将"是否便于幼儿园日常教学管理、是否便于推进教师间建立良好合作关系、是否便于把握学生个体的个性特点和推进学生的全面发展、是否有利于各项资源得到充分利用"确立为评估的综合尺度。[①] 一些地方政策甚至明确规定了新建小区配套幼儿园的规模在 12 或 16 个班级以下。

---

① 牛利华.适宜规模办学:教育发展的理性抉择——来自美国微型学校的启示[J].外国教育研究,2008(3):64-68.

二、制定政策法规应关注关系，促使各方动力支持幼儿发展

与学前教育相关的政策法规有很多，与幼儿开展活动最直接的是与学前课程相关的系列政策，这些政策具有主导性、强制性和合法性。从动力作用的角度来说，课程政策的制定需要关注影响儿童发展的环境，将儿童视为关系性的存在，通过促进环境中各动力因子的相互动力影响，引导多方力量支持幼儿发展。

（一）政策法规的制定应将儿童视为关系性的存在

瑞吉欧认为公共服务中各种政策的选择是至关重要的。这些选择是在与他人的相互关系中做出的政治性和伦理性的决策，而不是由消费者个人做出的决定。① 因此，20世纪70年代，瑞吉欧等人就提出了"身处各种关系中的儿童"以及自己对童年的解读。这些在瑞吉欧·艾米利亚政府拟定的有关市立学校的法规中有所体现，马拉古齐参与了这些法规的草拟。1972年，意大利通过了"1044法案"，该法案让市政府成为社会教育机构的主要管理者。它强调婴幼儿园的中心不仅在于老师和儿童的关系，还在于家庭环境和婴幼园环境间的相互影响。《瑞吉欧·艾米利亚市属幼儿园和婴幼园指南》是该市2010年颁布的公办幼儿教育的指导性文件，这份文件指出了教育作为"关系系统"的重要性，说明和界定了市属幼儿园和幼儿园的身份和目标、运营的基本要素和教育的规则。

不仅是瑞吉欧，许多国家制定的课程政策、课程纲要等文件都强化了儿童作为关系性的存在。如新西兰1996年的《编席子：学前课程》提出了4条教育原则，其中一条就是"关系"："儿童的学习是在与人和物的回应性、相互性的关系中发生的。这种关系为儿童提供了一个丰富的社会世界，以供儿童去了解和认识；这种互动关系也为儿童提供了各种学习机会，通过这些机会他们可以与成人和其他儿童一起尝试他们的想法。"澳大利亚的新南威尔士州2005年颁布了学前课程框架《关系性实践》，从其题目中就可以看出其对"关系"的充分重视。② 这

---

① 里纳尔迪.对话瑞吉欧·艾米利亚——倾听、研究与学习[M].周菁，译.南京：南京师范大学出版社，2014：序言10.
② 李召存.追寻课程政策背后的教育意义——基于学前课程纲要的国际比较研究[M].上海：华东师范大学出版社，2012：109-112.

些政策都将儿童视为关系性的存在，向公众传递了关系对儿童的学习与发展的价值，并通过法律法规的方式保障这些关系有效地为儿童的学习和发展提供支持。

法律法规的制定还有助于形成一些其他的社会共识，如：学前教育是社会公共事业，是重要公共服务；以及通过法律法规来塑造儿童作为积极学习者的形象，如《瑞吉欧·艾米利亚市属幼儿园和婴幼园指南》中强调了幼儿在整个关系系统中的地位，也重新定义了成人与幼儿的相互动力作用方式。通过政策法规，这些观念性的共识能够获得更广泛的认可。

（二）通过立法厘清与儿童发展相关的各类关系，支持幼儿发展

人类发展生态学认为外系统与权力环境间的作用会通过影响政策制定（包括制度倾斜、资源分配等），进而影响个体发展。政策法规是由外系统中的管理者们制定或执行的，制定过程中包含着观念碰撞和权利角力的过程，政策法规的制定者们能否让资源向幼儿倾斜将影响着幼儿的发展，也会影响着具体的班级活动。

儿童作为关系性的存在，在与周围人建立关系的过程中，是作为能量的输入方而存在的。也就是说，周围与之相关的成人，应负起为儿童提供支持、促进发展的责任，这种关系的性质需要通过法律、法规来厘清。联合国通过了一系列旨在保护和促进儿童权益的重要文件，如《儿童权力宣言》《儿童权利公约》等。各国也出台了相应的法律文件以保护儿童的基本人权和受教育的权利。[①]1971年，瑞吉欧有关学前教育的国家法律中确立了社会参与管理的规定，进而主管部门依据法律建立了一系列相应的组织机构来达成其社区式管理模式，以此让更多社会力量参与、汇聚到支持学前教育、支持儿童发展的过程中来。可见，法律法规决定着具体的机构运作和管理模式。

目前我国出台的幼儿教育的行政法规包括《幼儿园管理条例》《幼儿园工作规程》《幼儿园教育指导纲要》《3—6岁儿童学习与发展指南》等。这些法规制度对幼儿园的办园宗旨、办园任务、教育目标、班级规模、软硬件设备、教育工作原则、教育内容、教育过程、教育活动评价等都提出了具体要求。然而，我国幼儿教育的部门法是空缺的。幼儿的受教育权、学前教育事业的健康发展仍然需要得

---

① 虞永平.学前课程的多视角透视［M］.南京：江苏教育出版社，2009：163.

到法律的进一步保护，幼儿园课程需要更高层次的法律加以规范。我国需要推动学前教育立法，来明确各种动力因子在学前教育中的角色地位以及投入责任，进而促进这些因子之间的动力作用，保障对幼儿发展的动力支持和整个学前教育的健康发展。此外，家庭与幼儿园的合作、政府应扮演的角色（瑞吉欧相关法案中就规定了政府承担经费的比例以及相关职责）、社会应如何支持幼儿的发展等内容也需要进一步详细落实。

目前，一些法规、政策和规定的出台并不完全以儿童的受教育权等利益为优先考量，比如之前的办园规模问题其实更多的是以"效益优先""方便管理"为出发点。还有些地区发布的幼儿教育私有化或产业化的宏观政策，可能导致此地区的不少幼儿园唯利是图，或者迫于生存需要而违背幼儿发展规律进行超前教育，出现小学化或课程超载现象。

第五节 理想的相互作用：共同营造儿童友好的成长环境

在低生育率现象备受关注的当下，儿童友好型社会、生育友好型社会的理念观点、实践策略等都成为热议的话题。国家发改委颁布的《关于推进儿童友好城市建设的指导意见》中提到："儿童友好是指为儿童成长发展提供适宜的环境和服务条件，切实保障儿童的生存权、发展权、受保护权和参与权。"目前，儿童友好型城市、友好型社区、友好型学校、友好型司法等方面的项目建设正在实践中。

作为儿童友好型社会的子系统的学前教育，其建设过程需要"家—园—社—政"共同参与，参与过程中各方力量都能秉持"儿童为先、协同支持"的原则，以达到各方作用的最佳拟合，从而让更多的动力作用汇聚到支持儿童发展的过程中来。党的二十大报告也指出，必须坚持系统观念。只有用普遍联系的、全面系统的、发展变化的观点观察事物，才能把握事物发展规律。学前教育高质量发展的实现，既要发挥政府的核心作用，又要发挥幼儿园、家庭、社区等方面的协同作用。① 因此，我们可以通过分析园外及宏观层面各因子的理想样态，从相互动力作用的角度探讨儿童成长环境的共同营造。

---

① 虞永平.以高质量发展统领学前教育普及普惠[N].中国教育报，2022-11-6（1）.

一、园外及宏观层面中各因子的相互作用关系

在本章各动力因子的分别讨论中，我们可以发现处于外系统层面的幼儿园管理者、教师同事、专家、主管部门等因子不会对班级中开展的各类活动产生直接影响，而是通过影响教师、家长、社区产生间接的动力作用。他们对幼儿活动或者说对幼儿发展的推动作用主要以叠加影响为主。他们通过影响教师、家长、社区成员，将动力从外部输入家庭和班级这样的微观系统中。虽然这样的影响方式不像直接影响幼儿的动力作用那样密集、频繁，但这样的间接动力作用却会在更广的范围之中产生根本性的、方向性的影响。如果这样的动力影响能符合支持性联系的定义（即这些园外的因子理念一致、相互支持且能量向幼儿转移），那么这些因子能更好地影响幼儿发展。而宏观系统中的文化和政策广泛而根本性地影响着微观、中间、外系统中的各个因子，同时文化和法律法规、政策之间也会相互影响。在绘制园外及宏观层面的动力因子作用关系图时，笔者将前两个层面中的动力因子关系也进行了叠加，以凸显园外及宏观层面因子的间接动力作用关系。见下图4-3：

动力关系说明：

关系（9）：2A → 1B。家长通过参与活动审议、向教师表达育儿需求、配合班级活动，影响教师的活动组织。

关系（10）：1B、1A → 2A → 1A。家长在教师的指导下，或在孩子的主动要求下，为孩子参与活动提供支持。

关系（11）：1B → 2A → 1A、1A……在教师指导下，家长通过来园担任活动志愿者、提供物质材料等方式深度参与课程展开过程，影响班级其他幼儿的活动。

关系（12）：3A → 2A → 1B、1A。园长运用园部力量，为家长提供育儿指导，建立家长参与制度，推动家园间建立支持性联系，以支持班级活动。

关系（13）：3A → 2B → 1B。园长运用园部力量，推动幼儿园与社区之间建立支持性联系，让更多社区成员支持教师开展班级活动。

关系（14）：2A ↔ 2B → 1A、1A……家长和社区成员间相互影响，家长会将更多社区资源引入班级影响幼儿活动，家长也会受到社区成员的影响而改变自己

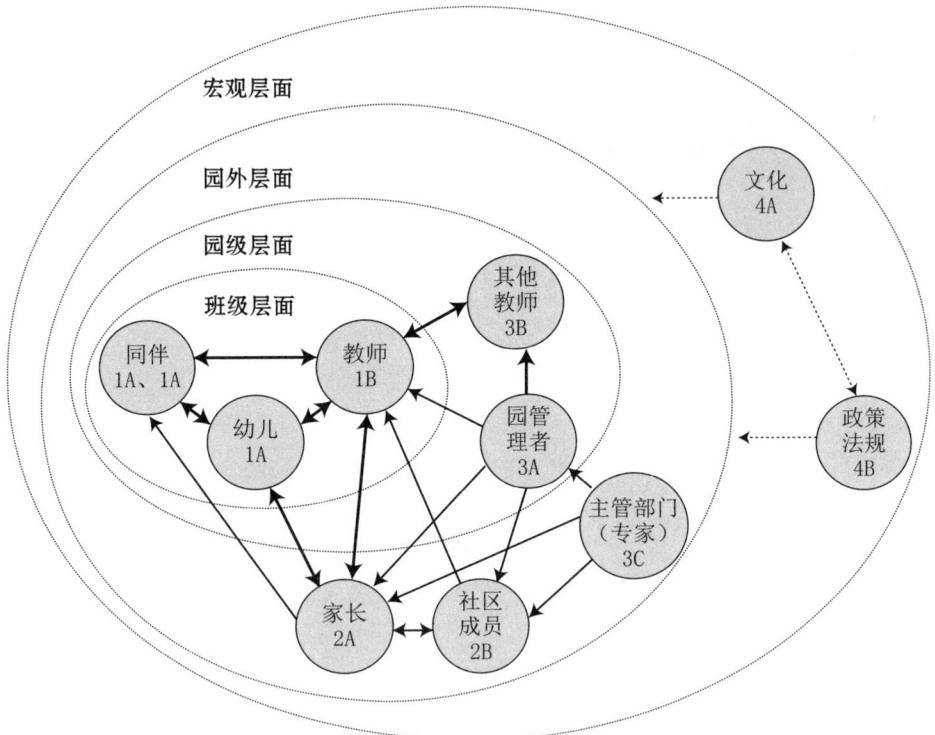

图4-3 园外及宏观层面中动力因子作用关系图

的教育观。

关系（15）：3C→3A→3B、1B。主管部门（专家）通过理念引领、建立机制、监督管理等方式为幼儿园提供各种支持，进而影响教师的活动设计和组织。

关系（16）：3C→2A→1A。主管部门（专家）通过理念引领、社区宣传、资源倾斜等方式宣传正确的育儿理念，为家长提供养育支持。

关系（17）：3C→2B→1B。主管部门（专家）通过舆论引领、建立机制、政策执行等方式，让更多社区成员支持幼儿园的课程建设和班级活动的开展。

关系（18）：4A→3C、3A、2A、3B……文化影响着宏观系统所涵盖的各因子，也影响着幼儿园课程的理念、设计、实施和评价的方方面面。

关系（19）：4B→3C、3A、2A、1B……各级各类政策法规决定着各因子的行为，也必然决定着幼儿园课程建设和实施的整个过程。

关系（20）：4A↔4B。人是文化的载体，也是政策法规的制定者和执行者。

因此，文化会影响法律法规的制订和执行，而政策和法规的制订和实施也有助于形成一些社会共识和价值观。

二、生态视角下的儿童友好环境

（一）全社会营造支持儿童发展的"儿童友好"文化

1. 反思塑造幼儿成长环境和幼儿园课程的文化

儿童所处的文化通过人（有意识或无意识）的作用影响着儿童的发展，而这个儿童所处的、影响其发展的文化环境也由人主动建设，经由人来承载和传递。

首先，文化塑造着幼儿园的课程形态。文化塑造着人的价值观进而影响着教育理念和课程观，也影响着班级活动的内容选择、活动设计、实施过程以及评价方式。在幼儿园课程中教师所拥有的文化影响着幼儿的活动内容、活动方式以及发展过程。从角色及角色行为来说，文化塑造着各动力因子对自己和彼此的角色期待，也形塑着他们的课程参与行为，进而决定着微观、中间、外系统中各因子动力作用发挥的方式，包括亲子间、师幼间、同事间、上下级间、社区与幼儿园间的相互影响方式。

其次，幼儿园的空间是其课程文化的体现。爱德华·霍尔（Edward T. Hall）指出：每一种文化都有其独特的空间语言。空间及其处理方式同样表现出重要程度和先后顺序。[1] 这与海德格尔的空间"切近性"的观点相似。实践中，有的园长因为怕被孩子打扰将园长室设置在远离教学区的地方，而藤幼儿园的园长则将自己的办公室像门卫一样安排在教工办公桌的最前方，以方便在幼儿入园经过时与幼儿互动以及平时与教工交流。[2] 有的幼儿园因为希望增加教师与幼儿相处的时间而取消了教师办公室，而有的幼儿园专门给教师和保育员都安排了午休室。班级的空间布置既体现了教师对课程的理解，也体现了园所的课程文化。鼓励班级课程个性化的园所一定有着更为开放的文化氛围，班级的空间设置也将更为个性化而非统一。幼儿通过多种感官感知周围环境，"解读"和理解所处空间传递

---

[1] 霍尔.超越文化[M].何道宽，译.北京：北京大学出版社，2010：18，56-57.
[2] 加藤积一.藤幼儿园的秘密[M].何京玉，陈俊，译.北京：北京师范大学出版社，2018：26-27.

的语言。

2. 共同营造并输出儿童友好文化

班级层面：教师与幼儿、家长一起营造良好的班级文化小生态。班级文化影响着幼儿的发展。教师与幼儿在共同活动的过程中共同构建着班级文化，家长也不免参与其中。而园长应对班级课程文化的形成产生积极、正面、引导性的影响，让一个个相互支持、共享参与的班级文化组成整个幼儿园的文化。文化心理学认为，文化以群体文化与个人文化两种形态存在。群体文化规定着个人文化的发展，而个人文化是群体文化内化的结果。个体的心智发展伴随着社会与文化的刺激，受到置身其中的群体文化的引领，也包括个人的主动建构。这种主动建构包括儿童早期在各种社会情境中的自我调节和参与，通过自我调节地参与各种社会文化情境，儿童促进着内部心理的发展。① 维果斯基也认为社会互动、活动、场地情境都是嵌置于社会中，因此文化情境对认知发展有着重要的影响，社会参与可作为认知发展的刺激物。②

幼儿园层面：探索支持幼儿发展的幼儿园文化生态并主动向外输出。一个共同支持幼儿成长的价值观和文化是一种能激发园内外各种因子相互肯定、目标一致，最终有利于动力向幼儿汇聚的文化。这种文化能够鼓励课程不断自新，让课程更具班级适宜性，更贴合幼儿个体特征，更好地发挥教师的个体动力特征，能够激励全体教师参与课程建设。幼儿园形成的这种文化塑造着教师，通过教师塑造着幼儿的行为，也塑造着家长。幼儿园通过主动向公众输出文化，吸引更多的人参与支持。如，瑞吉欧在社区中定期举办儿童档案的展览，国内许多幼儿园在微信公众号、网站上展示课程故事、办园理念等，都是一种宣传和输出。

园外层面：全社会都需要形成支持儿童成长的文化。"儿童友好"的实现有赖于全社会奉行"儿童主体""儿童优先"等理念，这包含着对儿童生命、价值和权利的正确认识。但我国传统文化中常常将儿童客体化为国家或家长的一种财产和

---

① 瓦西纳.文化和人类发展[M].孙晓玲，罗萌，等译.上海：华东师范大学出版社，2007：7-8，344.
② 贝尔克，温斯勒.鹰架儿童的学习——维果斯基与幼儿教育[M].谷瑞勉，译.南京：南京师范大学出版社，2015：23.

工具①，导致"儿童友好"的生成和推行缺乏文化和价值的土壤。因此，宣传媒体应加大"儿童友好"文化传播，宣传"儿童友好"城市、社区、医院、学校（幼儿园）的理念和做法，讲述儿童友好故事。同时，在出台政策法规、宣讲政策倡议的基础上，用政策引导个体行为，进而转变人们的价值观。

（二）政策支持下的儿童友好型社会（社区）建设

要建设儿童友好型学校，政府需要建立教育协同机制。有研究者指出：教育行动需要政府、幼儿园、家庭、社区的协同参与，政府的顶层设计、政策导向、财政投入是基础保障，幼儿园教师的准确理解和有效施行是关键因素，家庭和社区的广泛参与、协同教育是有效支持。由于教育协同机制的缺失，难以将各个利益相关方有机联系形成教育合力。②

1. 法律、政策、法规的制订应促使儿童成为动力汇聚的中心

教育相关政策的制定需要关注影响儿童发展的环境，将儿童视为关系性的存在，通过立法厘清与儿童发展相关的各类主体之间的关系和责任，形成一些社会共识，进而促进环境中各动力因子充分发挥动力支持作用，让幼儿成为动力汇聚的中心。

2. 缩小幼儿与权力中心的距离，扁平化的层级有利于向下"倾听"

政策法规的制定过程中包含着观念的碰撞和权力的角力过程，政策法规的制定者们能否让资源向幼儿倾斜将影响着幼儿的发展。管理层级结构的增加会使得幼儿、教师距离核心决策的"权力距离"扩大，教师和幼儿的需求在层层向上传递的过程中"消失"，幼儿园、家长无法为幼儿争取更多资源支持。行政管理层次少，组织结构紧凑、扁平化，有助于管理层的向下"倾听"，使得外系统中的园长、教师们能够参与决策、影响制度倾斜及资源分配的过程。目前，"儿童友好"不仅强调需要尊重儿童的主体地位、坚持儿童需求优先考虑，还强调儿童广泛参与社会活动。在参与过程中，儿童有机会发表自己的看法、布置自己的活动空间，让自己的需要被更多人"看见"。

---

① 段立章. 观念的阻隔与超越：当代中国儿童权利文化的构建［J］. 山东大学学报（哲学社会科学版），2014（2）：88-94.
② 李雨姝，鄢超云. "儿童友好"理念的核心内涵及其教育实践［J］. 学前教育研究，2023（3）：48-57.

3. 用政策引导更多社区成员、家长的支持

从动力相互作用的视角来看幼儿园与社区的关系，会发现幼儿园不再是一个能"独善其身""关起门来做教育"的机构。幼儿园受所在社区的影响，幼儿园及其所在社区应共同承担培养幼儿的责任。理想状态下，儿童友好学校的建设过程中，学校与所在社区之间应建立互惠对话关系，进而超越原有的学校单向利用社区资源的状况，或避免社区成员出于自身利益消解幼儿园的教育影响。

同样以幼小衔接问题为例。孩子是天生的学习者，但不是天生的应试教育者。在学习如何扮演应试教育者角色的过程中，孩子们不仅需要掌握知识、技能，还需要培养各种与考试相关的技巧和习惯，例如：检查，不漏题，不会的先跳过，等等。在衔接阶段，如果小学无法"退一步等待"，那"下移压力"就只能成为必然。开学第一个月的教师节，孩子们相约回幼儿园看望老师。聊起小学生活，孩子们七嘴八舌："上课坐到屁股痛，老师不让我们靠着椅子背。""写字好难，我写不好，总是从小方格里冒出来。""写话写错了要擦掉重新写，我觉得压力很大。""我不喜欢上小学，老师凶凶的，我想幼儿园的老师。"以幼儿发展为中心营造良好成长环境，需要社区中所有成员的努力。营造良好的入学准备生态环境，不仅需要家长有正确的衔接观，自觉抵制外界的压力，积极配合幼儿园开展各类衔接活动；小学也应尽到参与幼小衔接工作的责任，例如坚决实行"零起点"教育，缩小一年级与幼儿园在育人模式、考核评估等方面的差异，帮助幼儿良好适应小学生活。政府需要积极宣传普及科学的入学准备观念和行为，对社会力量办学加大监督和管理，引导全社会共同为幼儿顺利入学营造积极良好的生态环境。

（三）共享区域教研资源，推动区域课程变革

主管部门承担着推动区域内课程改革，以及为区域内幼儿园的课程建设营造积极的社会生态的重要动力作用。当前，课程改革的模式往往被分为自上而下行政主导的"行政模式"、自下而上幼儿园内部引发的草根模式，以及由专家团队引领的平行示范模式这三种。"由上而下"与"由下而上"的改革所产生的动力链不同。前者由外系统中的某因子作为前导动力因素发起，如主管部门发起某项改革，随后园长根据本园实际情况开展本园课程建设等。后者由班级微观系统中某因子作为前导动力因素发起，如由幼儿、教师、家长发起某个主题活动。前导因素的不同会影响涉及范围的大小。从课程改革的动力源来说，"自上而下"的

统一模式将专家或行政管理者视为主要的动力源,如果得不到教师的响应,则动力的传递会受阻,这样就会出现动力作用逐级递减的现象。如果主管部门期望园长、教师或家长改变现有的课程模式(或改变某种课程理念),就要先降低环境中的阻力,同时也要刺激环境驱力的增长。

"场力影响个体"的原则不仅可以解释某个主题活动、某个幼儿园课程的生长过程,还可以用来解释大范围的课程变革。当驱力大于阻力,变革才再次发生;如果阻力大于驱力,还会导致后退;而变革推行到了一定阶段,驱力和阻力也许会处于平衡状态,这时变革就会趋缓或者停滞。区域推进课程建设,就是在营造更多力量共同支持幼儿园教育的外部环境。瑞吉欧教育体系、浙江的安吉游戏、江苏省的课程游戏化改革项目都依托区域推进的方式推进幼儿园课程变革,取得了令人瞩目的成果。

(四)建立补充性联系,以园部力量推动"共育"

环境间的多重联系有助于个体发展。如果家园间除了幼儿之外没有其他的直接联系,那么家园间就成了微弱联系的中间系统,环境间就无法形成支持性关系。家园间从微弱联系转变为支持性联系的方式是增加环境间的补充性联系和间接联系。这个补充性联系和间接联系需要班级以外的力量(如园长、社区成员)来提供。

上文提到的二级效应(即三者对双人关系中的成员间相互作用的间接影响)不仅可以用来解释教师对幼儿同伴互动的影响、园长对师幼互动的影响、教师对亲子互动的影响,也可以用来解释园部对亲子互动、园部家长与教师互动的影响。即家长和社区成员的课程参与,不仅需要教师的努力,还需要园长、专家、主管的支持。

1. 主动建构和组织复杂的关系网

瑞吉欧对教师角色行为的理解有一个独到之处,即:建构和组织错综复杂的关系网。①② 从"动力关系"的角度来分析教师角色,主动建构复杂的、促进动力

---

① 里纳尔迪.对话瑞吉欧·艾米利亚——倾听、研究与学习[M].周菁,译.南京:南京师范大学出版社,2014:49.
② 里纳尔迪.对话瑞吉欧·艾米利亚——倾听、研究与学习[M].周菁,译.南京:南京师范大学出版社,2014:32.

作用的关系网就是教师重要的角色行为之一。教师不仅需要促进师幼间、幼儿间的相互动力影响，还需要促进自己与家长之间、亲子之间，甚至家长之间、家长与班级其他幼儿之间的相互作用关系。理想状态下，教师需要与家长建立一种多维而互惠的关系。[①]教师首先需要关注家长的育儿需要，为家长提供可操作化的育儿支持。家长在得到教师的育儿支持后，基于了解、认同和自身资源参与班级课程。其次，教师还会通过家长会、班级QQ群、组织育儿沙龙活动等途径，帮助家长们建立集体概念，并鼓励家长们共同关爱班级孩子，积极参与班级活动。

同时，园部通过建立各种家长定期参与机制，让更多家长了解、卷入、支持班级活动。这些家长参与机制指向一个目标，即"以园部力量推动家长的动力作用共同向幼儿汇聚"。这样，能够使得家长与幼儿间的动力传递超越亲子关系，通过"动力共享"的方式，让一群家长共同为一群孩子的成长提供动力支持。

2. 增加家园间的补充性联系

（1）通过多样化的家园沟通方式，鼓励更多家庭成员参与

通常，只有妈妈或负责接送的某位祖辈家长会与班级教师开展沟通互动，家庭其他成员对班级活动的了解和孩子的活动表现都需要转述才能得知。而人类发展生态学认为，"个体从发展经历中获益的能力，直接与跨多个环境的双人关系的数量成函数关系"[②]。即当系统中的每个成员都与其他成员一起参加新环境的共同活动时，中间系统的发展潜力将会被提高。也就是说，如果幼儿的每个家庭成员都能与孩子一起积极参与、配合幼儿园的活动，那么个体将能获得更大的发展。

因此，教师应通过多样化的沟通方式，鼓励不同的家庭成员参与家园共育。比如，鼓励爸爸妈妈都加入班级QQ群、用布告的方式向来接送的祖辈家长展示班级活动、用纸质手册（如《成长档案》）等方式让宣传进入家庭、用私人约谈的方式与异地工作的家长交流、针对祖（父）辈开展分层育儿沙龙等，从而能让

---

① ROUSE E, O'BRIEN D. Mutuality and Reciprocity in Parent-teacher Relationships: Understanding the Nature of Partnerships in Early Childhood Education and Care Provision [J]. Australasian Journal of Early Childhood, 2017（June, Volume 42 Number 2）: 45-52.
② BRONFENBRENNER U. The Ecology of Human Development [M]. Cambridge: Harvard University Press, 1979: 215.

不同的家庭成员都有机会参与、了解班级活动。由于补充性联系的增加，两个环境间的目标更容易趋向一致，环境中会有更多成员参与力量平衡的过程，进而能为幼儿参与活动提供全方位的支持。

（2）通过环境间的间接联系，鼓励家长共享育儿经验

教师与家长、幼儿之间是一种直接联系，如果教师与家长间的动力影响能够引入其他的支持力量或支持性联系，将会获得更多动力。班级教师可以在班级QQ群组织家长围绕班级活动展开讨论，分享经验。例如：如何用废旧材料亲子制作玩具、适合亲子阅读的绘本、完成亲子任务单的好经验、为孩子准备活动材料的范例等。而家长来园参与各种活动的过程也伴随着家长间的多种互动交流，为家长开通了彼此互相讨教、分享育儿经验的渠道。如有家长说："上次在图书馆做志愿者，看到你儿子看书很认真。为什么你家孩子那么喜欢看书，我们却一点也不喜欢？你家是怎么培养的呀？"有的家长还会自发相约家庭间的活动，为幼儿的发展拓展多渠道的支持。这些渗透于日常生活的交流，改变了独生子女家长"闭门造车"式的育儿方式，用集体的智慧帮助家长们解决育儿过程中的各种困惑，更快地积累育儿经验。也就是说，用家长的群体力量实现家长间的互相帮助、合作互惠。

3. 共享资源，推动班本课程展开

在园长、教师等因子的影响下，家长的动力作用不仅体现在对自己孩子的影响上，还能影响班级里的其他幼儿和其他家长。从多重联系、间接联系的角度来看，如果家长与家长之间、家长与其他幼儿之间能够建立相互联系，那么就能突破"教师—幼儿—家长"这种单线影响模式，而是一群家长和老师、园部携手合作，来共同教育、影响一群孩子。这样，家长间零散的育儿力量就能够凝聚起来，为幼儿提供更高质量的在园生活，开展更为班本化的活动。正如下文案例《班级个性化毕业典礼》中展示的那样，在不少幼儿园，教师在园部家长参与机制的支持下，每年都会邀请家长志愿者来园共同协商、组织一些亲子活动。随着家长参与程度的逐步提高，以及班级教师对合作氛围的营造，家长所考虑的就不仅是自己的孩子，而是愿意为整个班级的幼儿奉献自己的力量。在赋予了家长"志愿者"的角色后，一方面通过审议了解家长们对活动的看法、关注家长的育儿需求、吸纳家长的经验智慧；另一方面，以班级为单位邀请"家长志愿者"参与，也能让整个活动有更多"班本化"的元素。

第四章　园外及宏观层面：家长、主管部门等因子的动力分析

案例：班级个性化毕业典礼

在"我们毕业了"主题活动的"毕业典礼"子活动中，整个大班组的教师们都提前一个月组织"毕业典礼"家长志愿者报名，并在班内家长QQ群中进行了进一步的审议。家长们否定了原定在大礼堂举行年级组毕业典礼的提议，认为："在大舞台表演节目的机会平时参加很多活动都有，不差毕业典礼这一次。""典礼氛围要温馨、难忘，还是在教室里更好。""最好个性化一点，能满足满足孩子们最后的愿望更好。"最终决定举办"班级个性化毕业典礼"。通过讨论，每个班级有了不同的个性化选择，家长们也有了更多参与和发挥的空间。过程中，家长们贡献着自己的专业知识和人力资源，为活动提供了充足的动力：有的班级家长有摄影特长，来园为孩子们拍摄了个性化的毕业照和微电影；有的班级由家长策划毕业典礼的游戏环节，并经老师和全部幼儿共同讨论完善；有的班级家长认为，回顾四年的在园生活，"成长"是不可忽视的主题，因此选择和孩子共同制作成长海报或成长影集；还有的班级家长认为"感恩"也是一个重要的元素，因此加入了"跟老师说一句感谢的话""和好朋友拥抱告别""给幼儿园留下我的心意——为儿童图书馆赠书"等内容，让幼儿在付出中感受成长的快乐；有的班级家长们还偷偷策划了"惊喜一刻"，所有孩子一起瞒着两位老师和阿姨制作了三份写满"临别悄悄话"的纪念册，在典礼当天赠给老师和阿姨。因为有了家长志愿者的多层次参与，各班的毕业典礼更具个性化，让孩子的兴趣爱好、情感需求得到了充分的满足，让老师、家长、孩子都留下了难忘的记忆。

第五章

汇聚多重动力，共构良好成长生态

第一节　动力整体观与动力的汇聚

生态心理学派创始人勒温在他的动力研究、场论研究中，深受现代物理学的启发。传统物理学强调绝对空间、绝对时间、原子主义，主张可以完全客观地研究和描述自然，认为物质的特性完全由其本身所决定。而现代物理学强调：所有事物都有某种内在的联系；所有运动都属于一种相互作用，一种物体的运动受其他部分的影响；所有物体都具有动力特性：自然根本不能简化为基本物质实体；解释一种事物意味着最终解释该事物是如何与其他事物相互作用的；将自己的研究对象视为相互依存整体的一部分，放入"场"中进行研究。① 这些观点为心理学的研究提供了完全不同的思维框架，即：关系、相互作用是至关重要的研究对象，动力及动力变化决定着事物的行为或表现样貌，以及用整体的、动态的视角考察研究对象，而不是进行静态地、割裂地研究。因此，勒温的动力观是一种整体动力观，强调关系与功能的意义，强调人与环境的相互作用。同样，幼儿成长的生态环境也受周围人的共同影响，各因子（人）之间的关系、相互作用内容共同影响着幼儿的成长。

一、各因子作用关系汇总及动力系统模型

在制度化的学前教育中，塑造幼儿成长环境的各类因子（人）不是散乱排列、孤立影响的，它们分布在班级、园级、园外环境中，是通过课程、在课程的组织下对幼儿的发展产生整体性的影响的。如果按课程的目标、内容、实施、评

---

① 申荷永.充满张力的生活空间——勒温的动力心理学［M］.武汉：湖北教育出版社，1999：147.

价四个构成要素来分析这些因子对班级课程的具体影响，并使用编码 abcd 对应编码，那么可以编码为：影响目标制订（编码 a）、影响内容选择（编码 b）、影响课程实施（编码 c）、影响课程评价（编码 d）。采用《各因子作用聚类汇总表》，结合具体案例对各因子的动力作用过程进行聚类汇总，并按因子、作用关系（如 1B→1A 表示单向影响，1B↔1A 表示双向影响）、影响内容这三个维度依次将各因子的动力作用进行归纳，那么我们可以汇总出下表 5-1。

表 5-1　各动力因子作用聚类汇总表

因子	作用关系	影响内容
幼儿 1A	关系 1（1A→1A）：幼儿影响自己的活动过程	① 幼儿基于自身的个体特征（兴趣需要、经验等），主动支配材料、参与活动。如，自选报名当毕业典礼的主持人。（编码 c） ② 幼儿用回避、应付的方式应对教师安排而自己不喜欢的活动，从而改变活动的实际展开过程。如，在幼小衔接主题的"汉字偏旁连连看"游戏中，幼儿表示"我不想玩这个，妈妈每天都让我在家写，要写一页呢"（编码 c）
	关系 2（1A→1B）：幼儿影响教师的活动组织	① 幼儿的活动提议被老师采纳，进而改变主题脉络。如，老师组织的策划活动中，幼儿提议的运动会比赛项目、毕业典礼庆祝内容得到大家的赞成。（编码 b、c） ② 幼儿表现出不喜欢、抗拒时老师调整活动。如，在组织户外运动区活动中，教师发现有些区"遇冷"，于是分析原因并调整内容（编码 b、c）
	关系 3（1A↔1A）：幼儿与同伴互相影响	幼儿与同伴共同活动，影响彼此的活动过程。如，幼儿基于兴趣需要或原有的同伴关系，与好朋友商量组成一组一起去花坛边"引蚂蚁"（编码 c）
教师 1B	关系 4（1B↔1A、1A……）：教师设计并组织活动，与幼儿一起创设活动环境	① 教师基于本班幼儿的发展需要自主设计班本主题活动或改良园部蓝本课程。如，夏初种植园地收获后，教师结合"感恩·成长"的毕业季主题，设计了"卖菜活动"，引导幼儿将挣来的钱给幼儿园图书馆捐书留念。（编码 a、b） ② 教师通过与幼儿一起创设活动环境，支持幼儿展开活动。如，教师创设"拼拼乐"游戏区、师幼一起收集制作"游戏屋"的废旧材料（编码 c）

（续表）

因子	作用关系	影响内容
教师 1B	关系4（1B↔1A、1A……）：教师设计并组织活动，与幼儿一起创设活动环境	③ 教师组织幼儿活动，与幼儿在行动中共同展开课程。如在"引蚂蚁"中，与幼儿一起计划讨论带什么食物引蚂蚁、去哪些地点引蚂蚁、如何分组、怎么记录发现、怎么捉等（编码c）
教师 1B	关系5（1B→1A↔1A）：教师通过直接或间接的方式，影响幼儿间的共同活动	① 教师通过发起同伴互动，直接影响幼儿的共同活动。如在参观小学活动中，通过组织"你想了解的小学的秘密（参观前）""你看到了……（参观中）""你发现了哪些不一样？（参观后）"等集体交流，鼓励幼儿分享兴趣经验，一起认识小学环境。（编码c） ② 教师通过创设环境和建立规则，间接影响幼儿的共同活动。如，在分组活动或区域活动中限制人数、干预分组、选派组长、调动座位等（编码c）
园管理者 3A	关系6（3A→1B）：园管理者直接影响班级教师的课程开发	园长开展本园课程建设的顶层设计，向教师介绍园本课程的建设目标、课程理念，并通过直接干预（包括批阅周计划、技术指导、提供资源、管理评价等），影响教师具体活动的开发和展开路径（编码a、b、c、d）
园管理者 3A	关系7（3A→3B↔1B）：园管理者通过建立研究团队，利用群体力量推动园本课程建设	园长组建课程开发团队，利用群体力量共同开发园本课程，进而影响教师在班级层面的课程实施。 ① 通过骨干教师定期审议制度（包括每周、每月的集体备课等），调动集体智慧审议活动目标和内容。如，为了突破以往"逛""吃"为主的春游组织方式，给幼儿更多的经验，在审议中将活动聚焦于徒步寻宝。徒步指向"运动挑战"，而寻宝指向"自然观察"。（编码a、b、c） ② 共同开发课程资源，包括共建园部公共环境、共建资源库等，以支持教师的活动展开。如，集中大班组的教师共同开发幼儿园户外运动区，讨论每个区域的运动内容、混班活动的操作流程和组织等。（编码a、b、c） ③ 阶段性开展园本课程梳理，评议现有课程框架和内容、提出具体活动的下一轮实施改良建议、聚焦下阶段研发重点等。如，交流上一届大班开展幼小衔接活动中出现的问题，在学习新文件的基础上将本届入学准备活动的侧重点定为"观念转变""生活和游戏中渗透""长期的能力准备和短期主题结合"，讨论幼小衔接示范园的申报等（编码a、b、c、d）

(续表)

因子	作用关系	影响内容
园管理者 3A	关系7(3A→3B↔1B)：园管理者通过建立研究团队，利用群体力量推动园本课程建设	④ 建立多种教师间分享经验、资源的机制（包括每学期创新活动展评、骨干教师定期讲座交流等），鼓励教师们分享自己开发的优秀活动和组织经验，彼此启发。如，上一届大A班交流了班级图书角借书活动，给了下一届大S班启发。大S班开展了班级漂流书主题活动，组织家长开展"读书沙龙交流会"，完善了自主借阅制度，增加了书籍介绍、读后感、图书修补等内容（编码a、b、c）
其他教师 3B	关系8(3B↔1B)：同事之间分享经验、资源，为班级教师开展活动提供支持	除园部组织之外，教师间也会在非正式的交流中相互影响、分享经验感受、共享资源。如，在开展幼小衔接主题前，大班教师私下主动向上一届教师请教经验，得知家长的入学焦虑不仅会影响这一主题的正常展开，还会导致家长对下学期其他主题活动的"忽略"。因此在2月的家长会上就开始宣传科学入学准备观，并介绍班级计划开展的其他主题与幼儿身心、生活、社会、学习四方面准备之间的隐性关系，以争取家长的认可和配合（编码b、c）
家长 2A	关系9(2A→1B)：家长直接影响教师的课程决策	① 家长通过参与活动审议，影响教师的活动设计和组织。如，有的班级家长在审议中提议开展班级个性化毕业典礼，并分工为毕业季提供物质、人力资源。（编码b、c） ② 家长通过向教师表达自己的育儿需求（包括让孩子当一次组长、上台发言等合理需求，也包括教拼音等不合理要求）和提供评价反馈（如向教师描述孩子参与活动前后的表现和进步，肯定教师开展的活动）等方式影响教师的活动组织（编码c）
	关系10(1B、1A→2A→1A)：在教师、孩子的影响下，家长支持孩子参与班级活动	家长在教师的指导下，或在孩子的主动要求下，为孩子参与活动提供支持。如，和孩子一起完成"蚂蚁大搜索"的亲子任务单，为孩子参加班级活动储备经验；帮孩子准备"蚂蚁的秘密"介绍，鼓励孩子来园分享；为孩子准备引蚁活动的食材、放大镜等（编码c）
	关系11(1B→2A→1A、1A……)：在教师支持下，家长多途径参与班级课程，影响更多幼儿	在教师指导下，家长通过来园担任活动志愿者、提供物质材料等方式深度参与课程展开过程，影响班级其他幼儿的活动。如，家长以志愿者身份来园指导种植园地的种植、管理、收获、晾晒、腌制等活动（编码c）

(续表)

因子	作用关系	影响内容
家长 2A	关系12（3A→2A↔1B、1A）：园管理者运用园部力量影响家长	① 园管理者运用园部力量，提升家长的育儿观念和育儿水平，指导家长更好地支持孩子参与班级活动。如，开展幼小衔接等科学育儿专题讲座、定期线上（网站、微信公众号等）线下（宣传栏）多途径科学育儿宣传等。（编码c） ② 园长运用园部力量，建立家长参与制度。如，成立家委会，建立家园共育制度、家长课程审议制度和家长志愿者活动制度等，为家长参与班级活动提供制度保障和间接支持（编码b、c）
社区成员 2B	关系13（3A→2B→1B、1A……）：园管理者运用园部力量影响社区成员	园管理者运用园部力量，推动幼儿园与社区之间建立支持性联系。如，通过聘请社区志愿者、建立社区协作机制等，让更多社区成员支持班级活动。在教师支持下，社区人员以"请进来""走出去"的方式，参与课程审议、提供资源支持。如，校外辅导员、社区志愿者与大班教师共同审议元宵节游园活动中的民间才艺表演如何组织，小学协助幼儿园开展"参观小学"活动等（编码b、c）
	关系14（2A↔2B→1A、1A……）：在家长的影响下，社区成员为班级活动提供资源	① 家长参与班级课程的过程中，将更多的社区资源引入班级活动。如国庆主题中家长根据教师设计的"爱家乡"内容联系了民俗展馆，展馆同意安排幼儿参观。（编码c） ② 社区成员在参与活动的过程中，影响家长。如，绘本馆负责人来园向家长开展绘本阅读讲座，为家长参与图书漂流活动作铺垫（编码c）
主管部门（专家） 3C	关系15（3C→3A→3B、1B）：主管部门（专家）通过影响园长，进而影响教师	主管部门（专家）通过理念引领、监督管理、评估督导、教研培训等方式影响幼儿园，进而影响教师的活动设计和组织过程。如，江苏省整体推进课程游戏化改革项目，S园也开始了系列培训。大班组参与其中，针对大班年龄段幼儿目前运动量不足、户外活动效率不高等问题，以年级组为单位从场地设计、器械调整、组织方式等方面进行了沉浸式研讨，开发了户外运动区混班活动和冬季运动会。这两个原创活动在汇报展示中获专家好评（编码a、b、c、d）

(续表)

因子	作用关系	影响内容
主管部门（专家）3C	关系16（3C→2A→1B、1A）：主管部门（专家）为家长提供养育支持	主管部门（专家）通过理念引领、社区宣传、资源倾斜等方式，为家长提供育儿支持，进而改变家长的课程参与行为。如，宣传科学入学准备的理念及做法，引导家长科学看待入学准备，进而理解幼儿园开展的幼小衔接、区角游戏等活动的价值，在此基础上更好地配合班级活动（编码c）
	关系17（3C→2B→1B）：主管部门（专家）对社区人员进行引领、管理，让更多社区成员支持幼儿园课程建设	主管部门（专家）通过舆论引领、建立机制、政策执行等方式，让更多社区成员支持班级活动。如，S园所在区批准建立了"幼小衔接"实验区和结对示范园（校），推动小学和S园协作研究科学衔接；同时还进一步监督管理社会力量办学，整顿禁止机构的"幼小衔接班"（编码c）
文化观念4A	关系18（4A→3C、3A、2A、3B……）：文化影响着各因子在课程建设中的观念和行为	文化影响着每个个体的理念和价值观，进而影响各因子的作用方式及作用内容，影响着课程的各个方面。 ① 在广义层面，文化是幼儿园选择课程目标和内容的依据，也影响着课程的展开过程。如：为了弘扬传统文化，S园要求教师围绕传统节庆进行长期的专项开发。园本课程中庆国庆、闹元宵等主题活动由此产生，并在每年的滚动展开中不断丰富资源、拓展实施途径。（编码a、b、c） ② 在微观层面，园所自身形成的课程文化影响着教师、园长、家长的教育观念，进一步影响着他们的课程参与行为。如："协作共享"是S园教师们在课程开发过程中的一种共有的价值观和常见行为，它既在制度层面（如每周的集体备课、每月的课程审议、每学期课程资源库中各种教玩具的共同制作和整理、每年暑假的集中课程梳理汇总等）上得以保障，也在教师间私下的非正式审议和交流中存在，这使得物质资源、经验方法、观念等非常方便地得以共享，从而提升课程创生和执行的质量（编码a、b、c、d）

（续表）

因子	作用关系	影响内容
政策法规 4B	关系19（4B→3C、3A、2A、1B……）：各级各类法规政策决定着各因子的行为	各级各类法规政策决定着各个因子的行为，也决定着幼儿园课程建设从目标到评价的整个过程。如，幼小衔接的相关政策和指导意见的相继出台，为管理部门提供了执法依据，让幼儿园有了明确的变革方向和宣传立场，也一定程度上纠正和改变了家长的观念。S园作为试点，开展了专门的"幼小衔接"课程研发，从原来的集体活动为主逐渐拓展到区域游戏、日常生活。S园的结对小学作为社区成员，也积极配合幼儿园开展主题活动、共同参与科普宣传、结对开展教研等（编码a、b、c、d）
	关系20（4A↔4B）：文化与法律法规通过各因子（人）的作用相互影响	① 幼儿园所处文化中孕育的价值观、教育观会推动相关规章制度的制订，从而影响幼儿园课程建设的多个方面。如，随着文化传承意识日益增强，S园管理者提出"不过洋节"的规定并研发传统节日专题活动。（编码a、b、c、d） ② 由于政策法规等具有主导性、强制性和合法性，因此各类规定在实施过程中，不仅能有效地约束个体行为，还有助于形成相关的价值观、达成新的社会共识，进而影响到课程建设的各个方面。如，教育部《幼儿园入学准备教育指导要点》中四个方面的准备为S园幼小衔接主题活动的开发、实施和评价提供了依据。随着相关文件的出台，多轮视导考核的推进，小学日益重视科学衔接并主动配合幼儿园，家长也开始理性反思社区机构中宣传的"超前学习"是否为营销手段，思考自己认为下午游戏活动不重要就给孩子请假去机构上衔接班是否合理（编码a、b、c、d）

将上表中的这些因子关系进行叠加，就可以绘制出完整的动力系统网状图（图5-1）。其中，用"←"单向箭头描绘单向作用关系，用"↔"双向箭头表示相互作用关系，动力叠加用增粗的箭头表示。当然，网状图无法穷尽所有的影响关系，比如家长间的补充性联系等较为次要的动力关系没有标出。

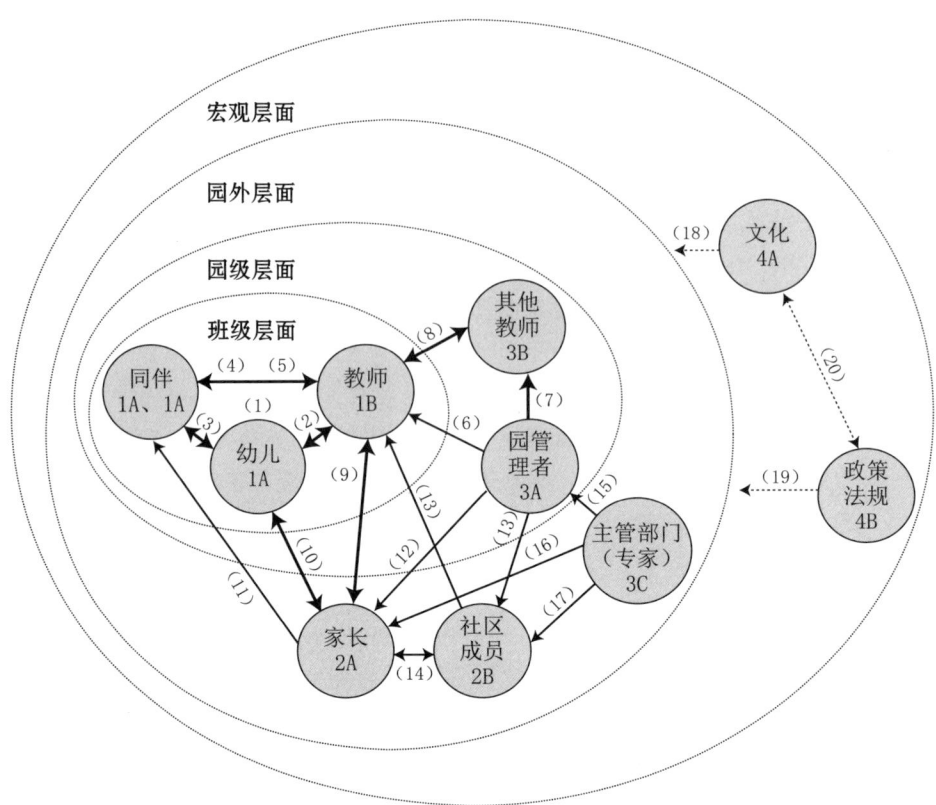

图 5-1 各因子动力作用关系模型图

图 5-1 表明了推动幼儿发展的动力因子间的相互作用关系，以及动力在传递过程中产生的"叠加影响"。我们可以发现，在理想状态下进入班级微观系统的能量（力量）会因直接作用和各种叠加动力影响而增强（箭头变粗）。最终，理想的运作状态是通过层层的动力传递，让幼儿成为所有动力汇聚的核心。根据模型图中呈现的相互动力关系，可以发现：

（一）各因子动力作用的充分发挥受内外因的共同影响

1. 动力因子的个体特征决定着自身的动力作用方式

不同的教育家、心理学家们使用不同的论述体系不约而同地强调个体的主动成长。不仅是生态心理学派强调个体的主动作用，皮亚杰关于经验的主动建构、杜威阐述"主动作业"时谈到关于儿童开展活动的主动性等观念，这些都与当前幼儿教育中倡导的"积极主动"的学习者的观点相合。

个体的主动作用、主动发展与自身的个体特征相关，不仅幼儿的个体特征决定着其对周围环境影响的反应，每个动力因子都是如此。家长、教师、幼儿园管理者……这些因子（个体）的需求、兴趣、经验、能力等个体特征都影响着自身动力作用的方式。因此，外界环境要想激发某个动力因子的主动作用，需要先充分考虑被激发者的个体特征，而不是以任务、命令的方式进行。如，考虑幼儿的原有经验设计活动，允许教师选择自己感兴趣的内容或合适的角色参与课题研究等。

2. 每个动力因子都受到外部多因子的共同影响

各因子的动力作用发挥，不仅与其自身特征有关，也与其所处的"场"有关。每个动力因子都能感受到来自外部各因子产生的正面或负面动力作用，这些外部动力作用可能相互支持叠加，也可能相互抵消。每个因子感受到的环境中的各种诱发力会与个体内部的动力作用互相影响，最终决定着个体的行为。

这样，动力因子间彼此影响，成为彼此的"场"。例如，幼儿当下的活动状态并不仅仅取决于幼儿本身的兴趣、经验水平等内因，也与他当下感受到的环境的"力场"有着密切的关系。在幼儿自身的主动作用下，在成人、同伴、材料的诱发下，幼儿原有的兴趣、经验等特征才会得以调动进而积极地开展活动。同样，教师的课程创生也是一种群体性的、在群体中展开的课程参与行为。如果将教师个体视为推动本班课程创生的唯一动力源，那么教师就会出现疲于应对、积极性不高、创生效率低下等动力不足的表现。实际上，教师的课程创生过程是在外部多因子支持下，教师主动与幼儿、家长、同事、园长一起开展课程研究行动，并获得个人专业发展的过程。同样，家长也感受着周围环境中的场力，幼儿园反复宣传的正确理念和做法对家长的推动作用有时抵不过园外社区成员的鼓动或影响。这时，家长、社区人员就需要其他因子的引导。园长等管理人员也是如此，即便持有美好愿景，如果感受到主管部门带来的层层阻力或教师们的不响应，幼儿园管理者们也会处于动力支持不足的窘迫境地。为了促使不同层面个体发挥积极的动力作用，一方面需要改善其个体动力特征（如教师的经验拓展、能力提升等），另一方面也需要改善其所处环境的支持力度（如建立保障机制、政策规范等）。

(二)内部因子对幼儿产生着直接而密集的影响作用

从图 5-1 可以看出,处于微观系统和中间系统中的因子(幼儿自身、教师、家长),会对班级课程的展开过程产生着直接和密集的影响,它们是持续影响幼儿发展的重要力量。幼儿自身、教师、家长之间的互相影响尤为密集,双向箭头也最为集中。例如:教师可以通过幼儿推动家长(1B→1A→2A),也可以通过家长推动幼儿(1B→2A→1A)。这表明人类发展生态学所提出的直接影响幼儿的双人关系都主要发生在微观系统和中间系统中。

这些密集的双人关系是否符合发展性双人关系的特点,对幼儿的活动状态和个体发展具有重要意义。在 PPCT 模型中,这种在当下环境中发生的、由幼儿直接参与的、持久的相互作用形式被称为近端过程。环境中对个体发展最直接、最有影响力的事件,是那些个体与他人一起亲身参与或亲眼所见的事。[1] 近端过程中的动力转移是发展的引擎,"在整个生命历程中,人类的发展是通过一个积极的、不断发展的生物心理个体与其外部直接环境中的人、物、象征符号之间日益复杂的相互作用过程而发生的"[2]。

(三)外部因子通过叠加影响产生着广泛的推动力量

从图 5-1 中可以看出,与班级中的直接影响不同,班级、家庭之外的因子(园长、教师同事、主管部门、专家等)的动力作用是以动力叠加的间接方式进入班级产生影响的。虽然这些外部因子离幼儿较远(动力作用较为间接),但因为涉及范围更广,反而会成为广泛性的、根本性的推动力量,影响着不同班级的活动、不同幼儿园的课程建设。

依据二级效应规律,一个处于外部系统的动力因子可以广泛地影响多个双人关系,如一名园长可以影响该园长管理的多个班级的师幼互动模式。又如,不同文化、政治制度、经济制度下,幼儿园与周围机构之间的关系模式不同,幼儿园

---

[1] BRONFENBRENNER U. The Ecology of Human Development [M]. Cambridge: Harvard University Press, 1979: 6.
[2] BRONFENBRENNER U, Morris P. The Ecology of Developmental Processes [J]. //DAMON W, LERNER R M. Handbook of Child Psychology (5th edition, Volume 1): (series editor: W. Damon). New York: Wiley. 1998: 993-1028.

获得的支持不同，幼儿园各类活动呈现的面貌也不同。某些地区要求幼儿园统一采用指定教材或课程用书，那么幼儿园就无法灵活地利用园本资源让班级活动适宜每个幼儿当下的需要。相反，有些地区的政策、专家、主管部门等因子会以区域推进的方式影响着幼儿园的课程变革。区域推进的方式有助于通过理清理念、明确建设重点和路径、共建课程资源体系、共同培训教研等路径，让不同发展水平的幼儿园既相互扶持、借力前行、相得益彰，又注重个别差异，实现有层次的发展。① 瑞吉欧教育体系、浙江的安吉游戏、江苏省的课程游戏化改革项目等都依托区域推进的方式取得了令人瞩目的成果。同样根据二级效应定律，一些内部系统中出现的关系问题可依靠外部的动力作用来改善或解决，如师幼互动、家园互动需要外系统园长的支持，社区中的培训机构需要外系统政府的督导等。

二、推动幼儿发展的动力系统具有整体性

（一）整体性是动力系统的基本特性

从系统的角度来说，整体性原理本身就是系统论的一个基本原理②，整体性是系统存在的标志。勒温更是以整体性原则来指导动力研究③，认为对主体产生影响的全部事件具有整体性，且个体的行为同样具有整体性，不能分解为一系列刺激和反应。"'场'是融行为主体及其环境为一体的整体。……场是一个动力的整体，……场的整体性在于场内并存事实相互依存和相互作用的关系。"④勒温的"整体动力观"蕴含着整体与动力的统一。⑤ 对促进幼儿活动、影响幼儿发展的动力系统研究，也应遵循动力整体观，应从多因子协同作用的视角研究整个动力系统的动力问题。

---

① 虞永平.区域推进幼儿园课程建设的基础、背景和思路[J].早期教育（教育教学），2022（44）：4-6.
② 秦晓利.生态心理学[M].上海：上海教育出版社，2006：47.
③ 申荷永.论勒温心理学中的动力[J].心理学报，1991（3）：306-312.
④ 周晓虹.现代西方社会心理学流派[M].南京：南京大学出版社，1990：95.
⑤ 周晓虹.现代西方社会心理学流派[M].南京：南京大学出版社，1990：96.

（二）"整体大于部分之和"是系统运作的理想状态

整体是各要素作为整体的一部分按一定方式组成的，各要素之间相互联系、相互作用，使得整个系统成为和谐的有机整体。这样的系统具有层次结构的等级性，有着一定的组织，并且是动态发展变化的。整体与部分之间的关系有三种：整体大于部分之和；整体等于部分之和；整体小于部分之和。前者是系统论追求的目标，后两者是系统运行不良的后果，是应力争避免的现象。① 动力系统作为一个影响幼儿发展的完整系统，也应符合系统论所具有的整体性原则，将整体大于部分之和作为动力系统运作的目标，避免因动力因子相互内耗、动力相互消解而导致的整体小于部分之和的情况。

以"园本课程"的建设过程来说，如果与幼儿发展相关的每个动力因子都积极地支持活动的开发和实施过程，园本课程建设就会因获得全体参与人员的共识与合作而得以顺利推行，那么班级各类活动的展开过程就能得到多因子的动力支持，活动的发展价值就会提升。如果相关人员各持己见或出于不同的立场，园本课程的发展与推动就会受阻。如，园长无法提供应有的资源，与教师的理念产生分歧矛盾，教师的课程决策自主权因家长的过度参与或园长的干预而受限等。这时动力系统就会出现动力内耗，导致最终汇聚于班级内或汇聚作用于幼儿的正面动力影响被整体削弱。

三、多因子协同作用遵循能量流动和能量汇聚规律

作为生态学中的一个重要概念，生态系统具有能量转换、物质循环代谢和信息传递等功能。促进幼儿活动并在活动中获得发展的动力系统，同样也遵循生态系统的一些共同规律，包括：系统具有整体性；每个个体（有机体）与环境相互依存；子系统之间以及子系统与其所处的母系统间有密切联系等。其中生态系统的能量流动规律则可以进一步解释动力系统中能量的汇聚方向。

在自然界中，生态系统的能量流动遵循"林德曼定律"，这在第一章第五节

---

① 虞永平.学前课程的多视角透视［M］.南京：江苏教育出版社，2009：222.

中进行过阐述。借鉴"林德曼定律"解释各因子间的动力传递和整个动力系统中的能量流动，我们会发现教育生态系统中的能量流动与生态系统中的能量流动相似，都包括：

首先，每个个体都是能量的吸收者，需要主动获取外界能量维持生命和发展。生态系统中的每个生命为了维持自身生命和繁衍需要消耗能量，这构成了能量传递中的能量损耗。而动力系统中的每个个体（动力因子）也都是主动成长的个体，在发展过程中也都需要外部能量的输入和支持，才能获得生长并产出能量。换言之，幼儿的发展需要教师、家长的支持；教师、家长的发展需要外系统的支持；而外系统中的主管部门（专家）则需要政策法规等的支持。

其次，系统的能量传递是能量汇聚的过程。林德曼定律强调能量的流动，以及能量随着食物链逐级向生态位高的生物富集。在生态心理学中，从勒温的个体与环境"动力平衡"概念、人类发展生态学中的力量在互动中向个体流动的"力量平衡"概念，再到PPCT模型中的"近端过程中的动力转移"等概念，都强调了动力的传递和流动。布氏曾指出，在微观系统层面，双人关系之间存在着动力转移。这个转移的过程可以是单向的，也可以是双向的；既可以双向分别进行，也可以同时进行。[①] 在中间系统、外系统和宏观系统层面，他人也可以通过环境间的支持性联系让动力向个体倾斜以促进发展。因此，支持个体发展的动力系统能量流动应将幼儿作为最终的汇聚中心。

再次，汇聚过程应尽可能减少能量衰减和动力消耗。在生态系统中，能量的逐级递减是有一定比率的。"生态链"上的每一环都应该起着主动吸收能量、输出（传递）能量的作用，如果某一级损耗过多，导致完全没有能量向下一级流动，食物链就会断裂，生态系统就会崩溃。同样，推动个体发展的动力系统如果没有能量的流动，或者环境中的负面阻力大于正面的力量，环境就无法为个体的发展提供支持。目前许多学前教育中的"怪现象"正是如此，系统中的因子将能量用于满足自身的损耗（利益），而并没有将儿童作为能量汇聚的中心，导致本

---

① BRONFENBRENNER U, EVANS G W. Developmental Science in the 21st Century: Emerging Questions, Theoretical Models, Research Designs and Empirical Findings [J]. Social Development, 2000 (vol.9, no.1): 15–25.

该支持幼儿发展的环境并没有很好地支持幼儿的发展。此外，由于能量在每一级流动的过程中都会产生正常的能量衰减和消耗，因此扁平化的管理机制能够减少过多的层级传递所导致的动力传递中的能量损耗。如从前文对"办园规模"的讨论可以发现，小规模的幼儿园因为组织结构简单，缺少中间层面的传递环节，园长和教师间的动力支持能够更为直接。一些地区在推进课程改革的过程中采用扁平化项目管理机制，让参与改革的幼儿园得到来自专家的直接指导，这也是避免损耗的一种方式。

最后，运作良好的系统具有一定的自我调节能力。幼儿园作为教育生态中的子系统，是通过整合各种动力因子并建立有机关系而组织起来的。当然也会受到内外因子的各种影响。但良好的小系统能自我组织、自我调节，一定程度地抵御内外环境中负面力量的损耗。因此，当系统中即便某个因子没有产生支持作用（甚至起了负面作用），也能通过其他因子的积极作用而得到一定程度的弥补。例如，教师在研发某个主题活动的过程中没有得到领导的支持，但其所在的教师群体或家长给了很多支持，则教师的活动创新过程仍然能够比较顺畅地进行。

四、幼儿是整个系统动力汇聚的中心

生态系统中的能量流动是让能量随着食物链逐级向生态位高的生物富集，处于某个食物链顶端的生物是该系统能量流动的终点。教育生态系统中的能量流动，则是将幼儿作为能量汇聚的中心。布氏认为不仅是微观系统中的双人关系需要关注"动力平衡"，在论述中间系统、外系统和宏观系统对个体发展的影响时，布氏也多次强调了这三个系统鼓励力量平衡向发展中的个人转移对个体发展的重要性。"力量平衡逐渐向儿童的方向转移，是为了避免妨碍儿童主动地、创造性地参与即将到来的任务。"[1] 也就是说，只在微观系统水平上由教师、家长提供支持并不够，而是需要在多个系统层面上的各个动力因子都为儿童的发展提供动力（或至少不产生阻碍作用）。最终，幼儿成为系统动力汇聚的中心，支持幼儿发展

---

[1] BRONFENBRENNER U. The Ecology of Human Development [M]. Cambridge: Harvard University Press, 1979: 282.

是系统运作的目标。然而,实践中并不都是如此,我们以在同一个大班开展的主题活动"STEM 主题活动——好玩的大纸箱"和"幼小衔接"为例来对比分析。

根据勒温对正负诱发力的论述,影响幼儿活动的动力也有正负之分。如果某个因子的动力作用的结果是支持幼儿完成活动、有助于幼儿获得有益经验的,即为正面影响,否则为负面影响。这样即便是外系统中的某个因子对教师产生了影响,最终也可以用对幼儿的影响结果来评估影响的正负。在动力强弱的评估方面,国外也有研究者在评价布氏的生态学理论时指出,布氏模型中假设了有些成分比其他成分会对儿童的知觉和行为产生更大的影响,但评价系统成分的强度仍然是后续值得开展的研究。尽管布氏已经提出一些判断成分或次系统相对强度的一般原则,但是在一个特定的事例中人们要作出这一判断的方法仍然是不清楚的。① 根据第一章第二节中对活动观的描述,我们可以根据幼儿的行为和活动目标的达成度,将动力按正负分为以下三个层级,以此作为衡量因子动力强弱的评估标准:

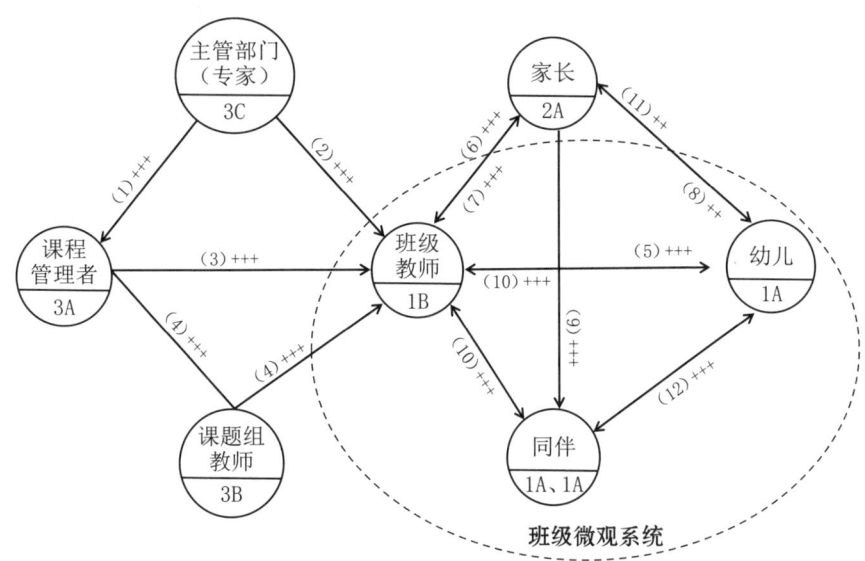

图 5-2 "好玩的大纸箱"主题活动动力链

---

① 托马斯.儿童发展理论——比较的视角[M].郭本禹,王云强,译.上海:上海教育出版社,2009:271.

第一级（+/-）：在某个动力因子的某个动力影响下，幼儿有行为上的改变。

第二级（++/--）：在某个动力因子的某个动力影响下，活动走向和脉络发生了改变，幼儿获得经验的过程发生变化，但最终获得的经验没有受到明显影响。

第三级（+++/---）：在某个动力因子的某个动力影响下，原有活动的定位目标和预设路径都发生了变化，幼儿最终获得的经验也发生了改变。

基于这样的假设，我们可以用动力因子、动力作用对象、作用内容、正负力量强度来分析具体的活动，并绘制动力汇聚图来呈现动力的传递过程。下文绘制了"STEM主题活动——好玩的大纸箱"展开过程中的动力支持链（图5-2）和"幼小衔接"主题活动展开过程中的动力支持链（图5-3），以对比不同主题活动中动力产生与传递的不同结果。

动力作用关系说明：

（1）3C+++：通过理念引领、课题申报等方式推动幼儿园的STEM活动研究。

（2）3C+++：通过专家培训、专业资料分享、观摩学习等为项目园教师提供支持。

（3）3A+++：宣传正确理念和做法，鼓励班级教师创新，并提供支持。

（4）3A、3B+++：成立课题组，通过审议活动、经验分享等方式共同为班级活动提供支持。

（5）1B+++：在园内外力量的支持下，指导班级幼儿开展活动。

（6）1B+++：向家长介绍主题活动，鼓励家长参与活动。

（7）2A+++：作为家长志愿者参与活动审议，为教师提供专业支持。

（8）1A++：主动要求父母配合班级活动，提供资源支持。

（9）2A+++：在教师支持下，家长作为志愿者来班级开展亲子活动。

（10）1A、1A……+++：幼儿的兴趣、创意和表现出来的投入，支持鼓励着教师深入开展活动。

（11）2A++：作为家长配合自己的孩子参与活动，包括收集书籍资料、纸箱、超轻黏土等装饰材料。

（12）1A+++：孩子们在自愿组成的项目小组中共同合作解决问题，在集体中分享创意。

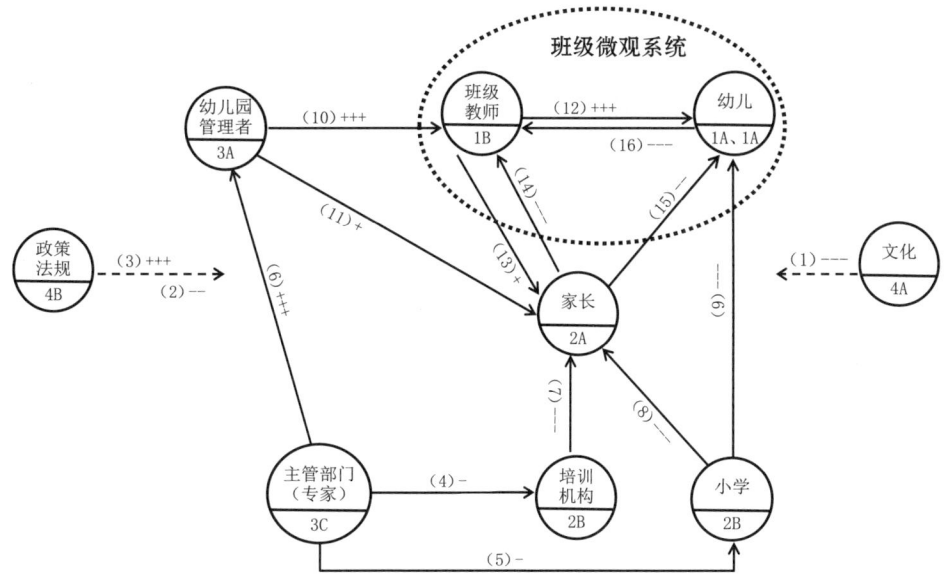

图 5-3 "幼小衔接"主题活动动力链

动力作用关系说明：

（1）4A---："知识本位""考试崇拜"等固有文化观念使得成人难以真正将儿童视为主动的学习者。

（2）4B--：出台过的"重点小学"等政策扶持了一批名校，导致家长对名校趋之若鹜。出台放开社会力量办学的政策但配套监管没有跟上，导致家长不得不为小学组织的选择性入学测试作准备。

（3）4B+++：出台相关政策规范入学。

（4）3C-：对市场机构监管不足。

（5）3C-：对小学没有开展入学准备方面的考评监管，只是宣传呼吁。

（6）3C+++：宣传正确的入学准备观，通过监管防止幼儿园"小学化"。

（7）2B---：辅导机构出于自身利益办学，向家长宣传营销不正确的入学准备观。

（8）2B---：小学未主动开展幼小衔接工作及坚持"零起点"教学。

（9）2B---：一些小学从自身利益出发，组织选择性入学测试，影响了家长的择校行为。

（10）3A+++：幼儿园为班级教师开展幼小衔接活动提供成熟的主题方案和相

关资源（如"参观小学"）。

（11）3A+：幼儿园通过家长培训，宣传正确的入学准备理念。

（12）1B+++：教师在班级里开展幼小衔接主题活动。

（13）1B+：教师感受到家长对入学准备的关注和育儿需求，通过多种方式宣传正确理念和做法。

（14）2A---：家长不配合班级活动，反而会向教师转嫁感受到的外部压力。

（15）2A---：家长给孩子请假上培训机构，无暇配合班级活动。

（16）1A、1A……---：因为在培训机构学过知识类的内容，幼儿对班级老师开展的数学活动、语言活动不感兴趣，但又掌握得不牢固。习惯培养类的活动因为没有家长的支持而无法深入。孩子们不感兴趣、不投入的表现也给老师带来了负面影响。

对比图5-2、图5-3这两个主题活动中班级微观系统部分的支持动力（图中椭圆部分），我们会发现在"好玩的大纸箱"中，进入班级中的动力和班级内相互影响的动力都是正面的，而且几乎都是能够影响活动路径的正面驱动力量（+++级）。因此，"好玩的大纸箱"活动中，孩子们在两个月的活动中都一直保持积极投入的活动状态，他们为了自己的大型作品而绞尽脑汁、探寻各种方法来解决问题，并且积极地参与班级讨论，在交流中解决问题、分享经验。而"幼小衔接"主题活动中，进入班级微观系统有正有负，在班级内相互影响的动力也有正有负。在班级外部环境中，正面负面的力量也同时存在，甚至有些相互作用中负面力量更为强大。可以说，正负两股力量在整个主题推进的过程中相互"撕扯"、相互"抵消"。在这样的情况下，班级幼儿的活动状态明显没有第一个主题那么投入，教师本来预设的系列习惯培养活动（如正确握笔、整理能手、阅读习惯等）都"草草了事""匆忙压缩"。甚至在"迎考"的那几周里班级老师无奈暂停了坚持好几个月的任务本，在班级通知群里向家长说道："最近孩子们都忙坏了，任务本活动暂停两周，祝孩子们都考出好成绩！"

可见，根据动力汇聚规律，由各动力因子所组成的动力系统应以正面动力的产生和传递为目标，将幼儿作为动力汇聚的焦点，让整个系统更好地支持幼儿主动、积极地开展活动，获得发展性经验。

第二节　动力汇聚视角下儿童成长生态的整体优化

幼儿园教育，本质上就是园内外的各因子在共同构建一种支持幼儿发展的良好成长生态，且这种生态是可持续的、不断发展以趋向更高质量的。在这样的幼儿园教育中，各因子间的关系决定了幼儿成长生态的质量。促进幼儿发展是系统运作的目标，系统的优化运作指向动力的汇聚过程，并以此来评价幼儿园的课程建设和班级活动质量。

一、以关系为中心，以促进发展为目标

（一）人是动力的根本来源

生态心理学认为影响幼儿发展的因素包括儿童本身（主动成长的个体）和儿童之外的人与物。幼儿园中的物质环境归根结底是由儿童和儿童之外的人在有意识和无意识中共同创造的，且经由人有意识运用的物质环境才会深入影响幼儿活动。因此，我们可以说，是"人"构成了支持儿童活动的环境，是"人"在源源不断地为儿童主动参与活动提供着动力支持。

其他心理学和教育学的相关结论也支持这一观点。维果斯基所代表的社会建构理论强调人际互动对幼儿学习和发展的影响，其对最近发展区的概念表明了幼儿发展的空间不在儿童自身（先天），也不在（环境），而是在儿童与周围环境中的人相互作用的过程中产生。幼儿和周围环境中的他人，都是促进发展的动力。皮亚杰虽然强调经验的个体建构，但后皮亚杰理论以及其他研究者（包括瑞吉欧教育者们）扩充、修改了这一观点，认为个体的经验建构也是在集体中进行的，在协商、讨论中幼儿与同伴、成人交流经验和观点，儿童在这种相互指导、相互支持、体验冲突、尝试错误、交流不同看法的过程中不断修改着自己建构的经验。即便是将环境称之为第三位教师的瑞吉欧教育者们，也明确指出环境中"人"是首要因素：成人组织、利用空间环境和儿童一同探索学习，儿童因此将成人视作一种支持的环境。[1]

---

[1] 爱德华兹, 甘第尼, 福尔曼. 儿童的一百种语言（第3版）：转型时期的瑞吉欧·艾米利亚经验 [M]. 尹坚勤, 王坚红, 沈尹婧, 译. 南京：南京师范大学出版社, 2014: 329.

作为动力因子的"人",遵循着生态系统的协同进化规律和能量流动规律。一些园所自身所处的内外生态环境支持教师的课程创新,因此园本课程充满活力,能够在内外因的支持下不断自新。过程中,园长的课程领导力、教师的活动设计与组织能力不断提高,家长的育儿水平不断提升,幼儿的活动状态自然更多呈现出积极、主动的状态,班级开展的各类活动也能更多地符合"促进发展的整体活动"的要求。可以说,在同一个生态环境中的各类人员相互促进,共同获得"进化"和"发展"。而有些幼儿园则相反,园长支持度不足导致教师课程参与度不高,教师因缺乏活动开发意识和开发经验而"照本宣科"地日复一日机械实施园部选定的课程,对班级幼儿、家长的需求呼应不足,班级活动往往因缺乏活力而变得浅尝辄止或"安于流程",幼儿的活动状态也更多是"被安排",幼儿很难成长为充满动力的主动学习者。

(二)稳定的关系是各因子间持续相互作用的渠道

强调系统、强调关系,是生态学的传统。布氏认为构成系统的是"关系",人类发展生态学理论介绍的乃是相关环境间的相互关联性,和它们对各种直接影响心理发展的驱力的影响。[1] 可见,相互"关系"以及关系所引起的各因子间的相互影响是他的研究核心。他认为:这些在直接环境中存在的复杂内在关系被称为微观系统。[2] 任一微观系统(如日托中心、学前班或者家庭)引发和维持不断发展的整体活动和稳定的人际结构的能力,主要依赖于该环境与其他环境的关系。[3] 换言之,微观系统本身由各种关系构成,且微观系统的维持取决于该微观系统与其他系统的关系。

本书前几章的讨论中我们可以发现,不同层面的各因子在动力作用过程中逐渐建立一定的关系,如单向影响、相互作用、叠加影响等。这些逐渐形成的较为稳定的动力关系又会反过来强化具体的动力作用过程。如果原有的家园间、教师

---

[1] BRONFENBRENNER U. The Ecology of Human Development [M]. Cambridge: Harvard University Press, 1979: 8.
[2] BRONFENBRENNER U. The Ecology of Human Development [M]. Cambridge: Harvard University Press, 1979: 7.
[3] BRONFENBRENNER U. The Ecology of Human Development [M]. Cambridge: Harvard University Press, 1979: 205.

与管理者之间、幼儿园与社区之间有着相互肯定、目标一致的支持性联系，那么在具体的活动中，依托支持性联系的动力因子间的相互作用会更为顺畅。正如马拉古齐提出的："在积极的教育过程中，建立关系和学习是同时发生的。"①

理想状态下，这些存在于各因子间的牢固关系支持着各个动力因子之间的能量传递和相互动力影响，强化了彼此之间的相互支持，让彼此的动力作用得到更好的传递和汇聚，从而使得班级中开展的各类活动得到了源源不断的、充足的动力支持。瑞吉欧教育者们就倡导"关系的教育学"，他们没有将"儿童"作为教育的中心，因为这暗示了把儿童看成是一个能动的、与背景无关的个体。他们将各种"关系"（儿童之间的关系、儿童与教师之间的关系、儿童与社会之间的关系）看成是教育的中心②，因为关系是幼儿教育得以完善运作的"渠道"或"载体"。瑞吉欧学前学校因此被称为"层层关系所组成之系统"，其中理想化的动力汇聚过程将在本章第四节展开讨论。

二、优化系统运作，建构"汇聚动力"的教育

为了优化支持幼儿发展的动力系统运作，从多因子入手共构良好的儿童成长生态，我们可以基于生态的发展观、课程观及成长环境观，提出以下四条优化策略：

（一）以支持性关系为纽带，建立机制固化关系

人类发展生态学认为，当环境间存在间接的联系，且这种联系鼓励相互信任、积极支持、目标一致，动力平衡积极向有利于发展中的个体的行动转移时，中间系统的发展潜力将会被提高。外系统也是如此。也就是说，当影响幼儿发展的各层系统中的动力因子能形成互相信任、积极支持、目标一致的支持性关系，以幼儿的发展为核心发挥动力作用时，环境对幼儿的发展就会产生更好的促进作用。

---

① 爱德华兹，甘第尼，福尔曼.儿童的一百种语言（第3版）：转型时期的瑞吉欧·艾米利亚经验[M].尹坚勤，王坚红，沈尹婧，译.南京：南京师范大学出版社，2014：45.
② HENDRICK J.学习瑞吉欧方法的第一步[M].李季湄，施煜文，刘晓燕，译.北京：北京师范大学出版社，2002：15-16.

设计科学、运作良好、持续作用的机制有助于建立并固化因子间的支持性关系，从而形成持续作用的正向驱力。这样才能够让促进幼儿发展的活动符合近端过程所要求的"在一段时间内反复发生并日趋复杂"。这些机制包括家园共育机制、园本课程研发机制、社区参与机制、区域教研工作机制等。政策法规的制订也应将儿童视为关系性存在，促使各方力量支持幼儿发展。儿童与周围成人建立关系的过程中，需要成人负起为儿童提供支持、促进发展的责任。当然，机制一定不是一成不变的，而是根据需要不断动态调整。马拉古齐把幼儿园看作一个完整的生命有机体，认为学校在运转过程中需要随着发展变化持续不断地调整着自己的结构。① 其中就包括制度的不断完善和组织结构的相应调整。

（二）各因子做好"推动者"和"过滤器"，确保整体动力输出最优

根据系统论中的整体性原则，为了达到"整体动力输出大于部分动力之和"的理想状态，需要做到：

1. 每个因子都可以是动力作用的发起者或加速器

从动力链产生的传递和叠加效应来看，动力链上的每个因子，都应成为推动幼儿发展的"积极主体"，主动做好发起者（即动力链的前导因子），或者是动力的"加速器"。在班级层面，教师和幼儿需要分享主导权、轮流成为动力源，这样才能让教师和幼儿的动力作用都得到充分发挥。在园级层面，管理者和骨干教师、普通教师都应该参与到园本建设和集体审议的过程中来，发挥不同的动力作用。而一场推行彻底的课程变革，不仅需要园内外因子能够传递外界环境中的动力，还要积极参与其中贡献自己的力量，从而使得动力在传递中逐级加强。否则，如果不断有因子在损耗动力，就会出现动力在传递过程中逐级递减的现象。迈克·富兰在阐述教育改革时也指出："每一个以及所有的教育工作者必须争取做强有力的变革动力。"② 在每个因子的动力贡献下，伴随着正向动力的传递和叠加，各因子彼此激发、相互支持，最终在班级微观系统内汇聚更多的总体动量。

---

① 爱德华兹，甘第尼，福尔曼. 儿童的一百种语言（第3版）：转型时期的瑞吉欧·艾米利亚经验［M］. 尹坚勤，王坚红，沈尹婧，译. 南京：南京师范大学出版社，2014：42.
② 富兰. 变革的力量——透视教育改革［M］. 中央教育科学研究所加拿大多伦多国际学院，译. 北京：教育科学出版社，2000：21.

其实，各国幼儿园课程改革都会从总体上体现政府、教师、家长、社区等多主体入手的共同走向，包括：借助政府力量推动课程改革，立足课程的文化基础推动课程本土化实践，注重幼儿教师的课程参与，重视与家长和社区的联系，提升教师课程实践能力等。① 国内一些获得显著成效的幼儿园课程改革也证明了多因素协调作用的重要性。② 其中，江苏省的"课程游戏化项目"改革获得如此成效以及后续的深化，也与儿童、教师、家长、专家、政府等各层面的多种因素相关。这些因素彼此协同作用（如政府推行的机制影响着专家团队的作用、教师的作用与家长的参与又互相影响），并最终共同影响课程建设的质量。可以说，课程改革的推进和深化是一个系统工程，在生态课程观的视角下考虑多因素的协同作用将有助于提升改革的实效。

密歇根大学儿童发展中心教育指导教授罗莎林·沙尔兹，在阐述瑞吉欧方法对密歇根大学儿童发展中心的影响时，也谈到了学习瑞吉欧开展课程变革过程中的动力。她们的教师能在瑞吉欧的道路上坚持不懈主要基于四个方面的原因：首先是幼儿对生成课程、方案教学等新的教学策略表现出不断增强的兴趣水平和不断提高的对学习过程的参与水平，是"儿童的兴趣和激情与日俱增……推动着我不得不向前"。其次，幼儿表达他们情感、观点和思想的愿望和能力不断增加，为达到目标而不断增强与同伴的合作。换言之，儿童获得了发展。再次，儿童的家长越来越把他们自己看作教育过程中教师和儿童的伙伴，教育活动中的参与较之以前也有了很大提高。此外，新的教学策略引发的自我价值感激励着教师积极做这些认真而有益于儿童的事情。可见，即便在不同文化中，创新变革也需要幼儿、家长、专家、教师自身的多方支持。否则，光有专家倡导是不足以推动密歇根当地延续十年的深层变革的。

2. 每个因子都应力求成为负面影响的"过滤器"

每个因子都可能产生负面的动力作用，这时与之相关联的因子如果能够努力抵制、过滤而不是顺从甚至放大负面驱力，那么就能尽可能地减少环境中的负面影响对幼儿发展的干扰阻碍作用，让进入班级系统内的动力影响更多以正面为主。

---

① 何茜. 国外幼儿园课程改革的基本经验与发展趋势［J］. 比较教育研究，2012（5）：1-6.
② 蔡菡. "课程游戏化项目"背景下江苏省幼儿园课程建设的效果与启示——基于教师评价的视角［J］. 学前教育研究，2018（12）：39-51.

以家长为例：在幼小衔接过程中，同样面临对学业的担忧，有的家长在机构或一些民办小学的裹挟下，成为"超前学习"的助推者，将自己感受到的压力转嫁给幼儿，甚至用考上小学的比例作为衡量幼儿园（班级教师）教学水平的指标。而有的家长却更为理性，他们反对"拔苗助长"的超前学习，根据孩子的能力制订合理的入学准备计划。对于后一类家长，他们的动力作用不仅体现在配合教师教育孩子，更多地体现在自觉抵制、过滤外界负面压力，与幼儿园一起为幼儿的发展营造良好生态。

以教师为例：当下，许多幼儿园将家长满意度调查问卷作为考察教师保教水平的重要参考。这时，教师在面对家长的一些影响幼儿身心健康的要求（如，提前识字、学拼音、请假去培训机构上课等）时，引导家长形成正确的育儿观（包括幼小衔接观），以认同、配合幼儿园开展保教工作，是许多教师发挥"抵制"作用的表现。

以幼儿园管理者为例：幼儿园组织教研团队、开展教研活动的核心目的是解决教师在日常保教过程中遇到的问题和困难，进而提高教育质量。因此，教研工作必须问题导向，而不是任务导向和活动导向。但是当前管理上的外部评价导向、任务导向、园长管理上的向上负责思维，会导致幼儿园管理人员将完成上级布置的开放任务、活动任务变成幼儿园开展各项教研的中心，这不仅使得本园实践中的问题没有时间去研究和解决，还会造成为了达到"完美呈现"效果而放大或曲解上级要求、给老师"套枷锁"，从而干扰班级正常的教育活动等情况。管理者应消耗自身的能量，将外部可能会对幼儿、对班级正常活动产生干扰的驱力终止在自己身上，尽可能地过滤外界干扰。

如果在动力传递过程中，处于相对内部的因子能够消耗自身能量去抵制和过滤外部因子的负面驱力，那么进入班级微观系统内的动力就能更多以正面动力为主。

（三）持续汇聚力量，以幼儿发展为中心共建课程

1. 班级是课程建设的核心，所有支持力量都叠加汇聚到班级层面起作用

班级是影响幼儿发展最直接的环境，也是幼儿园课程建设的基点。[①] 在各因

---

① 虞永平. 以班级为基点的幼儿园课程建设［J］. 早期教育，2005（5）：6-8.

子的相互作用过程中，外环境中的各因子会通过动力叠加方式向微观系统和中间系统传递影响作用。如，主管部门或专家（3C）会通过影响园管理者（3A），进而依托园管理者对教师（1B、3B）的影响关系，最终影响教师在班级中的课程实施（3C→3A→1B、3B）。在"叠加影响"下，园内外、宏观系统中各个因子的支持力量都汇聚到班级层面，通过支持教师和影响家长，影响班级课程的创生和展开，推动幼儿的发展。在理想状态下，班级微观系统中原有的相互作用会因外环境产生的各种叠加动力影响而增强。

2. 以幼儿发展为中心，推动课程持续自新

生态心理学家们强调个体的主动作用，认为这不仅是发展的动力，也是发展的结果。换言之，幼儿是否越来越能够主导自己的活动，进而"人与环境双向适应"，是衡量发展的重要标准。这一点与教育学、心理学的相关观点相吻合，即：教育的价值之一在于帮助幼儿成为主动成长的个体。

幼儿要成长为越来越有力量的主动个体，需要积极地参与日益复杂的活动，而周围环境需要为儿童创造和维持这样的机会。这需要整个动力系统以促进幼儿发展为目标，让正面的动力向幼儿层层汇聚，让班级中开展的教育活动充满自身动量。在具体的活动情境中，幼儿通过与多种动力因子主动互动获得发展性经验。

这样所形成的幼儿园课程一定不是照本（教材）宣科、固定不变的，而是以园为本、以班为本的，因而也是不断变化且持续自新的。各因子需要共同协作，为幼儿园的课程建设提供不竭动力，才能形成良好的课程生态，进而让高质量的学前教育得以实现。

（四）基于动力整合，评估教育活动的发展价值

基于生态的发展观和活动观，幼儿在幼儿园中参与的、具有较高发展价值的教育活动本身应具有充足的自身动量，能够帮助幼儿接触和扮演多种角色，能吸引幼儿保持注意力以及活动中断后再继续，能让幼儿在活动中通过人际互动获得力量的传递，从而获得发展。这一视角突破以往分领域、分流程、目标导向的教育活动分析方式，从多动力因子共同作用的角度探讨幼儿的活动。通过关注影响幼儿活动的动力因子，探讨如何影响幼儿获得经验的过程。基于这样的认识，我们可以从动力系统协调运作、能量流动、动力传递的视角出发，用新的"尺度"

来衡量教育活动的各个方面：活动设计需要从关注教师转变为强调教师、幼儿自身、同伴集体、家长等多主体的协同作用；活动环境创设的目的在于支持幼儿与人（物）的互动；活动的组织实施，则是一个协调教师、幼儿、同伴产生交互动力作用的过程；活动评价，则要考量活动中各动力因素的作用是否得到合理发挥与整合。

1. **研发思路：从关注单一因子转变为强调多因子协同推动**

以往对活动设计和实施的研究，常常将教师视为唯一动力源，重在探讨教师应该如何推动活动，于是活动评比（赛课）、一课三研等教研方式应运而生并成为传统。如果一个主题活动的展开过程中动力来源自始至终都只有教师，那么主题展开过程难免会陷入动力不足、逐渐萎缩的状态。当前，我们对教育活动的研究从关注"教师如何教"转向了"幼儿如何学"，这虽然是一个飞跃，但本质上还是单因素的思维。

生态学的眼光给了我们一个更广阔的视角来重新审视活动开发（或课程开发）。既然是多因子参与，那么教育活动的设计、实施就要从关注"教师"到关注"幼儿"（单一因子）再到关注"所有相关人员"（多因子）。小到一个充满动力的主题活动，大到一个幼儿园的园本课程体系，都应该能兼顾各个动力因子作用的发挥，满足各个动力因子的需求（包括教师的专业发展需求、家长的权益等），且各因子的作用能够整合成合力而不是相互抵消。同时，在活动展开过程中能够吸纳并调动更多的动力因子来为活动提供持续的动力支持，以保障活动持续地充满动量。

2. **活动设计：设计班级和家庭微观层面中因子的动力作用方式**

传统的活动设计往往是根据幼儿在某年龄段需要获得的关键经验，寻找相应的活动内容，然后设计活动展开的过程。然而为幼儿参与活动提供驱力的不仅是幼儿年龄特点所规定的发展需求，幼儿原有的经验、幼儿所处的人际关系、幼儿当下的心理环境、教师的个人特征、家长的支持等都是影响幼儿主动活动的因素。

从生态的角度出发，教师的活动设计在于把人和物放置在"更大规模的相互合作或支持的相对位置"来考量。教师的活动设计其实就是在创设机会，通过各种方式让孩子与材料、与之前的经验、与之后马上要进行的任务发生关联，与同伴、与教师、与家长发生互动，以及让活动日趋复杂、变得有挑战性，最终让幼儿通过承担一定的角色、参与特定的活动去获取更多的经验，成为主动学习的主体。

这样的活动设计不是一种针对静态方案的内容设计，而是一种动态的活动过程的设计。它计划的是教师、同伴、家长等因子与幼儿的相互作用方式，以及能量的流动传递。例如：家长是以什么样的方式介入，教师又怎样将关键经验与幼儿的原有经验发生联结？教师如何支持同伴互动和亲子互动？这样的活动设计是开放的，它承认方案"蓝图"与幼儿获得的实际经验之间的必然差距。因为预设是有局限的，幼儿在现实活动中的角色、人际互动则是时刻变化的，幼儿的行为也会与预设不同。

3. 活动环境创设：关注情境中的动力，共创促进互动的物质环境

物质环境和情境是由动力因子在相互作用中创设出来的，它们是动力作用的结果，同时又对班级活动的展开具有动力作用。开放而充满教育机会的物质环境，是指向关系、促进关系的。这样的空间规划会引发幼儿积极主动地探索材料，并促进幼儿与同伴之间、幼儿与成人之间的积极互动。师幼在共同使用材料和空间的过程中，共同定义形成的活动情境，给幼儿施加积极参与活动的动力。

4. 活动组织：教师协调各因子产生交互作用的过程

从动力视角来看，班级中教育活动的展开是影响幼儿活动的各动力因子交互作用的过程。教师的活动组织其实就是在调动、协调、整合各动力因子的动力作用，让各因子根据幼儿的活动需要提供持续的动力支持。在这种"指向关系"的活动过程中，原定的活动方案并不是施工的图纸，而只是初步的蓝图，教师更多采用方案教学、生成课程的理念，尊重和支持儿童与成人的学习过程，将质疑、不确定甚至错误视为资源，让活动脉络随着情境的变化而变化。在同一个活动中，幼儿感受到了来自不同对象、不同方式的动力影响，每个幼儿会受自身个体动力特征的影响主动吸纳环境中提供的动力支持，充满动量地完成活动。

5. 活动评价：各因子的动力作用得到合理的发挥与整合

在生态的视野下，我们可以将幼儿园中各类活动的展开过程，视为力量向幼儿流动过程中各因子的整合作用。首先，幼儿是其自身发展的核心力量。个体特征、资源、需要对幼儿活动的动力影响几乎可以说是"无时无刻"不在发生。忽视幼儿个体特征、不能因材施教的教育活动是缺乏动力的，课程（活动）必须很好地匹配儿童的需要和兴趣。其次，只考虑幼儿的需要、不考虑周围相关利益者的诉求来创设所谓"理想化"的教育也是不可行的。"很多课程都是以总体目标以及大多数家长和教师都认同的具体目标为基础的。"① 家长的价值观和期望、社区的传统和文化、教师的特点和能力等也是重要的影响因素。因此，理想的活动，是幼儿的发展需求与周围的环境达到最佳拟合状态，让不同动力因子通过课程的组织来为幼儿活动提供多方动力支撑，共同发挥对幼儿发展的促进作用。

第三节　时间系统视角下儿童成长生态的持续优化

任何生态系统都既有其共时性，也有其历时性，生态系统当前的状态是受历史因素影响的结果。在区域生态学的研究中，对生态系统的退化与发育、平衡与失调、发展与修复等问题的考察都与时间这一因素相关。因此，对动力的研究也需要时间维度的分析。如果说之前从微观、中间再到外系统、宏观系统的因子分析是横截面上由内而外的分析，那么时间维度下的分析则强调纵向的分析，关注的是每个动力因子持续的动力影响。而动力系统的分析就不是横向的、截面式的，而是纵向的、有前后对比的。

其实，从勒温提出"现时"的原则（The principle of contemporaneity）开始，生态心理学家们就将时间与对个体发展的研究紧密联系在了一起。在1979年提出微观系统、中间系统、外系统、宏观系统的层级套嵌系统的基础上，布氏于1998年阐述生物生态学模型（即PPCT模型）的过程中又详细地提出了时间系统（chronosystem）②。PPCT模型中的T即时间（time），指原有四个环境系统都会随着时间的推移而变化。他认为时间在微观、中间和宏观这三个连续性水平上具有突出地位③，可以分成微时间（microtime）、中时间（mesotime）以及宏时间（macrotime）来加以分析。

---

① CATRON C, ALLEN J. 幼儿教育课程——一种创造性游戏模式（第四版）[M]. 李敏谊，郭宴欢，杨智君，等译. 北京：中国轻工业出版社，2017：23.
② LERNER R. 人类发展的概念与理论[M]. 张文新，等译. 北京：北京大学出版社，2011：81.
③ BRONFENBRENNER U, MORRIS P. The Ecology of Developmental Processes[J].//DAMON W, LERNER R M. Handbook of Child Psychology（5th edition, Volume 1）:（series editor: W. Damon）. New York: Wiley. 1998: 995.

布氏提出的时间系统不是一个特殊的环境，它是指环境中的事件并不是始终按照某种固定的方式影响发展中的个体，而是随着时间的变迁，环境中的事件对个体发展影响的性质与程度会发生变化。个体所生活的环境系统随着时间的变迁不断变化，个体感受到的环境中的动力也随着时间的推移而改变。因此他认为，影响人类发展的系统是动态的。有机体与环境之间的特定形式的互动随时间而运作，这是导致人类发展的主要机制。

因此，时间是影响整个系统变化的重要因素，不同层面的时间影响着各因子的动力作用方式、作用强度及作用效果。随着时间的变迁，影响幼儿发展的各因子会发生性质和程度的变化，给幼儿带来发展的契机。我们可以按照布氏对时间的三个分层来分别讨论：

一、微时间：幼儿和教师的动力作用变化影响着当下活动

微时间是指在近端过程中正在进行的事件的连续性和非连续性，即活动中的个体感知到的生态场的时间视角（time perspective，指正在进行的活动是只涉及当下，还是更大的时间跨度）。[1] 它与活动所唤起的不在直接环境中的人、事、物的程度和个体开展活动的目标结构（goal structure，活动因驱使活动的目的之复杂性）一起，并列作为布氏衡量活动复杂性的三个维度。班级中的各类活动是由教师和幼儿共同推进的，从微时间层面分析会发现，在班级活动中，幼儿和教师随时间产生的动力影响是不断变化的。

（一）幼儿变化的个体特征影响着自身活动

前文分析了个体特征对个体发展的动力作用，也分析了幼儿个体特征对幼儿参与班级活动的动力影响。幼儿的个体特征既有相对稳定的部分，也有伴随年龄、外部影响而不断变化的部分。对幼儿而言，个体特征变化不仅会直接影响自己参与活动的过程，还会通过影响教师的活动设计和组织来产生间接的动力作用。

---

[1] BRONFENBRENNER U. The Ecology of Human Development [M]. Cambridge：Harvard University Press, 1979：46.

1. 幼儿的兴趣需求随时间变化

当下的迫切愿望、兴趣需求都是幼儿参与活动的心理动量来源。勒温关注到了随着时间推移带来的个体需求变化，认为成熟和成长会引起个体心理需求的变化，进而改变着心理能量源。因此在研究儿童时要追踪其动作能力、意向、需求和兴趣的发展。① 幼儿园在开发活动、制订全年课程计划时也会主动呼应幼儿的这些成长需求，例如：在小班初期开展与入园适应相关的活动；将促进同伴交往类的主题活动设置在中班，因为中班幼儿正处在开始摆脱小班平行游戏的阶段，渴望寻找"玩伴"与同伴共同游戏；大班幼儿渴望独立探索更大的空间，因此许多外出活动、小组探究的活动都安排在大班学年。对幼儿当下兴趣需求的呼应，能让幼儿充满心理动量地投入开展活动。

2. 幼儿的前经验随时间变化而变化

勒温的"现时"原则中指出："事件的时间关系及其所有产生的动力的条件甚为重要，对于一切心理学的问题几乎都有直接的影响。"② 他认为："过去、当下、未来的事件都会对于行为、思想及情态有强大的影响。"③ 这一观点拓展了对时间的关注跨度，也就是说，即便是之前或之后发生的事件也会对当下产生影响。例如，幼儿晨间锻炼时不愿意练习跳绳，但知道下周的冬季运动会要比赛跳绳时，就会主动练习。而布氏也认为，幼儿的个人经验储备、知识能力、个人体验会对幼儿参与活动产生影响，这些也是随时间推移而变化累加的。过去的经验和体验也是幼儿个体特征的一部分，都会影响幼儿当下的活动。

3. 幼儿调动前经验的能力随时间的变化而变化

勒温认为，过去、当下、未来发生的事件对个体当下的影响过程具有年龄差异。年龄改变了儿童时间视野的广度，随着年龄增长，原来不关注的事件进入当下的关注范围。"儿童的生活空间的时间广度常随年龄的增加而扩大。"④ 随着年龄的增长，时间久远的事件获得日益重要的意义。责备或夸奖可能是儿童初期保存在记忆里的历史事实，期待中的事件在未发生之前就可能提前成为心理事实了。⑤

---

① 库尔特·卢因.个性动力论［M］.何道宽，译.北京：中国传媒大学出版社，2016：46-47.
② 库尔特·勒温.拓扑心理学原理［M］.高觉敷，译.北京：商务印书馆，2014：36.
③ 库尔特·勒温.拓扑心理学原理［M］.高觉敷，译.北京：商务印书馆，2014：39-40.
④ 库尔特·勒温.拓扑心理学原理［M］.高觉敷，译.北京：商务印书馆，2014：42.
⑤ 库尔特·卢因.个性动力论［M］.何道宽，译.北京：中国传媒大学出版社，2016：65.

4. 幼儿个体特征变化影响教师的活动设计和组织

教师的活动设计和组织应根据幼儿兴趣需求、经验水平的变化而调整，并鼓励幼儿调动前经验开展复杂、深入的活动。勒温和布氏所追求的"个体调动不在眼前的人、事、物参与活动并使活动日益复杂的能力"，不仅与当下环境激发的个体需求有关，也与幼儿之前的前经验储备有关。如果幼儿之前未曾储备"自主策划""协商合作"等相关经验，即便成人再怎么表扬或奖励，幼儿也难以在某个活动中达到教师所预期的分组合作完成某项任务的行为。

我们常说"备课"就是"备学生"，但备学生不仅仅指关注"孩子能力水平"和"孩子的最近发展区"，好让孩子能"跳一跳摘桃子"，而是关心、分析孩子们当下有什么兴趣需求，前经验到了哪里，孩子可以再作怎么样的提升。因为幼儿活动中的表现绝大部分都来自自己前经验的再加工、再创造，而有了相关经验的充足"储备"，那么在主题活动或某个教学（游戏）活动的展开阶段，尤其是需要幼儿个性化表征、自主收集材料、调查解决问题时，幼儿会更能够主动调动相关经验，主动开展更为复杂而有挑战的活动。因此，有不少研究者将经验准备视为幼儿参与教学活动、开展游戏的前提，与材料、空间等其他准备并列。

（二）师幼主导地位随时间推移而变化

教师和幼儿都是推动活动展开的动力源，但这种推动不仅指的是同一个活动中的共同主导，也可以是不同类型活动下的"轮流"主导。

1. 通过分享活动控制权，在同一个活动中师幼共同发挥作用

在同一活动中，教师和幼儿可以通过分享控制权的方式一起发挥动力作用。如，教师通过关注幼儿的个体动力特征（兴趣、需要、经验），与幼儿共同创设活动情境。又如，教师和幼儿轮流成为活动的发起者，不论是合作完成项目、共同游戏，还是在集体讨论中，教师、幼儿都可以成为发起者。

在分享活动主导权的过程中，教师与幼儿之间处于"互为动力源"的状态。Lilian G. Katz 在分析师幼关系是如何影响师幼共同活动时也谈到了"互为动力"的观点，即：关系的建立要双方都有兴趣并相互关心，作为彼此互动的动力或理由。

2. 通过开展不同类型的活动，师幼轮流发挥主导作用

在不同类型的活动中，教师与幼儿主导活动的程度和方式是不同的。在集体活动中，情境是教师和幼儿"共同定义"的，大多数情况下活动情境的设计是为活动目标服务的，为了保证幼儿完成某个情境中包含的学习任务，教师主导着活动情境。自主学习性质的区域活动（如数学区、科学区）中，教师和幼儿分享着控制权，幼儿虽然有一定的区域选择权、同伴选择权，但是教师会将需要幼儿学习的核心经验融于区域材料的设计中，会用"邀请卡""完成指定任务"等方式干预幼儿的学习过程。相比之下，自主游戏性质的区域活动（如娃娃家等角色扮演区、建构区）中，幼儿的主导作用更为明显，幼儿可以通过选用各种材料、选择同伴互动、与同伴共同"定义"当下的游戏情境等方式开展自己主导的游戏，而教师则通过材料提供、共同游戏等方式施加隐性影响，同伴间的相互影响有时比教师的影响更大。

可见，在不同类型的活动中，教师和幼儿这两个因子发挥作用的方式不同、主控权的掌握程度不同。从这个角度来说，幼儿园就应该像《幼儿园教育指导纲要（试行）》所倡导的那样开展"多种形式"的活动。教师通过在一日生活中设置形式多样的活动，或者在一两周、一个月之内均衡开展多种形式的活动，让教师、幼儿甚至家长都能充分发挥主导作用。

一个幼儿园的课程中，如果活动形式多样，那么教师和幼儿不仅能在同一类活动中分享主导权，更能在不同类项的活动中充分发挥各自不同的主导作用，最终教师主导和幼儿主动能达成理想的平衡。

二、中时间：多主体轮流推动课程展开

中时间是指在较长的时间间隔中的事件的周期，诸如几天和几周，或一个月、一学期。在这个层面上，幼儿的成长带来了生态的变迁，如：升入新年级会给幼儿带来新角色、新活动、新的人际关系等。连续的一个个学年中，教师的课程行为、课程理念会影响班级课程的展开、园本课程的开发等。

（一）时间推移常伴随着幼儿的发展契机：生态变迁

1979年，布氏在《人类发展生态学》一书中将时间带来的生态变迁作为研

究个体发展的重要部分。生态变迁是指当角色、环境两者之一或两者都发生改变时，个体在生态环境中的位置（即生态位）会随之发生改变。生态变迁有三种情况：角色改变，环境没变；环境改变，角色没变；角色和环境均发生改变。生态变迁伴随着时间的推移在人的整个生命历程中都会发生，如，母亲初次与新生儿在一起、弟弟妹妹的诞生、儿童进入日托中心、入学、毕业等。布氏认为，每一次生态变迁既是发展的结果，也是发展的动因。幼儿的成长历程所自然带来的生态变迁蕴含着发展契机，这包括：

1. 生态变迁能提供与不同角色交往和扮演更广泛角色的机会

人类发展生态学认为接触新角色和扮演新角色有助于发展，而生态变迁正提供了这样的机会。"提出生态变迁对发展具有重要性是基于这样一个事实：即生态变迁不可避免地会引起角色的变化，也就是说，带来与特定社会地位相关的行为期待的变化。角色变化对改变一个人怎样被他人对待以及怎样做事、做什么等都具有神奇的力量，由此也会影响他的思想与感受。这个原则不仅适用于发展中的人，而且也适用于在他的生活世界中的其他人。"[①] 因此，从角色拓展的角度来看，入园、入学、参与社区活动等生态发生变迁的时刻，给幼儿带来了拓展交往角色、开展更丰富的活动的机会。

2. 个体适应新环境需要付出努力，因而促进发展

个体从当前的主要环境转移到另一个潜在的主要环境时，需要去积极主动地适应新环境，这时个体就会获得发展。如，当孩子通过自身努力，适应了新的幼儿园环境，教师和家长就会惊奇地发现，孩子似乎一下子长大了很多。同样，在从幼儿园进入小学的过程中，孩子接触更多的社会角色、扮演新的学生角色，这些都会对幼儿有着更多要求，进而能促进其发展。同时，在儿童进入新环境扮演新角色时，如果能形成和维护跨环境双人关系将能更好地促进发展。

3. 生态变迁提供了跨情境的各种经验

从婴儿期起，个体积极参与的环境就在不断增多，而"学习灵活地应用适应各种情境的手段"本身就是认知发展的重要层面。在从家庭进入幼儿园的生态变迁过程中，幼儿参与的环境拓展了，当家庭和学校实践有差异时，幼儿必须学习

---

① BRONFENBRENNER U. The Ecology of Human Development [M]. Cambridge: Harvard University Press, 1979: 92–94.

区别不同情境之中有不同的行为。如，在适应集体生活的过程中，幼儿需要学习排队、等待、轮流、举手发言等一系列与家中不同的行为规则。学习在不同的情境中区辨出适宜行动的方法，在所有的社会当中，不管对于儿童或成人，都是一种非常重要的成就。可以说，生态变迁使得儿童需要参与多个环境、适应多个环境，这给儿童的发展带来了挑战。如果入园适应良好，说明幼儿把握住了这一生态变迁带来的契机，获得了发展。

4. 变迁的前后环境需一致，以避免力量消解

并不是每次生态变迁都必然会带来发展上的飞跃，对发展有促进作用的生态变迁需要符合一些条件。① 人类发展生态学认为，原有环境因角色、活动、人际关系所产生动力和促进发展的模式称为"主要环境"，它所引发的个体持久的动机和活动模式叫做发展轨道（development trajectories）。② 从一个主要环境转移到另一个主要环境对发展的影响，是在旧环境中产生的发展轨道，与由新环境以及新旧环境相互作用所产生的挑战和支持之间的平衡相匹配的结果。这种平衡的本质通过先前说明有助于心理成长的微观系统、中间系统和宏观系统的条件的假设加以界定，并与个体的发展阶段、身心健康和与现存的社会秩序相结合而不是相违背的程度有关。③ 换言之，如果新环境与幼儿的发展阶段、身心健康及现存的社会秩序相违背，那么幼儿就不会得到发展。如果新旧环境的发展轨道都与幼儿所处的发展相符合，那么幼儿就会从这一生态变迁中受益。如果生态变迁的前后两个环境不一致，如对个体的角色期望、活动方式和人际关系相矛盾，就会产生不匹配的情况，从而阻碍发展。例如：如果幼儿园关注培养的是素质教育、全面发展，而小学关注的是应试教育、知识技能的练习；幼儿园鼓励创意和自主探究，小学强调听说读写、背抄默，就会带来幼儿的不适应，与之前的教育效果相抵消。

5. 生态变迁可用来跨情境衡量发展是否具有生态效度

人类发展生态学将发展界定为人通过感知和作用于他的环境而发生的持续

---

① BRONFENBRENNER U. The Ecology of Human Development [M]. Cambridge：Harvard University Press，1979：288.
② BRONFENBRENNER U. The Ecology of Human Development [M]. Cambridge：Harvard University Press，1979：284-285.
③ 同①.

的变化。这种发展产生的持久变化会在其他时间、在其他环境中有所体现。"儿童在日托中心或学前环境中所参与的人际结构的特点和复杂性对儿童发展的影响,体现在儿童在其他环境中(如家庭和后来的学校中)发起或参加的人际结构的特点和复杂性上。"① 换言之,发展是否能跨环境显现,是衡量发展是否具有生态效度的重要维度。儿童在 A 环境中获得的发展,在 B 环境中也能体现出来;或者,儿童当前获得的发展,在一段时间之后仍能表现出来,这样的发展才能称之为有生态效度的发展。生态效度对发展的限定也体现了布氏对时间维度的关注。

6. 新环境中的活动状态是衡量变迁是否促进发展的重要指标

随着入园、入学,或是从小班升入中班、大班参与社区活动等,幼儿都会面临新角色、新活动、新的人际关系。在这些变迁的过程中,社会对幼儿的期望发生了改变,幼儿有机会接触更多社会角色以及扮演新的角色,开展新的更为复杂的活动,与不同的人建立新的人际关系。这些都对幼儿的发展提出了挑战,也为幼儿的发展提供着动力,个体因此获得自身动量。

如果幼儿在新环境中适应良好,新环境中的各因子能够为幼儿的发展提供动力,幼儿活动的有效性就会增加。那么我们就可以说,新环境有利于幼儿发展,幼儿能从这一变迁中受益。相反,如果幼儿在新环境中没有展开与环境的主动、积极的相互适应过程,那么可以说明幼儿并没有适应新环境并活动发展。例如,有些幼儿小班入园时并不哭闹,但在很长一段时间内(一两个月甚至半学期)都不乐于参与集体活动,游戏时只在一旁安静地观望,跟老师和同伴之间也很少交流。这其实也是入园不适应的表现。教师并不能因为不哭闹、不惹麻烦就忽略了对此类幼儿的关注,而是应该创设能让他积极投入的活动,从而帮助幼儿更有效地适应新环境。

总之,幼儿的成长自然地伴随着各种生态变迁,而生态变迁会带来发展的契机。教师应利用生态变迁的契机,为幼儿提供有利于适应新环境的各类活动。如,在小班开学前后围绕入园适应开展系列活动,中班、大班有参观消防站、文化馆、春秋游等在社区中进行的系列活动,大班有幼小衔接活动,

---

① BRONFENBRENNER U. The Ecology of Human Development [M]. Cambridge: Harvard University Press, 1979: 204.

等等。

（二）班级特色的形成与教师的"累加"作用

1. 教师对班级"特色"活动有着持续性的影响

教师的个人特征是重要的动力来源。教师本身的教育教学经验、教学研究能力、工作年限（处于成熟期的教师往往比入职期的教师有着更强的活动创新能力）等都是影响其班级课程开展的要素，而个人特质（兴趣爱好、研究专长）在其中扮演着更为重要的作用。教师的个体动力特征对班级活动不仅有着即时的影响，还会在日复一日的班级共同生活中持续发挥着作用，进而潜移默化且深远地影响着幼儿的发展。

教师对幼儿的影响是"连续"的，对班级活动的推动作用也是持续的。在时间境脉下看班级课程的生长过程，教师的个人因素对班级课程的动力影响体现在其直接影响的"持续性"上。一些班级"特色"的形成，正是在教师这一因子持续作用下出现的"马太效应"。在教师主导的良性循环下，有某方面特长的老师所带班级的活动总是在某一方面比其他班级开展得更为丰富，整体活动的复杂性更高，幼儿参与某类活动的动量更足，获得的发展性经验也更丰富。同时，幼儿的投入又会作用于家长，而教师也会利用自己的研究和专长向家长普及更先进的理念和实用的做法。教师的这种持续影响造就了所谓的班级"特色"。例如：美术特长的教师，其班级的美术活动往往比其他班级更为丰富，幼儿的作品整体会比其他班级的更为"出彩"；而擅长科学活动研发的教师班里总是有一批小"科学迷"。这样，即便是园部课程中统一的主题活动，在不同教师的组织下，不同班级也会有不同的演绎方式。

教师个体特征不仅会直接影响本班幼儿的活动，影响家长，甚至会让幼儿园的课程资源分配发生倾斜。有某方面特长（如美术）的教师总是容易被园部纳入相关研究（如美术活动开发）小组中，进而能够获得园部资源的支持（如美术专用室的使用、外出进行相关培训），从而形成自己的研究专长。参与园部相关研究（如参与美术活动研发）后，教师更可能会在班级里持续开展某方面的活动（如在美工区投放新材料）。这进一步导致了勇于开展班本活动创新的总是那一小部分老师，她们所创生的班级活动也能够获得较为良好的效果进而被纳入园本课程，而她们也成为园部课程更新的推动力量。研发中获得的成就感，让教师更愿意参与课程开发，也会拥有更多参与权和决策权。这样的"马太效应"引发了班级内外更广范围内的、持续性的动力汇聚。

2. 班级活动环境随时间推移而变化

推动活动展开的物质环境和情境是由教师和幼儿共同创造的，这个共创的过程需要时间。教师追随班级活动的进程和幼儿活动的需要，不断改变区角格局、区域材料、主题墙饰。师幼共同界定的情境也随时间的推移而产生持续性的影响。例如，某些行为在某个情境中被大家默认为必须的（如老师发布了课程资源的搜集需求后，总有家长会主动报名承担），而有些行为被默认为不合理的（如，幼儿都认为在小组讨论中指责别人的想法是不好的行为，因为"老师说过可以提意见，但不要说别人不好"）。教师和幼儿之间、同伴之间、家长间随着时间推移逐渐形成了各种情境中的默契，这些和变化的物质环境一起影响着活动的进行。

在时间的积淀下，共同生活所营造的班级环境会对班级活动和个体发展产生持续而长远的影响。例如，有的班级两位老师都注重阅读，从小班就开始了延续三年的阅读系列活动。同时，教师采用"家长沙龙""家庭指导"等方式引导家庭中的亲子阅读和绘本选购等。这使得升入大班后，开展的许多主题活动都有着"阅读特色"。在主题的启动阶段，幼儿会带来家里的相关绘本放入班级"阅读区"供大家阅读，如在"引蚂蚁"主题活动中，孩子们会自发地在"蚂蚁博物馆"区角中阅读与蚂蚁相关的书籍。在主题展开阶段，幼儿会主动翻阅绘本查找信息、扩展经验，进而推动主题的展开，如"好玩的大纸箱"在设计阶段时，孩子们会回家搜集相关的造型结构书籍带来班级相互参考。在主题结束和延伸阶段，仍然有幼儿会兴致勃勃地去阅读角翻阅相关绘本。或者是在结束阶段创编与主题相关的故事小书时，老师会发现平时在阅读中介绍的封面、封底会被孩子们自发运用到故事小书的制作过程中……

不同的班级课程样态其实是在教师主导下，班级中幼儿、教师、家长这三种主要动力因子伴随着时间推移共同作用的结果。不同班级中，教师、幼儿群体、家长群体都是不同的，他们相互间共同作用的结果也是不同的。因此，在一个幼儿园中，生态良好的课程样态意味着一定程度上的"班班有不同"。

(三)园本课程的"生长"过程与多因子持续共同作用

1. 活动开发需要多因子轮流发挥主导作用

在实践中,我们会看到有些活动(主题活动、项目活动)因活动动量充足而开展得枝繁叶茂,在充足的动力支持下,幼儿的活动状态会比较投入,活动内容也会变得复杂。而有些主题的展开则会因动力不足逐渐"枯萎"或仅仅只是"走完流程"而已。这与各动力因子是否能够适宜地发挥动力作用有关。

下文案例中的"元宵节"主题活动是S园大班年级组原创的一个主题。整个主题活动从教师的最初策划到活动结束横跨寒假,历时共两个月。在这个主题活动"生长"的过程中,多个动力因子都在轮流产生着重要的动力作用,动力在各因子之间传递了13步,所形成的动力链图如下图5-4。与本章的图5-2、图5-3一样,图5-4中也分3级标出了各因子动力作用的强度,并进行了正负动力(+/-)的区分。

动力作用关系说明:

(1)3A+++:为了充分发掘传统节日的教育价值,将更多传统文化纳入课程,S园的园长要求各年龄段教师围绕传统节庆开发系列活动。今年过年晚,寒假放假距离除夕还有10多天,但元宵节却是在开学5天后,因此将原来课程中的"热热闹闹中国年"改为"闹元宵"比较合适。

(2)3B+++:审议中,大班组教师们提出:春节主题年年做,怎么做才有新意呢?现在的年味越来越淡,幼儿对过年的体验比较淡,这是一个比较关键的问题。于是,围绕"如何让孩子获得更为深入的节庆体验"开展审议。审议中提出:"孩子们了解哪些传统文化习俗,对哪些习俗更感兴趣?"教师们都表示自己心里也没底。有骨干教师提议:寒假期间"年味浓郁",孩子们不论是在家,还是回乡探亲,或是外出旅游,都有很多机会接触到各种过年的习俗和传统文化内容,因此不如从亲子调查入手,让孩子们尽早"卷入"主题,开学后再追随孩子们的兴趣设计元宵节活动。

(3)1B+++:大班老师在班级里发起围绕"过年传统文化习俗"的亲子调查活动倡议,在班级QQ群相册里建立了"传统习俗:我的发现……"相册夹子,鼓励寒假期间父母和孩子一起将调查结果上传分享,开学后将调查表和实物、图片资料带来班级交流。

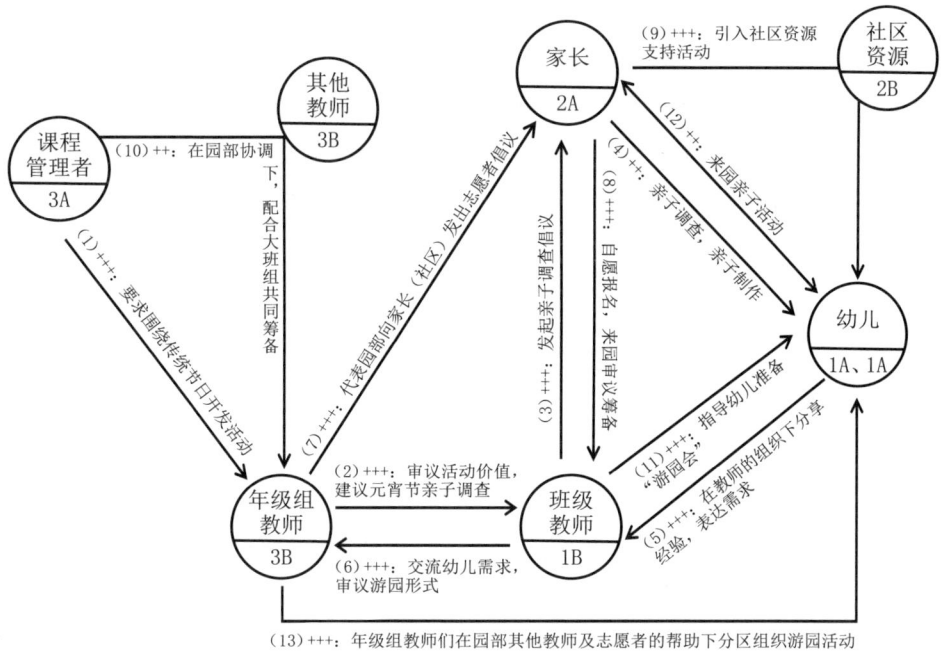

图 5-4 "元宵节"主题活动动力链

（4）2A++：家庭按照教师的安排开展亲子调查，感受传统文化、积累经验；并拍摄照片、完成任务单、亲子制作元宵节花灯等。

（5）1A、1A+++：寒假后，在教师的组织下幼儿间交流讨论、分享经验。交流中教师们发现，孩子们感兴趣、想要体验的内容非常广泛，除了与春节、元宵节密切相关的剪纸、做花灯猜灯谜、写春联写福字、做汤圆、穿传统服装等内容之外，吹糖人、捏泥人、皮影制作、套娃等传统游戏内容也深深地吸引着孩子们。

（6）3B+++：各班级教师们反馈孩子们想要深入体验的需求。年级组再次审议，厘定活动价值：以自主体验为目标，以"亲子游园会"为活动形式，同时通过师幼共同筹备主题活动，烘托节日氛围。

（7）3B+++：游园会的组织对活动资源的依赖较大，所以大班组代表园部向全体大班家长发起邀请，主动将更多家庭资源、社区资源"请进来"支持幼儿活动。

（8）2A+++：家长的踊跃报名参与让大班组教师们有了丰富的可供选择的资源。通过邀请家长来园审议具体活动细节，让志愿者们更为了解活动目标和参与内容。

（9）2A+++：在参与策划筹备的基础上，家长引入更多周边的社区资源，如周围的民俗工作室等，给游园会增添了"吹糖人""听戏剧"等内容。

（10）3A、3B+++：在园部支持下，大班组协调园部行政后勤老师一起筹备"游园会"混班活动，包括安排专人负责小厨房区的元宵制作活动等。

（11）1B+++：指导幼儿一起准备游园会。包括布置教室、熟知玩法、制作用来各区打卡的"游园票"等，并给孩子安排了"带家长玩"的任务。

（12）2A++：家长来园和幼儿一起开展亲子活动，感受"闹元宵"的热闹氛围。

（13）3B+++：整个大班组全体教师和保教人员分区组织活动，并引领家长与孩子一起深化传统文化体验。

在"元宵节"这一主题活动的展开过程中，一开始的发起者是管理人员，接着是年级组的骨干教师们，随后家长的介入和资源提供程度决定着活动的最终展开方式。如果没有那么多家长资源可供选择，不仅某些游戏区会被取消，甚至整个主题活动可能都不会采用"游园会"的方式来进行。过程中幼儿的需求、投入状态也一直在影响着教师和家长。

可见，一个主题的充分展开需要管理者、教师、家长、幼儿动力作用的共同发挥或轮流发挥。因此，一方面，在主题活动的研发过程中，应在不同阶段组织灵活的审议。通过审议，管理者、教师群体、家长一起理清价值理念、达成操作共识、协商资源、分配任务、安排流程，在"群策群力"中让活动能够得到更多因子的动力支持。另一方面，在一个主题活动的展开过程中，可以综合采用不同的活动组织形式，让不同因子轮流成为主导因子充分发挥作用。例如，有些主题会通过亲子活动来启动，通过亲子调查、亲子准备材料等方式，让家长通过个性化的准备帮助幼儿储备参与活动的相关经验，同时也让家长在准备阶段就"卷入"课程。有些主题会在高潮阶段进行亲子开放展示活动，让家长直观感受孩子们在活动中的收获，从而将活动推向高潮或延伸至家庭。有些主题一开始由教师发起，后期的设计准备、探究制作等系列活动则会由幼儿自主选择和主导设计展开。还有些主题则相反，幼儿或家长发起，教师主导后续展开的路径。这样轮流主导的方式，让教师、幼儿、家长这三个构成最重要的近端过程的动力因子能够充分发挥动力作用。

2. 园本课程建设的不同阶段产生主导作用的动力因子不同

每个动力因子都在影响着幼儿园课程建设的整个过程，但各阶段起重要影响的动力因子会有不同。在幼儿园园本课程建设的初期，也许外部管理部门、政策的前导作用会更强一些，园长会是重要的、主导性的动力因子，专家会在关键节点上把握研究方向。随着教师的深度参与，主要动力来源可能会发生改变，有经验的骨干教师会成为研发具体活动的核心力量，幼儿的积极反馈、家长的理解支持也是非常重要的动力影响。随着园本课程建设的日趋成熟，又会吸引到更多社区成员的支持。总之，园本课程建设与具体的活动开发一样，让各个动力因子都有机会成为动力的发起者或者动力链的前导因素，让每个人都能够成为"积极主体"。

3. 理想的园本课程是"生长"而非"移植"的

理想的幼儿园课程建设过程，应该是园长和教师们一起，根据《3—6岁儿童学习与发展指南》和本园幼儿的发展需要，在开发利用本园课程资源的基础上，边实践边建构而成的。从生态学的视角来看待园本课程的建设过程，会发现建设过程其实也是在重新构建某个幼儿园课程中的动力作用关系及作用方式，通过各因子的动力作用推动、维系各类活动的运作，最终推动本园课程的"生长"。

不同幼儿园（不同班级）内外的动力因子作用方式无法完全相同，动力因子之间的关系和相互影响无法完全复制，所以剥离班级实际情况和园所生态环境，随意"移植"所谓"理想化""标准化"的课程模式是有很大风险的。瑞吉欧教育者们就指出：一个教育模式或体系，无论怎样的理想化，它总是立足于本土的环境之中。因此学习瑞吉欧不能像移植郁金香球茎那样简单照搬。[1] 美国对瑞吉欧教学法的借鉴过程也是如此。美国芝加哥市公共协会是该市为来自贫困家庭幼儿提供教育的机构，在潜心研究的十年时间里，他们一直在瑞吉欧教育理念和原则的启发下，探索如何在自己特定的文化和社会环境中创造他们理想中的幼儿教育。这一过程中，他们想告诉那些被瑞吉欧的理想和实践所激励的人们："发生在瑞吉欧的瑞吉欧幼儿教育是不可复制的，但是当人们理解了她的真谛，形成自己的理想，是可以再创造的。"[2] 同样，幼儿园在使用蓝本教材或自编教材时，也需要不断微调，让其在具体的班级环境中更好地"生长"展开。在上文"元宵节"主题活动中，幼儿的兴趣需求得到了满足，活动的开展也符合幼儿"亲身体

---

[1] 爱德华兹，甘第尼，福尔曼.儿童的一百种语言（第3版）：转型时期的瑞吉欧·艾米利亚经验[M].尹坚勤，王坚红，沈尹婧，译.南京：南京师范大学出版社，2014：206，187.
[2] 瑞吉欧·艾米利亚幼儿园和婴幼园学会.瑞吉欧·艾米利亚市属幼儿园和婴幼园指南[M].沈尹婧，译.南京：南京师范大学出版社，2014：3.

验"的学习方式,这与家长、教师、社区中多种资源的充分运用是分不开的。相信换一届幼儿、换一届家长,这一活动方案展开的路径就会随着资源的不同、幼儿兴趣的不同而发生微调或大幅度的改变。

总之,借鉴先进理念"培植"本园课程的过程需要时间,形成良好的园本课程研究生态、建设相应的课程文化也需要时间的积淀。一个幼儿园当下的课程设计和真实的课程展开过程,是各动力因子在微观、中间、宏观三个时间层面综合作用的结果。

三、宏时间:学前课程改革历程对幼儿园课程的长期影响

布氏指出:想象个人的发展是在一个动态环境系统内发生,发展在一列移动中的火车内发生,而这列火车就是我们称为的"移动的宏观系统"。而"移动"则指的是宏时间的流逝。所以宏时间关注的是更为广阔的社会中不断变化的期望和事件,这不仅体现在一代人身上,而且会跨越几代人。宏时间的跨度更大,影响范围也更广。

幼儿在班级里参与的具体活动、某个幼儿园的课程建设与其所处的幼儿园教育改革、幼儿园课程改革的大环境密切相关。在人类历史上,每一次社会变迁都会引起教育变革,其中也包含着学前教育的变革。20世纪二三十年代,陈鹤琴等人在杜威的影响下开始了本土化的幼儿园课程探索。中华人民共和国成立至改革开放之前,先全面"批美学苏",在幼儿园实施学科课程,再到最终沦为政治斗争的工具。改革开放初,学前课程拨乱反正,恢复继承了五十年代的分科课程模式。当时,不少幼儿园都使用全省或者全地区统一的"统编"教材,采用分科教学的方式实施课程。1989年《幼儿园工作规程(试行)》颁布后,更是迎来了幼儿园课程中儿童立场的回归与课程模式的转变,开始探索综合课程和领域课程。[①]2000年后,学前课程开始关注国情、地情与园情,幼儿园课程更加以儿童为本位,关注儿童的可持续发展,同时注重学习和借鉴他国先进经验,开始构建具有中国特色的多元化的学前课程体系。[②]2010年之后,学前课程变革直面现实

---

① 原晋霞,虞永平,等.幼儿园课程的变革与发展[M].南京:江苏凤凰教育出版社,2023:3-27.
② 虞永平.学前课程的多视角透视[M].南京:江苏教育出版社,2009:269.

问题，深化幼儿园课程生活化、游戏化的探索。2000年至今，越来越多的幼儿园在实践中构建了自己的园本课程，并且在构建中更多地关注幼儿发展、关注本土资源的开发、关注组织形式的多样化和游戏化。在宏时间层面，我们会发现教育变革一直在推动着课程建设趋势的变化。而当前的幼儿园课程改革，其背后重要的理论基础之一也是生态学思想。① 时代呼唤运用生态学的思想和方法研究学前教育，生态学的思想也符合《幼儿园教育指导纲要（试行）》总则中所指出的："幼儿园教育应与家庭、社区密切合作，与小学相互衔接，综合利用各种教育资源，共同为幼儿的发展创造良好的条件。"

四、系统能量的不断补充与学前教育的可持续发展

（一）时间引发各因子变化，推动系统"动态变化"

在时间影响下各因子的动力作用内容会发生改变，因此动力系统也应该是一个随时间变化的系统。这包括：

首先，时间推移伴随着各因子动力作用内容的变化。年龄会引发幼儿个体特征的变化，而即便是同一所幼儿园，班级间教师不同、孩子不同、家长群体不同会导致班级之间有很大差异，因此适宜班级的教育活动需要在园部现有课程上进行不断创新和微调。相关政策的出台会对学前教育不断提出新要求，管理部门也会通过监管和指导的方式对幼儿园、家长、机构提出新的具体要求，因此适宜幼儿园的园本课程也应该是不断建设、不断"生长"的。

其次，时间推移下各因子的动力影响有着"累加"效应。随着时间推移，因子的动力作用不仅会发生变化，更会产生"累加"。有时，即便微小的动量通过时间的持续累加也会产生潜移默化但至关重要的作用。教师（班级幼儿、家长）的兴趣爱好会逐渐发展为班级"特色"。教师的动力作用会对班级课程、班级环境和幼儿的发展产生持续性的影响，丰富的班级课程会引发"马太效应"。一个优秀的课程领导者带领的课程研究团队，会对班级活动产生持续的支持力量。园长、教师或专家的持续动力作用也会在时间累积下让幼儿园逐渐形成园所特色（比如，团队协作特色、社区资源开发特色等）。

---

① 虞永平.学前课程的多视角透视[M].南京：江苏教育出版社，2009：298.

再次，时间推移伴随着各因子主导权的变化。影响幼儿发展的各因子的相对重要性并不是固定不变的，甚至有时候可能是此消彼长的。例如，在某个活动从设计到实施结束的整个过程中，某个因子有时会成为主要的动力源，有时只是传递者，有时又在传递中产生着助推的作用。时间推移所带来的不同层面的"轮流主导"过程必然伴随着"权力的分享"，从而让每个因子的动力作用都能得到充分发挥。在理想的动态系统中，各因子相互影响，在不同阶段、不同层面交互发挥主导作用，从而让各个因子都有机会成为动力的发起者或者是动力链的前导因素，让每个人都能够成为影响幼儿发展的"积极主体"。

（二）系统随时间推移而动态变化，为幼儿发展提供持续支持

这样一个各动力因子轮流主导助推、动力性质不断变化、动力作用不断累积的过程，使得整个系统不再是"静态的"，而是"活动的""变化的"。而"活"的系统，才能动态地支持幼儿的发展。

在时间的推移下，与园本课程建设相关的各因子的作用方式和影响内容在不断发生着变化，每个因子在园本课程建设的过程中轮流成为"发起者"或"传递者""加速器"，也可能异变为"阻碍者"。例如，一些主题活动在开发过程中，会采用自上而下的路径来推动（如，幼儿园被确立为幼小衔接实验园，于是推动教师开展研究）；还有些课程的开发过程则会遵循自下而上的展开路径（如，教师发现家长有入学焦虑，于是提出改变原有幼小衔接活动5月份才开始的安排，大班9月家长会时便开始宣传科学的幼小衔接知识并开展相应活动）。而在另外有些主题活动的开发过程中，某些因子（如家长、社区成员）可以不参与，甚至一些主题中某些因子（如家长）会因不理解而变成阻力。

小威廉姆·E. 多尔在《后现代课程观》一书中提出课程的设计应"利用自组织"，因为对于"用自组织作为基本假设设计的课程"，挑战和干扰是组织和再组织存在的理由。换言之，理想的课程建设是承认课程建设过程中的"变化"的，需要多主体参与、不断自组织。

（三）系统动力的不断补充是可持续发展的关键

马拉古齐将学校视为一个系统——一个"永不懈怠、充满活力的有机体"，认为它应该有着处理外在干扰的能力。重要的是对学校的发展方向有高度共识，

并克服各种不利因素。① 可见，教育的生态可持续是一种动力不竭、不断进化（优化）的状态，这需要：

首先，需要外部动力的不断输入。教育的生态与自然界中的生态系统一样，都需要外部能量的补充，否则系统就不能维持正常运转。正如本书第一章第五节所提到的那样，生态系统的运作遵循能量流动规律，教育生态学的研究者们也会使用能量流动来考察教育中的问题，例如：教育系统的维持与变革、学校变革的动力等问题。生态心理学派的学者们则关注能量（energy），也关注动力（dynamic）。从本章的图5-1可以发现，外部动力的逐层输入，能为内部因子的相互作用提供支持。文化、政策这两个宏观层面的因子规范着每个人的行为，引导着每个人的观念；专家、主管部门这些园外因子引导着区域幼儿园之间的相互支持、社区家长的观念变化和课程参与；园长、教师同事等因子在园级层面为班级中良好的师幼互动和家庭中良好的亲子互动提供着支持；教师则在班级层面影响着师幼互动和同伴互动。可以说，系统动力（能量）由外到内的持续层层补充，是维持系统可持续运作的关键。这一点与生态系统的能量流动层级规律是一致的。因此，研究者们会从"教育投资的可持续增长"②"教育生态系统内外环境的优化""幼儿园教育所有利益相关者形成驱动合力"③"幼儿园课程发展动力内生不竭和发展效能的协同发挥"④等维度衡量教育可持续发展的表现。

其次，各因子应轮流充分发挥动力作用。良好的园本课程生态会触发更多动力因子参与课程自新的过程，让全体教师、家长、幼儿持续发挥动力作用，而不是将某类人的作用发挥（或消耗）到极致后使课程建设难以为继，如总是将管理者或小部分骨干教师作为唯一的"动力源"。在理想状态下，随着时间推移，各因子应轮流以多种方式发挥自身的作用，为课程自新提供不竭动力，这样课程自新才是可持续的，这样的园本课程才是具有生命力的。

---

① 爱德华兹,甘第尼,福尔曼.儿童的一百种语言（第3版）：转型时期的瑞吉欧·艾米利亚经验[M].尹坚勤,王坚红,沈尹婧,译.南京：南京师范大学出版社,2014:42.
② 范国睿.教育生态学[M].北京：人民教育出版社.2019:347.
③ 蔡迎旗,黄海燕.我国幼儿园可持续发展动力的测度和优化[J].现代教育管理,2023（6）：59-70.
④ 黎平辉,邓秀平.幼儿园课程可持续发展的理论阐释与实践路径[J].河北师范大学学报（教育科学版）,2023,25（2）：125-134.

再次，各因子应彼此支持，避免动力消耗。很多时候幼儿教师觉得自己"生成课程"又累又不讨好，这并不能简单归结为意识、态度、能力、水平等问题。教师与课程创生相关的意识、态度、能力属于个体特征（内因）的范畴，但教师生成班级活动的行为也受园长、同事、家长、幼儿等外因的影响。当教师在开发班级活动的过程中，需要澄清价值、优化组织策略、共同决策、协调资源时，如果能获得更多力量支持（包括园内主管领导的授权、同事分享经验、家长提供资源等），不仅能让教师的动力作用增强，还能避免不必要的"弯路"来损耗教师的动力。我们需要关注教师"生成课程"所需的动力系统是"多方支持"还是"多方掣肘"的。没有多方支持的强大动力系统，班级中具体的教育活动难以追随幼儿的兴趣需要灵活生发。

第四节　经典课程模式的生态学分析：以瑞吉欧教育为例

选择瑞吉欧教育对其进行生态学的分析，是因为：首先，马拉古齐曾坦言瑞吉欧的教育受布氏理论的启示，甚至明确指出"教育这个词从真正意义上说是生态性的"。[1][2] 他认为集体是最好的环境[3]，儿童的学习是一种以相互关系为基础的社会建构过程。强调关系的瑞吉欧教育，其婴幼园和幼儿园内外涉及着多个层面的关系，它们与整个学校系统的运作息息相关，其中包括：幼儿与教师平等、对话的关系；教师间的协作关系；教师与家长之间的沟通合作、园部与家长之间的共同管理关系；专家（教研员）的指导协助关系；教研员或相关机构（如学会）组织下学校与学校间形成协作关系；瑞吉欧学校与上级主管部门之间的关系；学校与社区成员之间的合作共建关系；以及通过机制、宣传和文化输出，让政策、决策最大可能地向瑞吉欧教育倾斜，为教育提供动力。可以说，瑞吉欧的学校就是一个完整的关系系统，并且处于一个更大的社会系统中。

---

[1] 爱德华兹，甘第尼，福尔曼. 儿童的一百种语言（第3版）：转型时期的瑞吉欧·艾米利亚经验[M]. 尹坚勤，王坚红，沈尹婧，译. 南京：南京师范大学出版社，2014：62.
[2] 里纳尔迪. 对话瑞吉欧·艾米利亚——倾听、研究与学习[M]. 周菁，译. 南京：南京师范大学出版社，2014：108.
[3] 爱德华兹，甘第尼，福尔曼. 儿童的一百种语言（第3版）[M]. 尹坚勤，王坚红，沈尹婧，译. 南京：南京师范大学出版社，2014：71.

其次，国内研究者们在运用人类发展生态学讨论学前课程问题、环境问题时，也会列举到瑞吉欧教育。① 此外，瑞吉欧教育作为一种在世界范围内有着重要影响力的经典课程模式，具有一定的先进性，值得我们在对比中学习借鉴。

一、师幼间的相互作用

（一）幼儿的主动作用

瑞吉欧教育体系旗帜鲜明地构建了全新的儿童形象：儿童有着丰富的潜能，强大的力量，可以胜任一切，儿童可以联结同伴以及成人。② 这个儿童形象的建立，包含着对儿童自身力量的发现、关注和敬畏。把儿童视为主动的、有能力的、顽强的探索和发现者，相信孩子们的能力也一直是瑞吉欧所有实践的推动因素。③④

在关注到儿童自身力量的基础上，瑞吉欧教学法强调教师和儿童之间共享控制⑤，它强调活动中每个人都可以是互动对话的发起者。幼儿的这种力量会影响自身发展，也会影响成人和同伴。因此，瑞吉欧教育者也关注同伴间的相互作用，提出"幼儿是同伴、玩伴和启发者"。"在教师的帮助下，一个儿童的提问或观察可以引领其他儿童探索自己从未涉足，甚至从未质疑过的领域。这才是真正的儿童合作活动。"⑥ 可见，瑞吉欧强调儿童自身的动力作用，而教师的职责就是如何发挥儿童的这种作用。

（二）教师的主动作用

在瑞吉欧教学法中，教师的角色是具体而多样的，她是幼儿的倾听者和观察

---

① 虞永平.学前课程的多视角透视[M].南京：江苏教育出版社，2009：240.
② MALAGUZZI L. For an Education Based on Relationships[J]. Young Children，1993（1）：10.
③ 爱德华兹，甘第尼，福尔曼.儿童的一百种语言（第3版）：转型时期的瑞吉欧·艾米利亚经验[M].尹坚勤，王坚红，沈尹婧，译.南京：南京师范大学出版社，2014：150.
④ 贝纳姆.早期教育的12种绝佳实践——结合瑞吉欧和其他创新方法建构全新早教体系[M].王倩，译.北京：机械工业出版社，2016：12.
⑤ 卡爱德华兹，甘第尼，福尔曼.儿童的一百种语言（第3版）：转型时期的瑞吉欧·艾米利亚经验[M].尹坚勤，王坚红，沈尹婧，译.南京：南京师范大学出版社，2014：157.
⑥ 爱德华兹，甘第尼，福尔曼.儿童的一百种语言（第3版）：转型时期的瑞吉欧·艾米利亚经验[M].尹坚勤，王坚红，沈尹婧，译.南京：南京师范大学出版社，2014：158.

者、是幼儿的伙伴与向导、是幼儿活动材料的提供者、是幼儿行为的记录者与研究者、是一个实践的反思者。① 其中，特别强调教师引导下的有意义的对话。瑞吉欧教育强调"对话"对幼儿活动和经验建构的推动力量，认为瑞吉欧实践的基石就是"有意义的对话"(meaning-full conversation)。教师和幼儿围绕一个主题进行持久的、有深度的讨论，彼此倾听。教师是这种对话的协调者，她会认真倾听孩子们的想法，引导师幼共同发现新的事物、新的想法、寻求新的意义，而不是为了传递某个既定答案。②③ 基于互动关系的对话，不是从教师指向儿童、再从儿童返回教师的指向既定答案的"问答式提问"，而是师幼在交流、分享和讨论的过程中互相激发、互为动力源。

（三）集体中的相互作用

1. 学习的群体建构

瑞吉欧借鉴了维果斯基为代表的社会建构主义的研究，认为知识是在情境中、在理解的过程中、在不断和他人与周围世界的互动中建构的。儿童和老师被视为知识和文化的共同建构者。④ 因此，瑞吉欧强调自我建构，也强调集体对个体建构的影响，进而强调集体建构的力量，认为学习是个体和群体建构的过程。⑤ 也就是说，幼儿的学习过程既离不开自己的主动建构，又离不开同伴和教师的影响，是个体建构和集体建构共同作用的结果。教师通过鼓励幼儿间、师幼间分享彼此的兴趣、问题、感悟和经验，让学习超越个体，变成集体建构的过程。

2. 意义的集体建构

瑞吉欧教育者们指出：课程的实施在于师生一起共同寻找、感受、分享、建

---

① 屠美如.向瑞吉欧学什么——《儿童的一百种语言》解读［M］.北京：教育科学出版社，2002：29-30.
② 屠美如.向瑞吉欧学什么——《儿童的一百种语言》解读［M］.北京：教育科学出版社，2002：79.
③ 贝纳姆.早期教育的12种绝佳实践——结合瑞吉欧和其他创新方法建构全新早教体系［M］.王倩，译.北京：机械工业出版社，2016：12，99-100.
④ 里纳尔迪.对话瑞吉欧·艾米利亚——倾听、研究与学习［M］.周菁，译.南京：南京师范大学出版社，2014：序言6.
⑤ 瑞吉欧·艾米利亚幼儿园和婴幼园学会.瑞吉欧·艾米利亚市属幼儿园和婴幼园指南［M］.沈尹婧，译.南京：南京师范大学出版社，2014：5-6.

构活动的意义。瑞吉欧教学法这样阐述其强调的"对话"与"情境"之间的关系：为什么对话对学习是重要的？因为对话为社会性学习提供情境。① 瑞吉欧教育者们也多次提到意义建构的重要性，并鼓励幼儿个体或项目小组自主建构对某个学习过程的意义，并带着自己的意义建构完成学习过程。

二、教师团队协作与课程创生

（一）教师的团队协作

瑞吉欧有着完备的机制支持教师间的交流和协作，他们会设立协同教学研究小组来汇总大家的想法。教师每周至少有6个小时是用于教师之间的会议、准备计划、与家长的会面和在职培训等。②③ 也就是说，瑞吉欧用机制来为教师间的互动提供时间和空间上的保障。同时通过教研员的介入，瑞吉欧教师间的合作还会在校际之间产生。

（二）班级课程的创生

瑞吉欧主张教师不能只是一个"实施者"，实施由他人针对"其他"儿童和泛泛的情境而制定和创造出来的一些项目和课程。因为这些预设的情境并不一定符合本班幼儿的愿望、经验和兴趣。课程的实施在于师生一起共同寻找、感受、分享、建构活动的意义。④ 因此，它主张以生成式、项目式的方式开展班级活动。

瑞吉欧也同样关注教师的兴趣和特长在活动开发和实施过程中的作用。他们强调"儿童和教师共同感兴趣的工作、活动"，因为"有趣的活动成为师生关系的纽带"且"由于话题是共同感兴趣的，所以师生都能尽心地投入探索工作，并

---

① BURMAN L. 老师，你在听吗？——幼儿教育活动中的师幼对话 [M]. 汪寒鹭，李艳菊，陈研，译. 北京：中国轻工业出版社，2013：24.
② HENDRICK J. 学习瑞吉欧方法的第一步 [M]. 李季湄，施煜文，刘晓燕，译. 北京：北京师范大学出版社，2002：18-19.
③ 爱德华兹，甘第尼，福尔曼. 儿童的一百种语言（第3版）：转型时期的瑞吉欧·艾米利亚经验 [M]. 尹坚勤，王坚红，沈尹婧，译. 南京：南京师范大学出版社，2014：44.
④ 爱德华兹，甘第尼，福尔曼. 儿童的一百种语言（第3版）：转型时期的瑞吉欧·艾米利亚经验 [M]. 尹坚勤，王坚红，沈尹婧，译. 南京：南京师范大学出版社，2014：160.

且持续较长时间的互动"。① 换言之，活动不仅应是儿童感兴趣的，也应是教师感兴趣的、能激发教师热情的。此外，在瑞吉欧，教师的兴趣和特长是得到重视并加以充分发挥的，他们会安排具有特长的驻校艺术教师，作为儿童工作室的管理者以及教师的合作伙伴、咨询者和完整纪录的提供者，用自己的专业特长为幼儿和同事提供重要的服务。

三、家长和社区成员的参与

（一）家长参与

1. 参与角色

在瑞吉欧，家长参与意味着家长与幼儿园之间成为"权责共担"的伙伴关系，家长有权力参与学校各个环节的事务，并自觉承担责任。在瑞吉欧，一切的讨论或者决定都是由每个幼儿园集体作出的，其中包括教师、家长、厨师等各种类型的工作人员。基于这样的平等关系，家长对幼儿园教育活动的参与和影响是多途径和多形式的。教师与家长讨论档案纪录的目标，不是为了将教师的理解告知家长，而是多种观点的沟通碰撞。正如教师之间彼此分享档案纪录那样，在家长和教师"共读共研"并最终达成对档案纪录的共识的过程中，他们成为合作研究的伙伴，从而自然地引发共同设计儿童今后的学习经验。②

家长主动参与的角色行为是与其角色相对应的。在瑞吉欧教育中，"家长角色"非常丰富多样，既可以是参与者，也可以是领导者，可以作为学校管理顾问委员会的成员参与日常管理，以此对婴幼园的活动产生重要影响。当家长作为平等的"伙伴"而非"从属者"时，家园关系就不再是一种指导与被指导的从属关系，而是一种互相尊重、相互倾听的关系。这样，在家长的价值观念、知识背景、育儿经验、育儿需求、育儿价值观得到了教师的充分关照下，家长与教师通过双向交流，分享知识经验、相互尊重彼此的专业、共同探讨育儿问题，从而建立起一种共同学习与成长的伙伴关系。

---

① 屠美如.向瑞吉欧学什么——《儿童的一百种语言》解读[M].北京：教育科学出版社，2002：83.
② 爱德华兹，甘第尼，福尔曼.儿童的一百种语言（第3版）：转型时期的瑞吉欧·艾米利亚经验[M].尹坚勤，王坚红，沈尹婧，译.南京：南京师范大学出版社，2014：273-274.

2. 参与机制

瑞吉欧幼儿园的家长参与机制多样且互补，除了班级层面，幼儿园层面也有很多具体的机制。例如：由家长、市民和教育工作者选举产生的"幼儿委员会"能为某个幼儿园或幼儿们服务。每个幼儿园和婴幼园都有的，由入学儿童的家长、教师、教学协调员和社区成员组成的社区幼儿委员会等。[1] 同时，瑞吉欧的幼儿园还从机制层面为家长设计了多种多样的活动，为彼此的互动提供机会。包括：不同年龄班的班级会议（每年5—6次），讨论开展的活动、可以给予的指导等；家长小组会议，每年每位家长参加一次以上；个别家长和教师的研讨会议；由家长和教育者一起策划的主题会议；专家见面会；工作会议，家长和教师一起讨论校园环境、用品设备、教室材料等；节日与庆祝活动讨论等。[2]

（二）社区成员参与

1. 参与角色

瑞吉欧的教师们秉承杜威的教育思想，将社区视为教室空间的延伸，将社区当成学校、将社区纳入课程。之所以能这么做，是因为社区中的人们对幼儿教育的支持与"呵护"。从文化层面上说，尊重儿童、保护儿童权益是瑞吉欧地区所有人共同的信念，因此，上到当地政府、教育专业人员，下至普通市民，都积极投身到幼儿教育工作之中。从管理层面上来说，瑞吉欧教育体系是一种以社区为基础的管理模式，这使得瑞吉欧教育体系不仅仅存在于学校，而且渗透于社区中的各种场所，各种社会角色作为目标一致的课程力量支持着瑞吉欧教育体系的运作，也影响着班级具体活动的展开。

2. 参与机制

瑞吉欧逐渐发展出由家长、社区代表、教师园长们组成的各种组织，包括幼儿委员会、城市与儿童联席会、联合委员会等。这种管理模式使学校的管理不仅是幼儿、家长和教师的事，也是学校所在社区所有人的事，从而让幼儿教育有了一个共同支持的良好生态，家庭、幼儿园、政府机构以及社区相互协

---

[1] 瑞吉欧·艾米利亚幼儿园和婴幼园学会. 瑞吉欧·艾米利亚市属幼儿园和婴幼园指南［M］. 沈尹婧，译. 南京：南京师范大学出版社，2014：36.

[2] 爱德华兹，甘第尼，福尔曼. 儿童的一百种语言（第3版）：转型时期的瑞吉欧·艾米利亚经验［M］. 尹坚勤，王坚红，沈尹婧，译. 南京：南京师范大学出版社，2014：129-130.

作、共同参与到了学前教育机构的组织管理中，从而让更多社区成员支持瑞吉欧教育。

四、指向"关系中心"的幼儿园空间创设

瑞吉欧幼儿园的空间体现着其"关系中心"的教育核心理念。其空间创设旨在促进人与物的互动、人与人的互动，以利用空间来促进关系，推动相互间的动力影响。因此，瑞吉欧对空间的理解不只停留在"材料丰富"这一个层面，而是从空间关系学的角度重新定义空间的教育价值。其对空间的关注和研究历史悠久，1998年他们与多莫斯设计学院（Domus Academy）合作研究并出版的专著《儿童、空间、关系——儿童环境设计的元方案》就阐述了关于幼儿环境所需的特征及品质。除了强调整体的柔软（给人带来亲切、宁静的心理感受）、多重感官体验（包括颜色、光线、材料）、具有灵活性和适应性、日益丰富等常见要求之外，该书还特意强调了关系、社区参与、与社会衔接等关系要素，并强调了空间的叙述性（向空间中的每个人讲述倡导的理念和当下发生的课程故事）。空间的创设是为了支持儿童、教职员工和家长在内的主角们参与学习、教学、分享和理解的过程。①

（一）促进班级中互动的空间

1. 指向与材料的互动

"基于关系的教育"不仅指幼儿与他人的关系，还包括幼儿与材料建立的关系。物质环境的创设是为了让物质材料与幼儿对话，在没有他人在场的情况下，使材料也能刺激、支持幼儿的学习过程。因此，瑞吉欧教室里的每一处环境都在引导幼儿与物质材料建立联结，包括通过光线和色彩、材料摆放、区角设置鼓励幼儿去与物质材料发生互动，努力促进幼儿与材料发生关系，包括某些区域邻近放置是为了方便幼儿主动跨区使用资源，包括在桌子上、架子上放置方便拿取的材料，而公共空间也需要内外联通。教师则在观察孩子们对空间的利用过

---

① 里纳尔迪.对话瑞吉欧·艾米利亚——倾听、研究与学习[M].周菁，译.南京：南京师范大学出版社，2014：66.

程，了解每个空间被幼儿赋予的实际价值，以及空间是如何影响幼儿活动的，为后续的调整和创设提供依据。同时，空间也体现着对儿童的尊重。瑞吉欧强调空间是支持儿童进行创造和建构新权利的，幼儿可以根据自己的需要建构和安排空间。

2. 指向与教师、同伴的互动

教育是面向人的活动，"互动交往"是教育活动的基本属性之一，是社会互动让幼儿的活动空间变得具有教育的意义。因此，瑞吉欧教室环境布置的另一个重要目标是推动儿童同他人积极合作以及探索感兴趣的对象。作为一个教师与幼儿互相合作、探究的场所，在空间建构和划分时就要鼓励倾听和沟通，方便小组合作或老师带领幼儿开展一些项目性的活动。教室中不仅需要有集体集中区域，也需要有可以分散独自游戏、2—4人小组合作探索的空间。此外，瑞吉欧倡导利用光线、色彩来吸引孩子与材料、与他人互动，因此室内空间需要通透性（玻璃墙和窗户让使用自然光成为可能，也让各个空间区域互相联系），同时又要与户外环境相互交融。①

（二）促进班级间互动的空间

1. 促进班级间的互动

在瑞吉欧，场所和空间作为教育手段的本质要素，被精心赋予了促进人际互动的功能。如果说班级空间是为了促进班级内的互动，那么幼儿园公共空间则是为了最大限度地优化班级间的交流，这需要有像共享区域和大厅那样的开放空间。

广场：它往往是瑞吉欧幼儿园建筑的中心，其周围分布着幼儿园内部各种不同区域（如教室、大艺术工作室、图书馆、档案馆和储藏室等），它是人们聚集和传播各种想法的地方。②不少国内的幼儿园也将门厅或大厅打造成交流的场合，用于节庆布展、班级课程展示、幼儿主题作品展示，不少布展还融入了一些幼儿的体验操作，以起到烘托氛围、激发兴趣、交流经验和想法、将主题推向高潮等

---

① 里纳尔迪. 对话瑞吉欧·艾米利亚——倾听、研究与学习[M]. 周菁，译. 南京：南京师范大学出版社，2014：66.
② 爱德华兹，甘第尼，福尔曼. 儿童的一百种语言（第3版）：转型时期的瑞吉欧·艾米利亚经验[M]. 尹坚勤，王坚红，沈尹婧，译. 南京：南京师范大学出版社，2014：330-331.

功能。

走廊：作为通道，同时也是班级活动室的延伸空间，一些混班区域游戏和班际活动非常适合在廊道中进行。瑞吉欧把走廊、楼梯纳入整栋楼的综合规划中，以促进同龄或异龄幼儿间的互动。实际上，廊道中展示的幼儿作品、班级自然角、主题墙饰、活动导图等，都是吸引本班或其他班幼儿和家长驻足关注、交流分享的媒介。

2. 促进教师间的互动

虽然瑞吉欧强调尊重儿童，但这样的空间却并不只是以儿童为中心的，教师、家长都会得到关照，他们的需求（包括教师的专业发展、家长与教师的沟通）都能在空间层面得到支持，教师和家长作为空间的创造者和使用者有着相应的空间权力。[①]瑞吉欧对教育空间的解读是建立在其认可和接受每个人的独特性和主体性的哲学基础之上的。

在入园参访时，笔者也看到有的幼儿园为了符合上级行政各类要求，将各年级组教师们的办公室改成了党团员活动室、退休教师活动室等专用室，认为取消了教师办公室，可以让教师多在班级里跟孩子待在一起。但教师们却反馈没有了专用办公室之后，虽然在班级里跟孩子们相处的时间变多了，但教师之间的交流变少了。老师们表示：以前新教师备课有不清楚的地方，可以随时请教一起备课的老教师。哪个老师遇到了班级管理、家长沟通方面的难题，在办公室一问，就有其他老师七嘴八舌地"出主意"。许多非正式的活动审议，都是在这样的氛围下开展的。很多需要年级组共同策划合作的大型活动（如小班六一亲子登山、中班"妈妈节"、大班毕业典礼等），也是在办公室这样的"空间场域"中共同商量、反复研讨的。老师们还反馈：取消了固定的教师办公室之后，不仅教师之间的人际关系会变得疏离和陌生、缺少了归属感，还会进一步削弱年级组内教师们的合作和相互支持，不利于用"集体智慧"支持班级活动以及帮助教师成长。可见，园部的空间创设应该为教师间的协作提供空间。

在强调关系中心的瑞吉欧，工作坊为促进教师间、家长与幼儿园间的沟通与合作提供了"空间"支持。在工作坊里，教师能够与同事、与家长一起阅读幼儿

---

① 里纳尔迪.对话瑞吉欧·艾米利亚——倾听、研究与学习[M].周菁,译.南京：南京师范大学出版社，2014：66，68.

记录档案、讨论问题、进行沟通。瑞吉欧通过给教师间的互动留存足够空间的方式，来强化教师间的相互动力影响。

（三）促进园外因子参与的幼儿园空间

瑞吉欧主张婴幼园和幼儿园的空间创设不仅要能够促进和支持教师的工作，也要关注教职员工和家长的关系、幼儿园与周边环境的连通及社会的衔接，鼓励社区的参与。

1. 空间承载着叙述功能

瑞吉欧通过"会说话的空间""会纪录的空间"，展现幼儿园里的各种档案记录，向进入空间的每个人讲述课程故事、阐述教育理念、表达园所历史，这样即使当儿童不在场也能讲述他们的故事。① 借由会"说话"与"纪录"的门厅和走廊，幼儿园的公共空间成为儿童、教师和家长日常交流、反思、会议和互动的焦点，具有向每一位来访者传递园所理念、日常活动安排的功能，是连接幼儿园、家庭、社区的桥梁。

2. 空间创设的家长、社区参与

瑞吉欧的物质环境并不是园长和教师们"一手包办"的，相反物质环境创设强调家庭社区（共同参与）原则、文化折射原则（环境从不同层次反映了创造者的文化）、尊重使用者原则等。② 实际上，教师主导下家长参与活动空间的创设过程，一方面有助于转变家长的教育观念，唤醒家长的教育环境意识；另一方面，也让家长在活动空间建构之初就参与到活动中来。如果教师一开始就设定了活动的空间（地点、布局、材料），再邀请家长来园进行课程审议或充当活动的志愿者，那么家长的参与度一定会受空间的限制。

可见，"关系中心"的公共空间的创设可以影响其中各因子的相互作用。正如茨安娜·费列皮尼指出的，瑞吉欧的教师不仅将空间描述为一个"容器"，而且将鼓励社会互动、探索与学习、刺激幼儿产生互动体验和建构性学习视为这一容器的教育功能。换言之，空间被赋予了促进儿童在发展和变化中的交流这一功

---

① 爱德华兹,甘第尼,福尔曼.儿童的一百种语言（第3版）[M].尹坚勤,王坚红,沈尹婧,译.南京：南京师范大学出版社,2014：334-337.
② 屠美如.向瑞吉欧学什么——《儿童的一百种语言》解读[M].北京：教育科学出版社,2002：51-54.

能。①② 可以说，在瑞吉欧，一个促进互动交流和社会建构、真正"相互关联"的空间环境，是一个互动的空间、记录的空间、教育的空间，这样的环境才能成为儿童的"第三位教师"。这样的幼儿园才会成为一种整合各种关系的系统，让各种关系和连接得以持续。

（四）强调空间的变革和"生产"

1. 用变革空间来变革教育

借鉴瑞吉欧的经验，我们可以利用空间来强化动力关系。园长可以带领教师，通过增加原有教室、走廊、操场、大厅（门厅）、工作坊（专用室）的交际功能，促进师幼互动、同伴互动、幼儿与物质材料之间的互动，以及教师间、教师与家长间、教师与管理者之间的互动协作。最终通过将幼儿园建构成一个以关系为中心、以促进互动为目的的幼儿学习空间，吸引更多的因子为幼儿活动服务。让空间促进成人和儿童间的相互关系，支持分享具有创意的想法和策略，共同探索、调查和建构；促进家长与教师、社区人员之间的对话、互惠和交流。

2. 用生成空间来生成课程

在瑞吉欧，用"灵活、创生"的空间支持项目活动的生成备受重视。瑞吉欧主张"环境必须是灵活的"，它必须能经受儿童和教师的时常修正来保持与时俱进，并响应他们在建构知识过程中做主人公的需求。③ 因此，瑞吉欧教师把空间创设看作他们教学方案的重要部分，进而提出日常生活环境应该不断被儿童、教师和家长所激活和修改。空间结构应随教育项目中的其他所有要素一同进化。④⑤

---

① 瑞吉欧·艾米利亚幼儿园和婴幼园学会. 瑞吉欧·艾米利亚市属幼儿园和婴幼园指南［M］. 沈尹婧，译. 南京：南京师范大学出版社，2014：4-5.
② FILIPINI T.Introduction to the Reggio Approach［R］. The Annual Conference of the National Association for the Education of Young Children, Washington DC, 1990（11）.
③ 爱德华兹，甘第尼，福尔曼. 儿童的一百种语言（第3版）：转型时期的瑞吉欧·艾米利亚经验［M］. 尹坚勤，王坚红，沈尹婧，译. 南京：南京师范大学出版社，2014：350.
④ 爱德华兹，甘第尼，福尔曼. 儿童的一百种语言（第3版）：转型时期的瑞吉欧·艾米利亚经验［M］. 尹坚勤，王坚红，沈尹婧，译. 南京：南京师范大学出版社，2014：329，333.
⑤ HENDRICK J. 学习瑞吉欧方法的第一步［M］. 李季湄，施煜文，刘晓燕，译. 北京：北京师范大学出版社，2002：29.

环境生成课程，课程也创生环境。随着幼儿园课程改革的深化，传统的只关注"材料丰富"或"美观"的幼儿园活动空间难以呼应幼儿"在互动中学习"的需求，我们迫切需要变革原有的幼儿活动空间，让影响教育活动的每个动力因子充分发挥动力作用，让幼儿、家长行动起来，与教师一起共创生活、学习和游戏的场域，从而使得幼儿活动的空间突破原有的界限，吸纳更多人与物的资源，与幼儿生活发生关联，与幼儿的行动发生关联，让空间为幼儿的活动提供充分的动力支持。

五、政策和各种机制为持续支持提供保障

瑞吉欧教育家瑟吉欧·斯拜吉亚利就曾建议大家思考良好组织的价值。她认为组织不只是行政问题，而是教育过程中的有机组成部分，是一种教学理念的具体体现。① 瑞吉欧有着基于"关系哲学"的、极为有效的管理网络和沟通联络网。

（一）推动各因子动力投入的机制

除了之前提到的家长、社区人员参与的相关委员会等制度之外，瑞吉欧还建立了政府机构、教育系统内部的支持网络。这种支持网络不仅包括经费方面的机制，也包括机构间相互协调的机制，以及教育系统内外协调的机制，以提供专业方面的支持。这样的内部组织架构能够在多个层面上促进不同因子之间的关系互动。与之对应的是政府系统内的评审员、总监、学会、研究所人员、教研员等角色的设立。具体包括：

1. 行政督导机制

政府为瑞吉欧教育机构提供经费投入，0—6岁儿童的保育和教育经费中12%来自政府财政拨款，并帮助机构引来众多横向资源与合作。市属幼儿园和婴幼园学会（简称为学会），负责直接管理市属公立的幼儿园和婴幼园，同时也负责处理与其他类（如私立）学校的协调关系。②

---

① 爱德华兹，甘第尼，福尔曼.儿童的一百种语言（第3版）：转型时期的瑞吉欧·艾米利亚经验[M].尹坚勤，王坚红，沈尹婧，译.南京：南京师范大学出版社，2014：135-136.
② 瑞吉欧·艾米利亚幼儿园和婴幼园学会.瑞吉欧·艾米利亚市属幼儿园和婴幼园指南[M].沈尹婧，译.南京：南京师范大学出版社，2014：37.

2. 专业支持机制

除了行政上的监管、协调和经费投入，瑞吉欧还有着完备的专业支持机构：2003年政府设立的瑞吉欧婴幼儿研究所，作为研究与管理机构为幼儿园提供服务。瑞吉欧还建立了教研员（教学协调员）和教研员团队（教学协调小组）来进行业务管理并提供专业支持。瑞吉欧的幼儿园（中心）没有园长，教研员负责帮助教师专业成长，促进家园互动，以及其他利益相关者之间的联系。① 具有丰富教育经验的教研员是教育组织体系中的核心链，集教育家、教研人员、园长等多种角色为一体。由教研员们组成的教学协调小组统筹教育教学管理，承担婴幼儿中心与幼儿园的教育方案的计划与发展工作，同时担负着促进家庭积极参与、提供教育方案、提升教育服务质量的重任。

（二）支持每一层关系的教研员制度

整个支持网络的运作结果是为教师、为幼儿园更好地开展活动提供了各种支持，最终促进幼儿的发展。在动力支持过程中，教研支持或者说专业支持是比管理、监督更值得重视的力量。在瑞吉欧，"有效的教研工作是优化和提升教育实践的重要推动力量。"② "教研员负责支持着每一层关系，以提升彼此交流与讨论的价值。" 按层次来分，包括：

上下级之间：在瑞吉欧，教研员们不仅会与行政人员一起工作，还会每周深入幼儿园（婴幼儿中心）开展工作，讨论管理问题、交流信息、探讨理论与实践方面的新发展，以及指导教师等。可以说，教研员们承担着联结理论与实践的"承上启下"的作用，并负责总结当地的幼儿教育经验。此外，教研员还会促进教师与家庭的合作伙伴关系，帮助他们互相倾听、相互学习。

学校与学校之间：在瑞吉欧，教研员团队不仅起着方向性的引领作用，促进着学校内部的对话，同时还承担着促进学校之间对话的职能。每位教研员担任3—4所幼儿园和婴幼儿中心的负责人，他们会促进这几所幼儿园之间的对话合作。整个教研员团队全面协调教学综合系统，专门负责"横向联

---

① 里纳尔迪.对话瑞吉欧·艾米利亚——倾听、研究与学习［M］.周菁，译.南京：南京师范大学出版社，2014：197.
② 虞永平.构建新型教研队伍，创新教研工作机制，提升教研活动成效［J］.早期教育（教师版），2017（11）：17-19.

络"的教研员则需要协调整个教学体系。这样的拓展性体系旨在形成教研员团队和教师团队的互动研究,以共同实现专业发展,形成相互交流和学习的平台。①

教师与教师之间:瑞吉欧教师重视同事之间的交流,每周工作时间中的六分之一用于教师之间的交流、讨论以及与家长的沟通。他们习惯于通过教师团体的互动协商解决实践问题,通过教师间的对话促进自己的反思和彼此激发。② 其中,"工作坊"和围绕"档案"进行的各类研讨是较为突出的形式。"工作坊"式的协商研讨之所以会产生那么积极的作用,与瑞吉欧教研员的外力推动密不可分。在工作坊中,教研员们与教师一起共同阅读档案记录,在对话中产生真正能合作建构新知识的教学团队。③通过基于共识的协同教学,打破了教师孤军奋战的状态,让教研员和整个幼儿园的教师一起彼此激励、分享经验、互相提供情感或技术上的支持。

教师个人培训:瑞吉欧教育者们指出,专业发展是每个教师以及所有在学校里工作的人们的权利,也是儿童的权利。学校不仅是让儿童也是教职员工们接受教育和成长的场所。④ 因此,瑞吉欧的教研员们需要负责规划、指导教师和工作人员的专业发展。

(三)促进各因子作用的"档案纪录"机制

档案纪录(documentation)常常被用来作为一种观察研究儿童的工具或研究课程的方法来推广。其实,从关系的角度来分析,"档案纪录"也可以被看作是一种促进关系并固化关系的机制。它以教师为主,通过各种手段记录儿童的学习过程。其他与瑞吉欧教育相关的动力因子也都参与到了纪录和共同阅读档案的过程中。多主体的参与过程既有助于促进各因子间的相互关系,也有助于各因子自

---

① 爱德华兹,甘第尼,福尔曼.儿童的一百种语言(第3版)[M].尹坚勤,王坚红,沈尹婧,译.南京:南京师范大学出版社,2014:138-140.
② 尹坚勤,译者序[J]//爱德华兹,甘第尼,福尔曼.儿童的一百种语言(第3版):转型时期的瑞吉欧·艾米利亚经验[M].王坚红,沈尹婧,译.南京:南京师范大学出版社,2014:5.
③ 爱德华兹,甘第尼,福尔曼.儿童的一百种语言(第3版):转型时期的瑞吉欧·艾米利亚经验[M].尹坚勤,王坚红,沈尹婧,译.南京:南京师范大学出版社,2014:276.
④ 里纳尔迪.对话瑞吉欧·艾米利亚——倾听、研究与学习[M].周菁,译.南京:南京师范大学出版社,2014:130.

身动力的发挥。对于教师而言,档案纪录是其工作之一,教师借此对儿童的学习过程进行分析、反思、分享、评估、设计,以进一步开展教学。纪录过程以及与家长、同事讨论档案的过程,给予教师重新审视、重新研究儿童和自己教育工作的机会。同时,通过教师之间的交流形成大家共享的认知和价值观,从而让教师拥有了持续支持儿童学习的可能。对儿童而言:与成人一起参与档案纪录和阅读的全过程让自己有了非常有价值的重新审视、反思、阐释和重组知识的机会,促进了知识的建构过程。①② 更重要的是,纪录的过程能保证不同主体去倾听和被倾听③,是创建和维护教师和儿童之间、幼儿与同伴之间关系的重要途径,儿童在倾听和被倾听的过程中学习民主和参与。对家长而言:在阅读档案的过程中能够了解幼儿在学校的经历,进而鼓励自己的孩子积极参与学校的各种活动。通过阅读档案纪录并展开开放性的对话,家长不仅关注到了自己的孩子,也关注到了别的孩子,知道孩子的权利中也包括所在社区所有儿童的共同权利。这些都是家园间建立支持性联系,以及家长作为志愿者"共享"动力资源的基础。对管理人员(教研员、专家们)而言:围绕档案组织教师们一起研讨时,就产生了一个不同观点间的碰撞和争论并寻求共识的过程,也将幼儿学校变成了最独特、最可贵的培养专业能力和建构知识的地方之一。④ 对社区人员而言:档案纪录的展示和共同阅读、阐释、讨论过程,让社区人员看见儿童学习过程的特性和他们所使用的策略。课程档案成为了一种在文明社会开放公共场所研讨的手段,它让所有参与纪录和阅读、讨论档案的人能够有机会共同建构和分享教育行为以及教育价值。⑤ 总之,档案纪录作为一种"建构共享的意义"的工具⑥,(它让)不同的观点相互

---

① 里纳尔迪.对话瑞吉欧·艾米利亚——倾听、研究与学习[M].周菁,译.南京:南京师范大学出版社,2014:47.
② 里纳尔迪.对话瑞吉欧·艾米利亚——倾听、研究与学习[M].周菁,译.南京:南京师范大学出版社,2014:36.
③ 爱德华兹,甘第尼,福尔曼.儿童的一百种语言(第3版):转型时期的瑞吉欧·艾米利亚经验[M].尹坚勤,王坚红,沈尹婧,译.南京:南京师范大学出版社,2014:247.
④ 里纳尔迪.对话瑞吉欧·艾米利亚——倾听、研究与学习[M].周菁,译.南京:南京师范大学出版社,2014:35.
⑤ 里纳尔迪.对话瑞吉欧·艾米利亚——倾听、研究与学习[M].周菁,译.南京:南京师范大学出版社,2014:113.
⑥ 里纳尔迪.对话瑞吉欧·艾米利亚——倾听、研究与学习[M].周菁,译.南京:南京师范大学出版社,2014:159.

交流、相互促进，并共同进行解释。① 可以说，瑞吉欧的这一机制在推行过程中，强化着多个系统层面的动力关系和相互作用。

六、"参与文化"的支持作用

（一）"关系中心"背后的文化和价值观体系

所有因子相互支持、动力向幼儿汇聚的背后，是瑞吉欧教育背后的"关系中心"文化，这样的文化孕育着"关系中心"的价值观，进而产生着"关系中心"的教育理念和各种行为。要借鉴瑞吉欧的"关系中心"理念，必须先分析这一理念生长的土壤——强调"参与"的社区文化，它由多个具体的价值观组成，对瑞吉欧教育起着重要作用。

1. 主体性价值观

瑞吉欧基于关系的教育所提出的倾听式教学法和协商性学习背后是支持这些教学法的主体性文化、参与文化。瑞吉欧教育者认为，每个人都是独立而平等的个体，每个人都是独特和不可复制的。这样的主体性价值观带来了差异性价值观。而主体价值和主体间的差异意味着需要彼此尊重并彼此倾听差异。因此，教师和幼儿之间需要"倾听式教与学"，教师和家长间、管理者和教师间、社区和幼儿园之间都需要彼此倾听。

当然，瑞吉欧也强调主体与环境的关系，认为每一个主体是在一定环境和文化中进行社会性建构的。② 因此，瑞吉欧注重将儿童作为主体在教育活动中被倾听、被理解并与他人对话协商，从而让其能够自主建构对这个世界的意义。显然，在当前许多幼儿园中，幼儿、家长并未以主体的方式参与课程，教师的课程参与范围和权力也有着诸多限制。主体性角色如果得不到确立，幼儿、家长、教师等因子的参与权力、参与价值就不会得到充分重视。

2. 倾听的价值观

基于主体性和差异性的价值观，瑞吉欧衍生出了关于倾听的价值观，认为幼儿和成人一样都是在相互倾听中学习和成长的，并将其作为开展许多具体实践的

---

① 瑞吉欧·艾米利亚幼儿园和婴幼园学会.瑞吉欧·艾米利亚市属幼儿园和婴幼园指南［M］.沈尹婧，译.南京：南京师范大学出版社，2014：6.
② 里纳尔迪.对话瑞吉欧·艾米利亚——倾听、研究与学习［M］.周菁，译.南京：南京师范大学出版社，2014：122.

出发点。进而产生并推行了关系与倾听教学法,并用教育档案记录和呈现这些倾听学习的过程。这种教学法蕴含着丰富和多层次的倾听:幼儿需要倾听同伴、倾听教师;教师需要倾听幼儿,并鼓励幼儿间相互对话和倾听;教师间需要在协调教学中互相倾听;教师和家长间需要在各种家园互动中互相倾听;课程管理者不仅需要倾听幼儿,还需要倾听教师的感悟和发现、倾听家长的感悟和诉求①。政策制定者们更是需要倾听幼儿园内外的多种声音。也就是说,在以关系为核心的课程中,倾听是各个层面的、是相互的、是可以传递的。基于这样的倾听价值观,倾听的内容也从语言拓展到非口头语言,进而了解彼此的想法和感情。最终,"倾听使我们能够与别人一起创造文化。"②而在我们目前的许多幼儿园课程中,少有"向下的倾听",只有上传下达的"指示和要求",或教师对家长的"广而告之"。彼此尊重的倾听不够,使得教育的实施或家园配合更多是"执行和顺从"。

3. 参与性价值观

主体性价值观、差异性价值观延伸出了内涵更为丰富和现代的参与性价值观。③"参与"特征的形成在意大利有着悠久的政治文化传统,当地深厚的公民文化的核心就是参与者文化。④ 参与是民主的体现,其核心就在于权力分享。因此幼儿教育所涉及的不同利益主体都应有机会在决策过程中发表自己的声音,且主体间应当彼此倾听和尊重,这样决策就是一个在对话中相互协商共同作决定的过程。此外,这一文化也将参与看成是一种全社会的责任。⑤ 社区中这种重视参与的文化和精神,使得家长更多地参与到幼儿园的日常活动中,也使得各种社区成员和社区资源进入课程变得更为容易,社区中的公园、剧院、超市都可以是瑞吉欧教育体系存在的地方。

4. 民主的价值观

民主的价值观源于参与的价值观,是参与的内在本质之一。在民主生活的学

---

① 里纳尔迪.对话瑞吉欧·艾米利亚——倾听、研究与学习[M].周菁,译.南京:南京师范大学出版社,2014:114.
② 斯米特.马拉古奇导论[M].吴媛媛,译.南京:南京师范大学出版社,2020:64.
③ 里纳尔迪.对话瑞吉欧·艾米利亚——倾听、研究与学习[M].周菁,译.南京:南京师范大学出版社,2014:124.
④ 潘月娟.课程与文化的关系:向瑞吉欧课程学习什么[J].学前教育研究,2006(11):42-44.
⑤ 同④.

校里，幼儿、教师、家长、课程管理者都作为主体参与课程建设，其参与的价值受到彼此重视，每个主体都有参与的权力，学校具有帮助幼儿体验民主生活的职能。在这样强调民主、参与的文化下，协商和倾听并不仅仅发生在教师和幼儿之间，还发生在教师之间、教师和家长之间、教师和管理者之间、幼儿园和社区之间以及不同园所学校之间。

总之，在"关系中心"的文化和价值观之下，瑞吉欧强调倾听、参与及合作，包括教师之间、幼儿和教师之间、幼儿之间、幼儿和家长以及更大的社区之间，每一层面都合作开展工作。因此，他们建立了从内到外层层机制以作保障。教师和幼儿之间，可以通过协商性学习、倾听教学法等方式将师幼互动的模式固化；教师间可以通过建立团队或以工作室的方式为教师协作提供支持；家校之间的合作机制包括定期的各种活动以及家园合作委员会等方式；社区参与式管理也是一种纳入社区成员的组织制度。总之，指向互动关系并促进关系固化的组织架构和机制保障，能够保障"关系中心"教育理念在实践中的落地。

（二）主动输出有利于儿童发展的童年文化

瑞吉欧教育中的"关系中心"文化和价值观不是社区文化无意识影响的结果，而是被瑞吉欧教育者们所意识并刻意营造和经营的结果。他们认为学校有着传承、讨论和创造价值观的责任。[①] 瑞吉欧教育者们认为，学校是一个建构文化和价值观的地方，因此他们不仅生发并在实践中演绎着上文所阐述的强调关系、呼吁倾听、对话与协商等价值观，还在此基础上致力于创造一种利于儿童发展的童年文化。这种文化旨在促进儿童享有被照顾、受教育和学习的权利。

瑞吉欧通过幼儿影响家长、向社区宣传、教师与家长的互动等方式，极力向周围输出自己的教育观、价值观，并让所有相关者认可并"参与践行"这样的童年文化，进而共同为幼儿提供自主、自由建构主客观经验的时空环境，[②③] 为幼儿

[①] 里纳尔迪.对话瑞吉欧·艾米利亚——倾听、研究与学习[M].周菁，译.南京：南京师范大学出版社，2014：122.
[②] 瑞吉欧·艾米利亚幼儿和婴幼园学会.瑞吉欧·艾米利亚市属幼儿园和婴幼园指南[M].沈尹婧，译.南京：南京师范大学出版社，2014：2.
[③] 屠美如.向瑞吉欧学什么——《儿童的一百种语言》解读[M].北京：教育科学出版社，2002：64.

赢得更多的动力支持。在输出这种文化的过程中，瑞吉欧力图将学校变成文明社会中的公共论坛，伴随着文化的输出鼓励各类人员之间的互动交流，把幼儿园所强调的观念带到社区以影响更多人。

瑞吉欧获得成功的原因，在于他们有着先进的教育理念。他们既没有以学科为中心，也摒弃了绝对以儿童为中心、忽略教师作用的放任自流式教育，而是强调团体中心、关系中心，构建孩子与教师、成人一起游戏、工作、说话、思考、发明的课程模式。① 在"关系中心"的价值观和教育观之下，瑞吉欧所处的生态系统中与教育相关的各种动力因子互相支持、通力合作。可以说，各个系统的动力因子都合理地发挥着动力作用，是社区的集体力量而非教师个人或某个园长确保了幼儿学习的高品质。

他山之石，可以攻玉。但我们借鉴课程模式时要考虑文化适宜性。瑞吉欧"关系中心"的教育理念背后有着一系列价值观和文化在作支撑。瑞吉欧社区中，这些共享的价值观是社区居民共同选择的结果，而瑞吉欧学校作为社区中的公共场所，被社区这些共享的价值观所"形塑"。如果我们将外来某种文化下孕育出的课程模式生搬硬套到我们的文化之下，会因文化差异而导致"移植"失败。因此，当我们借鉴世界先进课程模式时，首先需要考虑这些模式背后的教育观、价值观，以及孕育这些课程观、价值观的当地文化。如果想要引入的课程理念与本园所在社区的本土文化相冲突，就无法得到周围社区中各种力量的支持。如果想引进的课程理念与园所原有的文化完全格格不入，那么再先进的理念引入后往往也会变成"空中楼阁"，导致执行的个体出现文化适应困难或价值冲突与文化断裂。其次，在借鉴的基础上，应生成适宜本土文化的，能够促进各动力因子间相互肯定、目标一致，动力向幼儿汇聚的动力因子相互作用模式。再次，在借鉴先进理念的同时也需反思本土文化，以"取其精华"传承发扬。一些幼儿园在构建园本课程时已经注意到了这一点。比如，有的幼儿园根据当地的"和文化"开展"和乐课程"；有的幼儿园从勤俭的传统文化入手，开展劳动教育；等等。

---

① 屠美如.向瑞吉欧学什么——《儿童的一百种语言》解读[M].北京：教育科学出版社，2002：60.

后 记

2007年,从南京师范大学学前教育系硕士毕业的我,来到了无锡市实验幼儿园工作。工作的前三年,我那认真负责的教学师傅对我的"教态""语气语调""表情""示范姿势""讲解语言"等各方面提出了许许多多的要求,连"教具摆放""提问时如何与孩子对视"这样的细节都一一指明。这一度让我这个"大龄新教师"非常"崩溃"和焦虑。常常扪心自问,如果在这方面永远赶不上别的老师,自己是否就是"误人子弟",班里的孩子是不是就不能好好发展了?但事实似乎并非如此,让幼儿积极学习、投入活动的因素有很多,促使这些因素综合作用的方式、渠道更是多种多样,教师的"示范""讲解"并不是幼儿学习的唯一渠道和动力,教师的作用也并非仅仅是"上课"。

2017年,我所参与的研究成果获得了江苏省的教学成果特等奖(基础教育类)。2018年,无锡实幼荣获了国家教学成果一等奖(基础教育类)。在和优秀的教师团队们朝夕相处的十多年中,我有机会真实地观察身边那些工作效率特别高的优秀老教师和她们班级里的孩子们。她们似乎都有着某种"魔法",能够像化学反应中的"催化酶"那样,"四两拨千斤"地调动周围的各种力量,来支持自己班级各类活动的开展。在她们的班级里,孩子们是忙碌而充实的,家长们是忙碌而快乐的,周围的同事、领导也似乎都乐意为她们的班级活动提供各种支持。正是由于她们善于调动周围各种力量来协助自己推动班级活动的展开,促进班级幼儿发展,所以班级活动总是更为丰富多彩,班里幼儿的整体发展水平和活动状态也总是让人欣喜。而这样的老师自己却少有"疲于奔命"之态,她们总是能够比一般老师完成更多的园部任务,逐渐成长为骨干教师。

随着工作年限的增加,尤其是2020年博士毕业、开启高校教师的职业生涯之后，我有机会接触到了更多幼儿园、更多的管理者们。我发现，不仅班级活动需要这样的"魔法"，一个幼儿园园本课程的生长过程也需要这样的"魔法"来助推。优秀的教研员、园长或是年级组长，甚至是活动开发项目组的组长们，似乎总是能够让团队中的教师们愉快地忙碌起来，让活动涉及的家长、社区等园外人员参与进来，连园内外的专家领导们似乎都会为她们的研究团队"助力"。为了探寻那些游刃有余的老教师们的"魔法"奥秘，寻求复制"魔法"的方法，我在博士论文的基础上继续选择从生态的视角和理论来研究这一问题。

从理论价值来看：本书借鉴了当下前沿的生态发展观，分析影响幼儿发展的园内外因子，提出汇聚多重动力、共构良好成长生态的主张及达成路径。这也是对中国式现代化所强调的生态观在教育领域的新解读。同时，基于生态发展观强调的"相互作用""动力汇聚"等概念，着眼系统，提出园—家—社—政共同推动"课程开发与持续自新"的路径策略，为学前课程研究领域提供新的话题和研究视角。

从应用价值来看：本书提出的优化建议，探索了改良教师、同伴、家长等因子作用发挥的新路径、新方法，为不同层次的幼儿园园本课程开发和持续自新提供了新的理念引领和实践变革建议，也为深化幼儿园课程改革、实现学前教育高质量发展提供了新的切入点和推进路径。同时，从发展观出发，提出分析和评价班级活动和课程开发质量的新视角和新标准，以指引幼儿园以幼儿发展为本更好地提升课程质量，也为管理部门开展幼儿园课程诊断、区域推进课程孵化提供了参考。

另，本书所用案例中的幼儿园名称、班级名称、教师、幼儿的姓名均为化名。本书在撰写过程中受以下两项课题的资助：2021年度江苏省教育科学"十四五"规划立项课题"生态心理学视角下支持幼儿主动活动的动力系统研究"（C-c/2021/01/38）；2022年度江苏高校哲学社会科学研究一般项目"生态心理学视角下幼儿教师课程创生的支持系统研究"（2022SJYB1489）。本书也是这两个课题的研究成果。同时，深深地感谢本书主编虞永平教授、原晋霞副教授和出版社编辑林静老师、林琬老师的指导，我受益匪浅。但由于我时间有限、能力和经验不足，仍难免有文字错漏欠妥、理论阐述不足之处，敬请读者批评指正！